KB069705

의료 분야에서의
마음챙김 MBSR

그대 자신을 치유하라

Saki Santorelli 저 | 안희영·정유경 공역

Heal Thy Self

학지사

"사키는 우리에게 치유 관계의 상호성을 일깨우고, 의학과 의료인
모두가 그 계보의 지혜와 힘을 되찾게 한다."

레이첼 나오미 레멘, 의학 박사

"사키 산토렐리의 글은 가볍게 날갯짓하며 우리를 점점 하늘 높이 떠올리는 새의 날개와 같이 부드러운 힘을 지녔다. 강하고, 아름답고, 충격적인 그의 책은 종래의 서양 의학이 거의 잊은 치유를 우리에게 상기시킨다. 내가 의과대학에 다닐 때 이 책이 나왔으면 좋았을 것을."

마크 엡스타인, 의학 박사
『힘들어도 망가지지 않기(Going to pieces without falling apart)』의 저자

"산문, 시, 감동을 주는 사례를 통해, 사키는 우리에게 치유 관계의 상호성을 일깨우고, 의학과 의료인 모두가 그 계보의 지혜와 힘을 되찾게 한다. 이 책은 모든 진실한 치유의 핵심인 자유를 발견하고, 그것을 통해 우리의 일과 삶에 우리 자신을 다시 봉헌할 수 있는 맑은 거울이다."

레이첼 나오미 레멘, 의학 박사
『부엌 식탁의 지혜(Kitchen Table Wisdom)』의 저자

"그야말로 아름다운 책이다. 내면의 치유 그리고 더 깊은 곳에서 그 치유를 촉진하는 사이 몸/마음/가슴의 차원의 충만한 접촉. 모든 의대생에게 또는 치유 도서로서 가장 필수적인 책."

스티븐 레빈

『살아갈 1년(A Year to Live)』의 저자

"탁월하고, 유용한 책이다. 진실하고 따뜻한 가르침은 치유의 길의 실제 모습을 언뜻 보여 준다. 나이를 막론하고 삶의 길을 걷는 모두에게 추천한다."

샬롯 벡

『매일, 禪(Everyday Zen)』의 저자

"사키 산토렐리는 마음챙김을 명상 집중 수련과 스트레스 완화 세미나의 것으로 국한하지 않고 기술하는 헌신적 노력의 결실을 보여 준다. 우울함에 빠진 여성을 상담하는 것에서부터 그의 여섯 살 난 딸이 노숙자를 만나는 장면을 지켜보는 것까지 그의 이야기는 독자에게 삶의 기본적인 진실을 직면하게 한다. 정직하고, 명료하고, 매우 유용하다."

샤론 샐즈버그

『세상만큼 넓은 가슴(A Heart as Wide as the World)』의 저자

라흐마나, 챌리스, 펠리스에게
우리가 서로의 현존 안에서 계속해서 펼쳐지기를.
나의 부모님, 로즈와 프레드께
넘치도록 주신 크나큰 사랑에 감사드립니다.

악행과 선행이라는 관념 너머 바깥에,
들판이 있다. 거기서 그대를 만날 것이다.

그 풀밭에 영혼이 누울 때,
세상은 너무나 충만하여 언어가 사라진다.
관념, 언어, 서로 간의 말조차도
그 의미가 사라진다.

루미
『알려진 비밀(Open Secret)』 중 158번 사행시

역자 서문

이 책 『의료 분야에서의 마음챙김 MBSR: 그대 자신을 치유하라』
는 MBSR(Mindfulness-Based Stress Reduction) 창시자인 존 카밧진 박
사의 뒤를 이어 매사추세츠 주립대학의 병원에 있는 마음챙김센터
(Center for Mindfulness: CFM)에서 마음챙김의 수련, 교육, 연구를 사
회전반에 통합하는 데 선구적인 역할을 한 사키 산토렐리가 쓴
MBSR 분야의 역작이다. 1999년에 영문판으로 나왔으니 20년이나
뒤늦게 우리말 번역이 나온 셈이다. 오래전부터 이 책의 훌륭한 점
을 알고 있던 역자로서는 하루 빨리 우리말로 소개를 하고 싶었으
나 MBSR 국내 보급과 번역, 교육활동으로 인해 늦어지다 드디어 출
간하게 되어 안도의 한숨을 쉰다.

역자가 처음 사키를 만난 것은 2003년 봄으로 기억한다. 미국에
서 성인교육 박사과정 중 마음챙김으로 방향을 정해서 MBSR 지도

자과정에 참여하였고, 당시 MBSR 본부인 CFM의 대표를 맡고 있던 저자의 배려로 CFM의 MBSR 지도자 훈련과정에 대해 박사논문 연구를 할 수 있었다. 역자의 지도자과정 이수와 논문 연구실행은 역자가 MBSR을 보다 객관적으로 잘 이해하고 지도할 수 있게 되는 중요한 과정이었다.

사키는 훌륭한 명상지도자이자 숙련된 교사이며 언어의 마술사이다. 그의 시적이고 함축적이며 아름다운 언어를 번역하기는 쉽지 않다. 이 책에서 사키는 루미라는 13세기의 시인이자 신비가의 시를 통해서 MBSR 지도자로서 자신이 경험하는 세계를 세밀하고도 솔직하게 드러내고 있다. 매우 감성적인 언어로 시작해서 종종 감성을 넘어선 침묵의 세상, 존재의 신성함을 깊은 차원에서 드러내는 저자의 능력은 예사롭지 않다. 가슴의 세계, 존재의 세계에 대한 그의 무한한 신뢰와 그 현상을 예리하고 명료하게 일상 이야기로 풀어가는 그의 역량은 역자를 감동하게 한다.

사키의 말대로 우리가 집으로 가는 길을 찾기 위해서는 반드시 내려가야만 한다. 머릿속의 목표에만 사로잡혀 관념적이고 행위적인 측면에만 몰두하기보다는 지금 이 순간 몸의 세계로 하강하면서 가슴의 세계, 현존의 세계로 녹아내려야 한다. 이 하강의 여정에 진지해질 때 우리는 내면의 부름과 가슴의 갈망이라는 진실된 힘과 만나게 될 것이다. 그때 우리는 '깨졌지만 여전히 온전한' 세상을 맞이하게 될 것이다.

이 책은 한 마디로 마음챙김이라는 MBSR의 도가니 안에서 일어나는 일상적이면서도 동시에 신비로운 치유의 연금술에 대한 책이다. 우리는 자신의 조건화와 경험에 따라 원치 않는 일을 습관적, 자동적으로 거부하면서 자신과 타인, 세상을 향한 문을 스스로 닫는 경향이 있다. 우리가 습관적이고 무의식적으로 세상을 향한 문을 닫고 싶을 때, 따뜻한 주의력이라는 마음챙김을 통해서 모든 경험을 환대하고 스스로 열리는 법을 배우게 된다.

사키는 다방면의 교육경력을 가진 교육전문가이자 명상지도자이다. 그의 깊은 체험은 우리가 흔히 "우리 존재가 보여지고 들려지지 않는 것 같다"라고 느끼는 경험에서 교육, 치유, 건강 돌봄, 의학 분야의 인간성을 되찾는 데 신선한 방향을 제시할 것이다. 수많은 의대생 교육, 건강 돌봄 전문가들을 위한 MBSR 관련 교육에 참여했던 저자의 경험은 건강, 돌봄, 상담, 치유 분야에 종사하는 많은 분에게 깊은 공명을 일으킬 것이라고 기대한다.

MBSR 지도자로서 마음챙김에 관한 좋은 책을 10권 이상 국내에 소개해야겠다는 초심이 있었다. 이제 처음 계획했던 목표를 훌쩍 넘어섰고, 존 카밧진 박사의 저서와 함께 사키의 이 책도 포함되어 기쁘다. 대학원 제자인 정유경 양과 함께 이 책을 국내 독자에게 소개하게 되어 기쁘다. 늘 기꺼이 역자의 번역 작업을 도와주신 학지사 김진환 사장님과 노력을 아끼지 않는 편집부 여러분께 감사드린다.

2020년 9월
안희영

한국어판 서문

11월 말, 이곳 뉴잉글랜드는 가을이 끝나가고 있습니다. 오늘은 햇빛이 눈부시게 빛납니다. 이제 나무들은 대부분 잎이 떨어져서, 낙엽이 숲의 바닥과 목초지의 가장자리에 흩뿌려져 있습니다. 얼마 전까지 광활했던 녹색 지붕을 이제는 찾아볼 수 없습니다. 회색과 갈색의 커다란 몸통, 하늘을 향해 뻗은 벌거벗은 가지들, 나무는 고요한 찬사를 읊조리며 서 있습니다. 시시각각 변하는 하늘빛이 에메랄드빛 커튼을 대신해서 나무의 몸통과 가지 사이 공간을 채웁니다. 밤낮으로 추운 날씨가 이어집니다. 이제 서리가 땅에 내려앉기 시작했습니다. 어제 때마침 하루 종일 비가 내린 뒤, 추위를 품어 단맛이 든 끝물의 순무를 캘 수 있었습니다. 정원 너머를 내다보면, 나무가 여전히 거기 존재합니다. 나무 저편으로 멀리 보이는 언덕이 그대로입니다. 세월의 흐름에 둥글게 다듬어진 그 언덕은 굳건히 서서 과거와 현재 그리고 이 모든 변화를 가로지르는 신비로운 연속성을 우리에게 일깨웁니다. 한국의 위대한 현대 시인이자 명상 스승인 무산 조오현은 「숲」이라는 시에서 이렇게 말합니다.

그렇게 살고 있다. 그렇게들 살아가고 있다.
산은 골을 만들어 물을 흐르게 하고
나무는 겉껍질 속에 벌레들을 기르며

이제 이 끊임없는 변화의 흐름을 삶이라고 하겠습니다.

자연의 아름다움에 둘러싸여 살든, 도시의 풍경 속에 살든, 우리 각자는 변화에 친숙합니다. 숲이 그렇듯이 우리는 살아 있고, 그러므로 우리 또한 시시각각 변화합니다.

우리는 대개 두려워하고 불변성을 갈망하기 때문에, 이러한 앎을 너무 자주 외면합니다. 그렇지만 우리가 자신과 동일시하고, 임시로 소유하면서 '나의 것'이라고 여기는 모든 것을 잃게 되리라는 사실을 우리는 내면 깊은 곳에서 이미 알고 있습니다. 낙엽이 그렇듯 말입니다. 이 앎은 자주 우리에게 부정이나 우울 또는 절망을 안겨 줍니다. 하지만 우리가 아주 잠깐이라도 기꺼이 멈추고자 한다면, 피할 수 없는 질문이 우리 내면 깊은 곳에서 일어날 것입니다. 즉, 이렇게 변화하는 삶 속에서 어떻게 잘 살 것인가? 무엇을 신뢰할 수 있고, 그것을 어디서 찾을 수 있는가? 여기서 '잘'은 현명하고 열린 방식이라는 뜻입니다. '신뢰할 수 있다.'는 당신이 믿을 수 있고 인식할 수 있다는 뜻입니다. 고요한 순간에, 이 세속의 삶 한가운데 살면서도 무서움에서 꾸준함으로, 두려움에서 기쁨으로 나아가는 것이 가능할지 궁금하게 여긴 적이 있습니까? 당신 내면에 그러한 피난처와 가능성을 제공하는 믿을 만한 자원을 타고났는지에 대해 호기심을 가져 본 적이 있습니까? 그리고 만일 그럴 가능성이 조금이라도 있다면, 이 앎을 직접 실천하며 살기를 간절히 바란 적이 있습니까?

이제 '이 앎을 실천하는 삶'을 마음챙김이라고 하겠습니다.

수천 년 동안 모든 문화에 걸쳐, 이 질문들은 우리 인간 존재의 가슴과 마음속에 살아왔습니다. 그 질문들은 우리가 태어나면서부터 얻은 권리이자, 유산입니다. 오랫동안 이 질문에 대한 답을 찾으려는 탐색은 기꺼이 세상을 버리고 산이나 사막 또는 수도원으로 떠난 극히 소수의 사람(은둔자, 수녀, 승려 등)을 위해 남겨졌습니다.

오늘날 우리는 집단적인 깨달음에 눈뜨고 있습니다. 바로, 이 세상이 수도원이라는 것입니다. 이 질문에 대한 대답을 탐색하는 일은, 아마도 그 어느 때보다도 더 일상생활의 한복판에서 펼쳐질 필요가 있고, 그렇게 될 수 있습니다. 1500년 남짓, 여러분 조상들의 깊은 근원에서 자라난 오랜 전통의 마음챙김 수련은 한국 문화에 없어서는 안 될 측면이 되었습니다. 마음챙김은 더 이상 소수의 전유물이 아닙니다. 지난 40년 동안 세계 곳곳의 수많은 사람이 살아 있음이라는 순간순간의 실재와 더 현명하고 활기찬 관계를 맺는 법

한국어판 서문

을 배우는 데 열중하면서, 마음챙김에 접근하는 새로운 방식을 수련해 왔습니다. 이제 그들은 끊임없이 자신 바깥에서 위안과 행복, 평화를 추구하기보다는 이 세상에서 계속해서 살고 일하는 동안 인간의 가슴에 거주하는 연속성과 신뢰성을 맛보는 법을 배웠습니다. 그들은 황금을 발견했습니다. 그들이 추구하는 편안함, 기쁨, 평화를 내면에서 찾을 수 있다는 사실을 개념의 이해를 거치지 않고 직접 알게 되었습니다.

이제 마음챙김에 접근하는 이런 방식을, 마음챙김에 근거한 스트레스 완화 또는 MBSR이라고 하겠습니다.

당신이 손에 든 이 책은 마음챙김과 MBSR에 관한 것입니다. 저의 오랜 친구이자 동료인 안희영 박사와 그의 석사과정 제자인 정유경 양이 애정을 기울여 한국어로 번역하였습니다. 제가 안 박사를 안 지는 17년이 되었습니다. 2003년 우리가 만났을 때, 저는 마음챙김에 근거한 스트레스 완화 클리닉의 책임자이자, 매사추세츠 우스터에 위치한 매사추세츠 의과대학 내의 의학, 건강 돌봄, 사회 속 마음챙김센터의 대표로 일하고 있었습니다. 존 카밧진 박사가 설립한 스트레스 완화 클리닉은 MBSR의 발원지로서 국제적으로 칭송받고 있습니다. MBSR이 주류 대학 의료기관 내에서 명상과 마음챙김을 주류 의료 분야로 통합하는 최초이자 가장 큰 규모의 스트레스 완화 프로그램이기 때문입니다. 처음에 안 박사와 제가 서로에게 끌린 이유는 우리가 공통으로 배움과 교육에 열정을 다해 헌신했기 때문입니다. 하지만 아무 교육에나 그러지는 않았습니다. 우리의 첫 만남 이래로, 우리는 변용(transformation)을 통해 우리 자신을 해방시키는 직접 경험을 통해 학습하는 교육 과정을 계발하고, 표현하며 전파하는 데 열정을 다해 참여해 왔습니다. 그러면서 우리는 우리가 누구이고 무엇인지에 관한 전체 관점을 다시 엮어 만들었고, 그래서 배울 수 있었고, 그 배움을 우리 삶에 맞게 짜 넣을 수 있었습니다.

안 박사는 흔들림 없이 MBSR에 헌신해 왔습니다. 2005년, 한국 MBSR연구소(KCFM)를 설립하였고, 2010년 매사추세츠 대학교 마음챙김센터가 공인한 한국 최초이자 유일한 MBSR 지도자가 되었습니다. 안 박사의 명상센터는 사람들이 스트레스와 질병에 대처하면서 삶의 도전을 잘 만나고, 가장 중요하게는 그들 내면에 존재하는 편안함, 기쁨, 번성의 능력을 발견하도록 돕기 위해 마음챙김을 수련하고 지도하며 한국 주류사회에 통합하는 데 전념하고 있습니다.

한 조사에 따르면, 마음챙김에 관한 학술 문헌의 수는 이제 6,000편을 넘어섰습니다. 지난 40년간, 우리 MBSR클리닉에서 25,000명이 넘는 참여자가 10회기의 8주 기본 과정을 수료했습니다. 환자/참여자 방문 횟수로는 25만 회에 달합니다. 7,000명이 넘는 의사와 수많은 다른 건강 돌봄 전문가가 환자에게 우리 프로그램을 추천합니다. 이 건강서비스 제공자들은 MBSR을 표준 의료의 보완물이자, 서로 다른 학문들이 협업하고 갈수록 다양해지는 건강 및 행복 증진 접근법 내에서 중요한 치료과정이라고 봅니다. 여기 한국에서 MBSR을 지도하고, 전문가를 교육하고, MBSR 지도자를 길러 내는 안 박사의 한국MBSR연구소는 전 세계에서 모범이 되는 곳입니다. 이곳에서 하는 일은 대단히 실질적으로, 고대의 전통과 현대의 과학 사이, 또한 환자(참여자)와 건강 돌봄 전문가 사이에 펼쳐지는 동시대의 담론에서 중요한 역할을 하고 있습니다.

21세기 문명의 많은 측면이 위대한 물질적 진보를 이룬 반면, 우리가 사는 포스트모던 사회는 심리적이고 정서적인 스트레스에 시달리고 있습니다. 세계건강기구는 스트레스가 21세기의 전염병이라고 선언했습니다. 사람 사이의 관계도 소셜미디어의 발달로 스마트 기기를 통한 온라인상의 사람 사이 관계의 연결성은 보장되어 있습니다. 그럼에도 불구하고, 전 세계에 걸쳐 사람들이 느끼는 외로움과 고립감은 늘고 있습니다. 스트레스의 부작용을 줄이는 알약은 없습니다. 외로움을 없애는 빠른 치료법 또한 없습니다. 우리는 디지털 시대가 안겨 주는 삶의 도전들을 더 높은 수준의 균형과 지혜로 만나려면, 자신을 알고 조절하는 능력과 일체감이 필수적입니다. 이 책에서 여러분은 자신과 꼭 닮은 사람들, 즉 제가 지도한 MBSR 수업의 참여자들을 만나게 될 것입니다. 그들은 여러분에게 자신에 관해 이야기할 것입니다. 제가 그들에게 자신의 삶과 마음챙김 경험을 조금은 말해도 된다고 허락해 주었습니다. 그들은 이 이야기를 들은 여러분이 스스로에게 중요한 것을 찾기를 바랍니다. 그리고 여러분이 건강과 삶을 책임지는 더 훌륭한 조치를 취하기로 결심할 때, 무엇을 할 수 있는지 발견하기를 바랍니다. MBSR은 만병통치약이 아닙니다. 하지만 마음챙겨 사는 삶 속에 내재된 가능성은 우리 삶의 질에 상당히 긍정적인 영향을 줄 수 있습니다.

한국어판 서문

만일 여러분이 건강 돌봄 전문가이거나 어떤 형태로든 다른 사람에게 기여하는 일을 한다면, 이 책을 통해 다른 사람을 보살피는 동안 마음을 챙기고 깨어 있겠다는 저의 시도에 관해 말해 주기를 바랍니다. 이 영역에서 저는 전문가가 아니라 배우는 학생이라는 점을 알아주시기 바랍니다. 제가 지도한 MBSR 참여자들이 저에게 많은 것을 가르쳐 주었습니다. 제가 그들과 더 솔직하고 투명하며 배려하는 관계를 맺는 법을 배우는 동안, 그들은 인내심을 가지고 지켜봐 주었습니다. 제가 말할 수 있는 것은 이 길이 평생에 걸친 여정이라는 점입니다.

글을 마치면서, 이제 여러분이 이 책을 자신의 언어로 읽을 수 있게 되어 제가 얼마나 기쁜지 알아주시기를 바랍니다. 이 일을 실행에 옮긴 안희영 박사와 정유경 양에게 깊은 감사의 인사를 전합니다. 여러분이 누구이고 무엇을 하든, 모든 변화와 도전을 거치면서 하나뿐인 삶과 깊이 사랑에 빠지기를 바랍니다. 그리고 여러분이 자신과, 삶을 함께하는 사람들 그리고 지구라고 불리는 지각체를 향한 넘치는 친절과 지혜와 돌봄으로 자신의 삶에 충실하기를 바랍니다.

서부 매사추세츠에서
사키 산토렐리

서문

스트레스 완화 클리닉의 20주년 기념일을 하루 앞둔 밤에, 나의 오랜 동료이자 가슴으로 연결된 친구, 다르마의 길을 함께 걷는 형제인 사키 산토렐리의 책이 세상에 나온 것을 보며, 가슴 가득히 감사와 기쁨을 느낍니다. 사키는 클리닉에서 우리가 함께한 일과, 그일의 더 깊은 바탕에서 만들어 가고 지탱하는 원칙과 수련에 새롭고, 빛나고, 힘 있는 목소리를 주었습니다. 나는 마음챙김이라는 일의 절묘한 단순성, 엄청난 복잡성, 그 감촉과 색조, 잠재력이 지닌 무한한 영향력을 말하려고 합니다. 이 책을 보면 알겠지만, 마음챙김은 우리 내면과 외부 세계 모두에 참여하는 것으로, 나는 우리가 개인으로서 그리고 사회로서 우리 안의 가장 좋은 것을 유지하고 발전시켜 나가는 데 마음챙김이 매우 중요하다고 믿습니다.

우리가 의사에게 어떤 문제나 걱정을 털어놓을 때, 그 존재가 보이거나 들리지 않는다고 느낀 경험이 아마 한 번쯤은 있을 것입니다. 그런 경우, 의사가 제아무리 전문성을 갖추었다 한들 우리가 병원 문을 나설 때는 무시당했다고 느끼며 충족감을 느끼지 못합니다. 그러니 진정한 만남은 실현되지 않습니다. 세기가 바뀌고 새천년이 시작되는 지금, 의학은 이런 상황을 더 이상 당연하게 받아들일 수 없다는 사실을 알아 가고 있으며, 의사들은 자신이 온전하게 현존하지 못할 때 환자뿐만 아니라 그들 자신의 궁극적인 웰빙에 얼마나 해로운 결과를 가져올 수 있는지도 깨닫고 있습니다. 그리고 지난 수십 년과 비교하면, 우리 자신이 환자가 될 때 대체로 우리는 훨씬 더 적극적이고, 한결 더 세심한 안내를 받기를 원하며, 치유 과정에서 동반자 관계를 한층 더 원합니다.

의과대학은 이 메시지를 이해했습니다. 이제 의사들은 환자와 함께 존재하고, 어떻게 듣고, 감정적으로 숨지 않으며, 어떻게 하면 배움, 성장, 치유를 일으키는 환자의 내적인 자원을 동원할 수 있을지 훈련받습니다. 많은 진전이 이루어졌지만, 의학에서 인간성을 되찾으려면 여전히 갈 길이 멉니다. 그 과정을 발전시키고 심화하는 데 이 책이 크게 이바지하기를, 그래서 훈련 중인 의과대학 학생과 건강 전문가의 필독서가 되기를 바랍니다. 이 책에 아주 잘 담겨 있듯이, 사키는 의대생을 지도함으로써 이 교육에 직접 참여했습니다. 또한 의사에게 클리닉을 추천받아 그에게 온 사람들은 상상을 뛰어넘는 놀라운 방식으로 그들 자신의 건강 돌봄과 치유에 참여할 기회를 얻었습니다.

이 책에 나오는 이야기들이 한데 모여 의학, 건강 돌봄, 돌봄 제공자와 환자의 상호 관계에서 더 넓은 세계의 가장 깊은 부분과 그 세계가 우리에게 양방향의 배움, 성장, 치유, 변용을 일으켜 줄 잠재력임을 시사합니다. 이 이야기들이 세심한 주의와 관심으로 숙고되기를 간청합니다. 그것은 어려운 일이 아닙니다. 이 책에 담긴 사키의 정신과 목소리가 때로는 구약 성서의 가장자리를 맴돌면서, 때로는 연인을 대하듯 세심함으로 표현됩니다. 또 피할 수 없는 그 자신의 한계와 두려움을 피해 숨으려는 충동에 빠져 느끼는 고통과 난처함을 자세히 드러내면서, 그야말로 독자를 열광시키기 때문입니다. 나는 이 책을 읽고 독자 개인으로서 정서적 충격을 직접 경험했고, 또한 우리가 함께 진행한 수련회에서 그가 이 책의 일부를 낭독했을 때 그의 글이 수많은 건강 전문가에게 미친 영향을 목격했습니다. 청중은 그 글의 정서적인 힘과 함축하는 바에 그 어떤 존재가 뒤흔들리며, 적어도 사분의 일은 금세 흐느껴 울었고, 나머지는 가슴이 먹먹해져서 할 말을 잃었습니다.

사키는 이 책에서 그 자신의 독자적인 목소리로 말합니다. 제가 이 책의 실제를 가장 근접하게 설명하자면, 비록 산문이지만 그 억양과 이미지 그리고 영적이고 감정적인 영향력에 있어서 13세기 수피(Sufi) 시인이자 성자인 루미(Rumi)의 글과 공명한다고 말하겠습니다. 사키는 루미에게서 영감을 얻어 이 책의 골자가 되는 주제들을 잘 엮어 냈습니다. 그러면서도 책의 내용과 매력은 지금 이 시대에 꼭 들어맞습니다. 이 책은 우리 모두의 내면에 존재하는 가장 깊고 가장 좋고 가장 숨겨진 것, 즉 마음과 몸, 머리와 가슴, 육체와 정신이 통합된 존재 전체의 충만함보다는 머릿속에서만 살려는 두려움에도 불구하고 그 모습을 드러내기를 간절히 원하는 우리의 인간됨이라는 미덕에 관해 솔직하고 상식적인 방식으로 말합니다. 때때로 몸과 마음의 쉴 새 없는 활동에서 우리가 내부의 깊은 곳에 고요하게 침묵하며 거주하는 법을 배운다면, 우리의 인간됨을 이따금 듣거나 볼 수밖에 없습니다.

『의료 분야에서의 마음챙김 MBSR: 그대 자신을 치유하라』는 각 주제가 짜여 하나의 이음새 없는 전체를 이룹니다. 그로부터 인간의 존엄, 인간의 고통, 인간의 희망이라는 전체가 알아차림 안에 담기고, 우리가 있는 그대로의 실제 안에 서는 법을 배울 때, 무엇이 가능할지에 관한 분명하고 흥미로운 장면들이 그 모습을 드러냅니다. 이 책은 삶의 안에서 숨 쉬는 명상, 명상의 안에서 숨 쉬는 삶에 관한 것입니다. 그리고 그렇게 하고자 모인 사람들 사이의 치유 관계에 관한 것이고, 모든 나이에서 어떠한 조건이나 상황에 처해 있든 개인과 가정 안에서 치유 관계의 가능성을 말하고 있습니다. 이 책은 8주 동안의 스트레스 완화 클리닉 프로그램을 거쳐 간 환자들의 경험과 함께 사키 자신이 지도자, 안내자, 명상가, 건강 전문가 그리고 가족 구성원으로서 겪은 경험을 부풀리거나 감상을 섞지 않고 솔직하게 엮어 냈습니다. 그것은 순전한 진실성과 정확성으로 우리 환자들 안에서, 그리고 이 길을 함께 걷는 안내자인 우리 자신 안에서 일어나는 일의 핵심을 분명히 보여 줍니다. 이것은 그 자체로 엄청난 성취이고, 통합 의학, 심신 의학, 참여 의학, 궁극적으로 그냥 좋은 의학이 진실로 무엇을 의미하고 약속하는지를 우리가 더 잘 이해하는 데 주요한 공헌을 하였습니다.

처음에는 이 책의 제목을 '부서진 채로 온전한'이라고 지으려 했는데, 이 말은 이 태피스트리를 이어 붙여 황홀한 아름다움을 만드는 극도로 가슴 뭉클한 하나의 맥락을 전달합니다. 사키는 다양한 방식으로 거듭해 묻습니다. "깨진 것은 무엇인가?" 그리고 깨진 것은 언제나 우리 자신을 고립되고 분리되며 불완전하다고 보는 좁은 관점이라는 사실을 다양한 방식으로 우리에게 보여 줍니다. 사키의 말에 따르면, 그 좁은 관점은 우리의 삶을 공포 속에 갇혀서 삶의 충만함을 궁지에 몰아 넣습니다. 그러므로 이 일은 우리 스스로 만든 습관적이고 꽉 막힌 감옥에서 우리 자신을 해방하고, 내면의 부름과 가슴의 갈망을 듣기 시작하며, 말 그대로 직접 경험으로 불 앞에서 요리를 하고, 그렇게 하면서 우리 존재의 진실 안에서 완전하고 향긋한 풍미를 내며 숙성하라는 초대입니다.

마음챙김 수련은 마음과 가슴 내부에서 광범위하고 깊이 있게 펼쳐집니다. 마음챙김은 자유를 주는 수련으로서 우리 개인이나 집단의 괴로움과 고통의 근본 원인을 마주하고 존중하며, 그것들이 우리에게서 일어날 때 주의 깊게 관찰하기를 요구합니다. 한 예로, 그것은 감정의 근본적 의미인 실제로 우리를 움직이는 것을 기꺼이 관찰하고, 감정에 반응하거나 만성적으로 압도당해 갇히지 않고, 그 힘을 활용해 자신을 가르치고 치유하며, 성장을 촉진하는 방식으로 감정 안에 서는 법을 배우라고 요구합니다. 몹시 중요한 이 영역에 사키는 극도의 기술과 미묘함으로 생명을 불어넣습니다. 다니엘 골먼(Daniel Goleman)은 감성 지능의 주춧돌이 현재 순간에 알아차림, 바로 마음챙김이라고 설명합니다. 이 책에서 사키의 이야기들은 어떻게 '애정 어린 주의(affectionate attention)'—명상지도자이자 학자인 코라도 펜사(Corrado Pensa)가 만든 용어—가 계발되어 현재 상태가 불편하고 압도적이라 하더라도 전적인 정직함과 자기연민으로 그 상태들을 느끼게 되는지, 그리고 이렇게 할 때 자유의 경험이 심오해지고, 오래된 상처와 새로 난 상처 모두를 치유할 가능성이 커진다는 것을 구체적으로 보여 주고 설명합니다.

지난 15년 동안 스트레스 완화 클리닉에서 사키와 긴밀하게 함께 일해서 즐거웠습니다. 그 이전에, 그는 우리 프로그램을 거쳐 간 첫 번째 수련의였습니다. 1979년 탄생했을 당시에 이 클리닉을 필연적으로 나의 아기로 여겼습니다. 20년이 지난 지금은, 아기라고 하기에는 너무 커 버렸고 분명하고 중요한 것은 더 이상 '나의 것'이 아니라는 사실입니다. 사키와 우리 클리닉의 헌신적인 다른 동료 지도자들이 수년 동안 그의 주의 깊고 사랑에 찬 지도 아래 클리닉을 그들 자신의 것으로 여기고, 우리 모두를 끈질기게 불러내는 이 예술성을 부지런히 연마했기 때문입니다. 이 책은 그러한 주인의식과 예술성을 풍부하고 우아하게 증명하고 증언합니다.

우리는 지도자들, 즉 우리 자신에게 늘 강조합니다. 클리닉에서 지도하려면 지도자는 반드시 자신의 명상 수련, 궁극적으로 자신의 독특한 존재, 직관, 경험으로부터 가르쳐야 합니다. 여기에 더해서, 현재 순간에 일어나는 일을 알아차리고, 이런저런 수업에서 상황이 어떻게 흘러가야 할지를 느끼는 민감성이 필요합니다. 이렇게 해서, 같은 곡을 서로 다른 오케스트라가 연주하거나 훌륭한 시를 우리가 여러 상황에서 읽을 때와 마찬가지로, 8주 프로그램의 교과 과정은 항상 같지만, 수업은 매번 다른 궤도를 따라 펼쳐집니다. 사람들은 『의료 분야에서의 마음챙김 MBSR: 그대 자신을 치유하라』의 거의 모든 장과 모든 낱말에서 깨어 있음의 기예를 느낄 수 있습니다.

이 책에서 잘 알 수 있듯이, 사키는 숙련된 교사이자 멘토입니다. 그의 용기, 그의 취약성, 그의 정직, 그의 열정, 그의 지성 모두가 그 노련함과 공명합니다. 스트레스 완화 클리닉의 현직 이사이면서 의학, 건강 돌봄, 사회 속 마음챙김센터의 모든 임상 및 교육 프로그램의 책임자로서, 그의 작업은 우리가 지금 마음챙김에 근거한 스트레스 완화(Mindfulness-Based Stress Reduction: MBSR)라고 부르는 프로그램을 지도하는 수많은 교사뿐만 아니라, 매사추세츠 의과대학에서 훈련받은 수많은 새내기 의사에게 심오한 영향을 미쳤습니다.

이 글을 쓰는 지금, MBSR은 하나의 운동이 되어 전 세계 240여 곳(현재는 약 800여 곳: 역자 주)의 의학센터와 클리닉에서 진행하는 프로그램으로 성장했습니다. 나는 개인적으로 사키와 함께 일하면서 헤아릴 수 없이 많이 배우고 성장했습니다. 특히 취약성(vulnerability)의 가치와 신성함을 더 깊은 차원에서 이해하게 되었고, 가슴의 길과 중요한 순간에 머물러 음미하라는 가슴의 요구를 신뢰하는 법을 배웠습니다. 수년 동안 그의 동료들, 환자들, 학생들은 그의 명료함, 절묘한 유머감각, 예리한 안목, 이야기꾼 기술의 덕을 보았습니다.

이제 전 세계가 이 책의 지면을 통해 다면적이고 정서 지능을 갖춘, 부드러움과 자비로움으로 충만한 목소리를 들을 수 있는 기회를 얻게 될 것입니다. 주의 깊게 들으십시오. 환자로서, 의사로서, 건강 전문가로서, 인간 존재로서. 그것이 어쩌면 당신의 삶을 구원할지도 모릅니다.

박사, 의과대학 부교수
의학, 건강 돌봄, 사회 속 마음챙김센터의 대표이사
매사추세츠 우스터에서, 존 카밧진

차례 CONTENTS

1부 융합

2부 | 고개를 돌리지 말라

3부 붕대를 감은 곳을 계속해서 바라보라

4부　빛이 당신에게 들어오는 곳

이 책은 치유 관계에 주된 초점을 맞추고, 이 전형적인 연결이 마음챙김 명상 수련의 품에 안길 때 일어나는 역학을 탐구합니다. 이것은 매사추세츠 대학병원 스트레스 완화 클리닉이 개발한 것으로서, 만 명 이상(2020년 현재는 2만 명 이상: 역자 주)의 환자들이 수련한 방법을 바탕으로 한 것입니다. 수많은 건강 돌봄 전문가들이 전국 곳곳에서 열린 집중 수련에서 같은 방법을 체험했고, 그 때문에 종종 그들 자신과 그들이 돌보는 사람들과 치유 관계에 내재한 가능성을 이해하는 데 심오한 변화가 일어났습니다.

이 책은 20년의 임상 경험에 근거를 두고, 마음챙김이라는 일을 하나의 길―우리 자신을 돌보고 타인을 돕는 일에 내재한 도전 거리를 알아차림으로 만나고 그 안으로 들어가는 법을 배우기 위한 내적인 규율—로서 탐구합니다. 각각의 부분은 의학과 건강 돌봄 안에서 마음챙김의 영역을 향한 열린 탐구로 당신을 초대합니다. 동시에 이러한 것들은 당신이 건강하든, 질병이 주는 압박감을 마주하고 있든, 또는 이 내적 규율을 당신의 삶이라는 옷감에 짜 넣고 싶은 건강 돌봄 전문가이든, 마음챙김을 당신의 삶으로 가져오는 구체적인 방법을 제공합니다. 이 책의 많은 장들은 돌보는 사람에게만 해당하거나 환자에게만 해당하는 내용으로 보일지 모르지만, 그렇지는 않습니다. 그보다는, 우리가 마음챙김이라는 도가니 안에서 합류할 때 건강 돌봄 전문가로서 나 자신의 내면에서, 그리고 내가 클리닉에서 돌보는 사람들의 내면에서 서로 비슷하게 일어나는 연금술의 과정을 그렸습니다. 모든 가치 있는 관계가 그렇듯이, 우리는 우리 내면에서 가장 주의를 필요로 하는 것과 우리가 종종 인정하거나 존중하기를 극도로 꺼리거나 그럴 능력이 없는 것이 무엇인지를 서로에게 정확하게 드러내 줍니다. 우리가 함께 마음챙김에 전념할 때, 우리는 무엇이 돌봄을 필요로 하는지 바로 볼 수 있는 강력한 시선과 우리 자신과 함께하고 타인과 서로 관계 맺는 예술과 기술을 배우는 방법을 얻습니다. 당신 앞에 놓인 책장들을 펼치면서 만나게 될 사람들을 위한 것이므로 나는 이 책이 당신 내면에서 자신의 내적인 강인함과 풍부한 자원에 대한 더 깊은 이해와 신뢰 그리고 치유 관계에 내장된 고유의 잠재력에 관한 더 예리한 인식에 불을 붙이기를 바랍니다.

우리는 스스로 닫아 버리고 싶을 때 열리는 법을, 우리 자신과 타인에게서 원치 않는 것과 습관적으로 거부해 온 것을 정직함과 따뜻한 주의로 마주 보는 법을 그리고 우리가 타인에게서 떠나고 싶을 때 그들과 함께 존재하는 법을 배울 수 있는지 함께 탐험할 것입니다. 이런 식으로 접근했을 때, 마음챙김은 치유 관계를 활발하게 협력하고 서로를 변화시키는 의도적인 영역으로 바꾸어 놓을 잠재력을 가지고 있습니다. 이 여정의 보편적이고 상호 의존하는 본질을 탐험하는 방법으로, 나는 나 자신의 삶과 내가 8주 클리닉 여정에서 만난 사람들(때때로 동시에 진행된 수업의 참여자들을 포함해서)의 삶을 활용했습니다. 이 이야기들은 우리가 공유하는 연결이 담긴 그릇에서 생겨났습니다. 비록 익명성을 지키기 위해 책 속에 나오는 사람들의 이름과 그 밖의 개인 식별 정보는 바꾸었지만[실명을 써도 된다고 허락한 린다 펏남(Linda Putnam)과 테드 크마라다(Ted Cmarada)의 두 사례는 제외하고] 기술된 사건들은 꾸며 낸 것 없이 정확합니다. 그러한 모험 가득한 여정에 참여하는 환자와 전문가 모두는 미지의 어둠을 통과한 단테(Dante)나 페르세포네(Percephone)처럼 여행하려는 자발적 의지를 다져야 합니다. 그제야 이전에는 알지 못한 충만함을 향해 떠오를 수 있습니다.

이 책을 쓰면서 13세기 수피 스승이자 시인인 젤랄루딘 루미(Jelaluddin Rumi)에게 큰 빚을 졌습니다. 이것은 내가 아주 오랜 시간 만들어 온 음식입니다. 지금에서야 보이지 않는 그 영양분을 음미하고 소화하기 시작하고 있습니다. 미국의 시인이자 번역가인 콜먼 바크스(Coleman Barks)가 '귀(ear)'와 도구가 되기 위해 맹렬하고 유연하게 노력을 기울인 데 고개를 숙입니다. 그의 노고 덕분에 우리 모두가 더 쉽게 그러한 영양물을 얻을 수 있게 되었습니다.

여러분과 마찬가지로, 나 역시 끊임없이 내 길을 찾는 학생입니다. 나는 내 안에서 마주치는 마음챙김 없음에 당혹스럽고 끝없이 어안이 벙벙합니다. 그리고 나의 돌봄을 구하기도 하고 나에게 많은 것을 주기도 하는 사람들과의 유사성 안에서 내 앞에 드러난 천재성에 경외감을 느낍니다. 또한 의학과 건강 돌봄의 세계에서 내가 만나는 사람들과 나의 동료들이 함께 모인 공동체 안에서 깨어 있음을 수련할 수 있는 셀 수 없이 많은 기회에 고마움을 느낍니다. 나는 이제 당신에게 팔을 뻗어 우리가 서로 팔짱을 끼고 이 광대하고 무한한 영역으로 잠시 동안 함께 걸어 들어갈 수 있기를 바랍니다. 내가 쓴 모든 말은 수백 번이나 크게 말해졌고, 소리 질러졌고, 노래 불렸고, 속삭여졌습니다. 시간을 충분히 들여 이 말들을 음미하십시오. 그 말들을 당신 자신에게 속삭이고 노래해 주십시오. 원한다면 몇 번이고 거듭해서 읊조려 보십시오.

1부

융합(Convergence)

이 땅에 사는 우리 모두는 대체로 결함이 있고, 다치고, 분노하고, 상처받는다. 그러나 우리에게 참으로 고통스럽고 어떤 면에서는 부끄러운 우리는 자신의 실재가 드러날 때 스스로가 약하다고 느끼기 때문에 이러한 인간의 조건은, 우리가 마주보고 그것을 말로 공유할 때 훨씬 더 견딜 만해진다. 그 말들 뒤에 인간의 눈이 풍부한 표정을 드러내며 빛난다.

●

앨리스 워커(Alice Walker)
『우리가 사랑하는 어떤 것이든 구원될 수 있다』 중에서

케이론의 신화

먼 옛날, 고대 그리스에서 위대한 영웅 헤라클레스가 켄타우로스인 폴로스(Pholos)의 동굴에 초대받았다. 현명하고 온화한 켄타우로스이며 위대한 치유의 스승인 케이론(Chiron)도 그 자리에 있었다. 헤라클레스는 감사와 환대의 표시로 기운을 북돋아 줄 와인 한 병을 그 모임에 가져갔다. 진하고 향기로운 그 술은 와인을 마셔 본 적 없는 그곳의 켄타우로스들을 매료시켰다. 그들은 취해서 싸우기 시작했다. 뒤이어 그곳은 아수라장이 되었고, 케이론은 헤라클레스가 쏜 화살에 무릎을 맞았다.

그러자 케이론은 헤라클레스에게 상처를 치유하는 기술을 알려 주었다. 그러나 그 화살은 히드라—퇴치하기 거의 불가능한 머리가 많이 달린 괴물—의 독이 묻어 있었기 때문에 상처는 끝내 완전히 낫지 않았다. 다른 이를 치유할 수 있는 가장 위대한 치유자는 그 자신을 완벽하게 치유할 수 없었다. 그렇게 케이론은 불멸이 되어 상처를 지닌 채 영원히 산다. 그는 **상처 입은 치유자**(wounded healer)의 전형이다.

그 후, 상처 입은 케이론은 펠리온 산에 있는 자신의 동굴에서 수많은 학생들을 제자로 받아들여 훈련시켰다. 그 학생 중 한 명이 케이론에게 식물에 대한 지식, 뱀의 힘, 상처 입은 치유자의 지혜를 전수받은 아스클레피우스(의술의 신)라고 전해진다. 히포크라테스가 의학이라는 예술이자 과학을 펼치기 시작한 것은 아스클레피우스의 계통을 이어받은 것이다.

살아 있는 신화

수요일 저녁 6시, 나는 스트레스 완화 클리닉의 첫 번째 수업에 참여한 서른 명의 사람들과 빙 둘러 앉아 있다. 처음 30분 동안 우리는 겉도는 이야기를 하면서 아직 입 밖에 내지 않았지만, 우리가 공유하는 인간 경험의 깊은 웅덩이 앞에 멈춰 있다. 그런 다음, 우리는 어깨를 맞대고 이 광대함 속으로 빠져든다.

내가 묻는다. "여러분의 이름과 어떻게 이곳에 오게 되었는지… 오늘 밤 어떤 기대감을 가지고 여기 앉아 있는지… 무엇을 바라는지를 말씀해 주십시오." 내 옆의 남자가 먼저 시작한다. "제 이름은 프랭크입니다. 대장암을 앓고 있습니다. 수술을 받았습니다… 방사선과 화학 요법 치료를 받고 있는 중입니다. 그렇지만 뭔가 잘못되어 가고 있습니다. 저는 압니다. 느낍니다. 갇혀서 꼼짝 못 하는 느낌이고, 조금 무감각합니다. 가족 또한 모두 제가 그렇다고 느끼고 있습니다. 저는 제 삶을 좀 더 누리면서 지금과는 다르게 살고 싶습니다…." 그가 이야기하는 동안 교실은 조용해지고 모두가 주의를 기울이고 있다. 프랭크가 우리 모두를 대신해서 이야기하고 있다는 것을 우리 모두는 자신만의 방식으로 알고 있다. 그가 이야기를 마쳤을 때 희미하지만 어김없는 한숨이 여기저기서 들려오는 것이 이를 증명한다. 프랭크는 자신이 한 말에 이전에는 한 번도 느끼지 못했던 반향하는 영향력과 울림을 듣고 느끼는 듯 주위를 둘러본다. 몸을 돌려 나를 바라보는 그의 눈이 희망으로 밝아진다. 우리는 서로를 향해 말없이 고개를 끄덕인다. 그가 눈을 감고 의자 깊숙이 몸을 기댈 때, 그의 뺨이 이 웅덩이의 눈물로 젖는다.

빌은 프랭크의 왼쪽에 앉아 있다. 그는 의자에 앉아 몸을 이리저리 움직이다가 몸을 앞으로 숙여 바닥을 내려다보더니 시작한다. "요즘 아이들과 다투고 있습니다. 많은 시간 우리 사이에 긴장감이 맴돕니다. 아이들이 잘못될까 정말 걱정입니다. 저는 제 일을 사랑합니다… 잔뜩 긴장해서 터질 것만 같습니다. 저는 지금 고혈압이고, 이렇게 되어 버린 제 자신이 싫습니다." 그는 양손에 얼굴을 묻고 허리를 앞으로 구부려 숙이며 팔꿈치를 무릎 위에 내려놓는다. 그의 몸은 잠깐 동안 넓은 태고의 정적에 휩싸이고, 그의 눈은 수년간 쌓인 기억에 휘감겨 있는 듯하다. 그러더니, 그는 다시 방으로 돌아와서 맞은편의 얼굴들과 다시 연결되어 선언한다. "저는 이 상황에 대해 무언가 해야겠습니다."

빌이 이야기하는 동안 그 옆의 여성이 다리를 꼬았다가 풀었다가 한다. 오른쪽에서 왼쪽으로, 왼쪽에서 오른쪽으로, 끊임없이. 그녀의 머리는 다리가 움직이는 리듬에 박자를 맞추어 위아래로 까딱거리고 머리카락이 앞으로 흘러내려 얼굴을 가린다. 그녀는 서너 번 머리를 귀 뒤로 넘기고 나서 숨소리가 군데군데 섞여 끊어지는 목소리로 터뜨리듯 말하기 시작한다.

"저는 레이첼입니다."

그녀의 몸이 흔들리며 바들바들 떨고 있다.

"저는 회복 중입니다… 저는 깨끗했어요."라며 그녀는 울기 시작한다.

"열 달 동안… 3개월 전에 다시 사용했습니다… 3개월은 깨끗했습니다."

이제, 그녀는 흐느껴 울고 있다.

"저는 HIV 양성 판정을 받았습니다."

방 전체에 전율이 흐른다. 우리는 모두 함께 앉아 있고 아마도 우리 귀가—적어도 그렇게 가까이에서는—한 번도 들어본 적 없고 지금도 듣고 싶지 않은 것들을 듣고 있다. 나는 어떤 말이나 행동으로도 레이첼을 위로하지 않기로 한다. 대신에 우리 가슴의 해안선에 밀려와 부딪치는 소용돌이 물결 안에 고요히 머물러 있음으로 그녀의 진실을 존중한다. 긴 침묵이 흐른다. 방 안의 눈들이 그녀 쪽을 바라보고, 나를 흘깃 바라본다. 닫힘. 열림. 말없는 말. 채움.

오늘 밤 여기에는 스물일곱 개의 이야기가 더 있다. 스물일곱 명의 사람이 더 있다. 그들은 자신이 왜 여기에 와 있는지에 대해 무언가를 알고 있다. 그렇지만 우리가 함께 듣고 말할 때 그들의 앎은 깊어진다. 나의 앎 또한 그렇다. 나는 대장암에 걸리지 않았다. HIV 양성이 아니다. 고혈압 환자가 아니고 심장마비에서 회복 중인 상태도 아니다. 그러나 나 또한 습관적인 정서와 정신 상태의 과잉에 중독되어 있음을, 때때로 건강에 집착하고 아이들과 싸운다는 사실을 나는 알고 있다. 때때로 내가 지각하는 약함과 불완전함을 마주할 때 나는 부끄러움을 느낀다. 나는 조건 지어진 역사의 대혼란 가운데 길을 잃고 진정으로 그들과 나 사이에 어떤 실질적인 분리가 없음을 가슴으로 알고 있다. 지금 우리 몸이 처한 조건은 다르다. 그러나 이 얇고 일시적인 경계의 베일을 벗기면 우리는 모두 환자이다. 환자는 라틴어 'patiens'에서 유래하는데, 그 어원은 'pati', '겪어 내고, 견디고, 고통을 감당하는' 우리의 조건과 능력을 가리킨다. 이는 우리의 공통적인 바탕으로 그 안에 거대한 잠재력을 지니고 있다. 우리가 그것을 지혜롭게 사용하면 그 바탕에서 우리는 삶의 충만함에 눈뜰 수 있다.

신기하게도 이렇게 펼쳐지는 이야기의 한 가운데서 나는 가벼움이 일어남을 알아차린다. 단순한 카타르시스가 아니라 속마음을 여기에 털어놓는다. 이 방에서 가장 두드러지는 느낌은 어떤 무거움이 아니라 일종의 깊은 승인이다. 그러한 존중은 다름 아닌 힘과 용기의 표현으로 감정의 둑이 터져서 무력함과 절망으로 휩쓸리는 느낌이라기보다는, 우리가 다 같이 소매를 걷어붙이는 것과 비슷한 느낌이다. 그것은 관계의 시작이다.

우리는 서로에게 자신의 상처를 드러내 보인다. 우리는 그 상처를 분명히 확인하지만 상처 때문에 무력해지지 않는다. 정반대로 자신을 상처와 전적으로 동일시하여 '나의' 고통 또는 '나의' 문제로 악화시키는 평소의 경향성은 우리가 공통으로 처한 조건을 인식하고 더불어 살려는 의지를 다지면서, 이러한 공유된 현실 내부에서 비록 잠깐 동안이지만 천천히 녹아 없어진다. 자연스러운 마음챙김―서로를 들으려는 그리고 판단하지 않고, 충고하지 않고, 섣불리 단언하거나 쉬운 해결책을 찾지 않으면서 함께 하려는 우리의 자발적 의지로 계발되는 자각(awareness)―이 일어난다. 말 그대로, 그리고 비유적으로, 우리는 모두―아마도 그 어느 때보다도 굳건하게―우리 자리에 있다. 상처에 주의를 기울이고, 앨리스 워커(Alice Walker)가 묘사한 것처럼 "마주보고, 말하면서, 그 말 뒤에 풍부한 표정을 드러내는 인간의 눈으로" 그 상처를 공유해서 더 견딜 만한 것으로 만들고 있다.

나는 박사이고 지도자이긴 하지만 여기 앉아 듣고 있으면 내가 또 한 번 공동의 작업에 초대받았음을 떠올리게 된다. 이 사실을 거듭해서 기억하는 것이 나에게는 꼭 필요하다. 우리는 8주 동안 이 지대를 탐험할 것이다. 삶의 심화된 주기 안으로 문을 열고 들어가 시작하려는 우리의 의지가 8주 간의 발걸음에 불을 붙인다. 그것은 단지 그들의 작업이 아니며 나의 작업이기도 하다. 우리 한 사람 한 사람은 케이론의 상처와 역경을 통해 탈바꿈하는 내재된 능력 둘 다를 가지고 있는 살아 숨 쉬는 신화이다. 우리 모두는 인간이기 때문에 우리가 알든 모르든 자신의 역할을 넘어서 보편적이고 신화적인 영웅의 여정을 걷고 있다. 아마도 우리의 진정한 작업은 돌봄을 제공하든 구하든 관계없이 그 치유적인 관계―환자와 전문가가 만나는 장(field)—란 신화학자 조셉 캠벨(Joseph Campbell)의 말을 빌리면, "자기 반영의 신비(self-mirroring mystery)"임을 인식하는 것이다. 그것은 자기와 타인에 관해, 그리고 **그대 자신을 치유하라**(heal thy self)의 의미에 본질적인 질문을 제기하는 독특한 인간 활동을 구현(embodiment)한다.

내면의 치유자

오, 독자여….

당신이 건강하든 병에 걸렸든, 당신의 문제가 몸으로 나타나든 마음의 괴로움으로 표현되든, 진짜 이야기는 당신의 두 손에 있다. 그것은 숨겨진 보물, 당신의 풍요로움을 일깨우고 당신이 마땅히 받아야 할 유산을 되찾으려는 외침에 관한 것이다. 당신은 지금 내가 말하는 풍요로움을 기억하는가? 오래전 당신 안에 있었던 보석. 아직 보이지 않지만 저항할 수 없는 그것은 당신의 본질, 당신이 완전히 혼자라고 상상할 때에도 당신과 어깨를 맞대고 걷는 그것이다.

당신 내면의 이 생명을 느낄 수 있는가? 당신이 이 글을 읽을 때에도, 아마도 입안에 차고 넘치는 부드러운 물기에서 또는 뱃속 깊은 곳에서 말하는 오래된 언어의 속삭임에서 그것이 희미하게 일어남을 느낄 것이다. 당신은 저 음조들을 안다. 그것들은 흉곽이 갈라지는 시작점에서 일어나거나, 잠이 떠나가고 당신이 깨어 있음으로 불려가는 한밤중에 당신의 귀에 차오르는 바람 같은 속삭임에서 일어난다. 그것은 당신의 오랜 친구, 삶을 통틀어 당신의 편에 서는 동맹군이다.

당신과 당신의 오랜 친구 둘이서 다시 사귀고 새로이 현존하며 세상을 여행할 시간이 되었다. 당신과 나는 이 내면의 보석을 찾는 방랑자이다. 그에 반하는 모든 홍보 캠페인에도 불구하고, 자신만 빼고 모두 그것을 가졌다는 우리의 뻔한 상상에도 불구하고, 모든 사람이 같은 작업을 하고 있는 중이다. 아마도 우리는 잠시 동안 이 여행길의 동반자가 될 수 있을 것이다. 어찌 되었건 우리에게 진정 다른 선택이 있는가?

어른이 된다고 하는 과정에서, 우리 대부분은 이러한 타고난 현존을 잊어버리도록 교육받아 왔다. 그러한 내면의 빛을 기억하는 것은 급진적이다. 그러한 살아 있음과 접촉을 확립하는 것은 그야말로 우리 삶의 안팎을 뒤집어 놓을 것이다. 그것이 그렇게 나쁜 일일까? 한편, 세상의 흔한 관습은 우리에게 진짜 영양분 대신에 형편없는 귀리죽을 주면서 우리가 잘 길들여진 분리의 감각을 지속시킬 것이다. 우리는 대부분 우리 삶의 익숙한 구조를 무너뜨려 우리를 자신에게 되돌아가게 하는 상황에 부딪쳐 뿌리 뽑히기 전까지는 이렇게 조각난 가수면 상태에 빠져 있다. 그러한 찢김은 삶의 본질적인 부분이다. 그것은 여러 가지 모습으로 탈바꿈하여 우리 문 앞에 당도한다. 때로는 질병으로, 때로는 오래 지속했던 관계의 실패로,

사랑하는 이의 상실로, 삶의 한 가운데서 일어나는 폭발을 마주해서 고립되고 좌절한 채로 남든지 또는 그 기회를 활용해서 우리를 휘감은 딱딱한 보호 껍질을 천천히 녹여 내는 것 외에는 선택의 여지가 없는 상황으로.

다행히도, 우리 중 누구도 이 심판(reckoning)을 벗어날 수 없다. 어떤 식으로든 우리는 떼려야 뗄 수 없이 깊은 곳으로 끌려 들어간다. 전형적인 심리학자들이 말한, 삶을 향해 '밑으로 자라나기(grow down)'를 시작하는 곳이 여기이다. 여기서 우리는 일상의 삶에 현존이 스며들게 하는 법을 천천히 배우면서 가장 견고하고 지속적인 어떤 것을 내면에서 발견할 가능성이 있다. 누군가는 이것을 **영혼**이라고 부를 것이다. 당신이 원하는 대로 불러도 좋다. 그것이 무엇이든, 우리는 삶에서 그것의 부재와 존재를 직관적으로 안다. 그러나 이 실재는 평소와 같은 분석의 양식 안에서는 눈에 보이거나 수량화되거나 설명될 수 없기 때문에 비이성이라는 블랙박스 안에 묵살되고 버려져 있다.

이것은 문화적 추론 내부의 사각지대이자 깊은 결함으로, 종종 삶의 가장 중대한 순간에 우리가 문화적인 믿음과 지원을 잃게 하고, 우리의 가장 강력한 동맹군과의 접촉을 텅 비게 한다. 이러한 사회적인 편견 때문에 우리는 빗나가서 밖을 향하고 직관적으로 느껴지는 힘의 근원을 우리 외부에서 구한다. 질병, 죽음, 빠르고 결정적인 삶의 마감을 면전에서 응시할 때, 늘 그렇듯이 예상치 못한 질병을 진단받거나 또는 가장 공통적으로 생명이 반쯤 빠져나간 삶이 그 모든 무게로 우리에게 무언가 잘못되었음을 상기시키며 사정

내면의 치유자

없이 우리를 압도하기 시작할 때, 우리는 자신의 타고난 힘과 치유의 능력을 저버리고 종종 바깥의 권위에서 피난처를 찾는다.

나는 지금 건강이 위태롭거나 우리의 육체적 존재의 연속성이 불확실할 때, 전문가의 의견이나 어렵게 얻은 의학 기술의 조언을 버리라고 주장하는 것이 아니다. 그보다는, 만일 우리가 의료 서비스와 인간의 개화(unfoldment)라는 떼어놓을 수 없는 두 사업을 적극적으로 재확인하고자 한다면, 환자와 치료자 사이에 힘의 격차를 반드시 보정해야 함을 말하고 있다. 상처받은 치유자의 신화가 말하듯이 모든 이야기에는 두 가지 측면이 있다.

단단히 결속된 환자와 치료자는 원형적인 관계의 양극이다. 관계의 표면에 머물 때, 우리는 이 양극이 주는 자와 구하는 자, 돕는 자와 도움을 받는 자를 나타낸다고 상상할지 모른다. 그러나 그렇지 않다. 그렇다고 생각하는 것은 극단적으로 단순화하는 것이고, 지나치게 편의주의적이며, 영혼을 약화시키는 것이다. 우리 각자는 다른 이들의 영향을 받아 스스로를 드러낸다. 모든 건강 돌봄 전문가 안에 상처받은 이가 살고 있다. 모든 환자 안에, 모든 아프고 고통받는 인간 존재 안에, 강력한 내면의 치유자가 거주한다. 이것들은 이 세상에 태어나면서 받은 선물이다. 우리가 질병과 고통, 중대한 고난에 맞닥뜨려 비축된 내면의 힘을 되찾는 정도는, 의학적인 조건의 심각성이나 사느냐 죽느냐 여부와는 상관없이, 우리가 분리되지 않은 온전함과 접촉할 기회를 얼마나 가지느냐에 달려 있다.

아마도 치료자와 환자의 가장 핵심적인 작업은 그들의 관계의 특이성을 인식하는 데 있을 것이다. 나 자신의 경험이 그렇다고 말해 준다. 각자의 역할이 똑같다는 뜻이 아니라 힘과 한계감(the sense of limitation), 짜증과 신남, 두려움과 자기 숙련(self-mastery), 절망과 연민, 슬픔과 기쁨 그리고 그 밖의 모든 치유의 지형물(land-marks)들이 양방향으로 흐른다는 것이다.

만일 환자와 치료자로서 기꺼이 우리의 역할을 수정하고자 한다면, 우리는 관계를 변화시킬 기회를 갖는다. 이 비전은 새롭고 협력적이며 참여적인 의학의 씨앗을 품고 있다. 이 책은 이러한 탐구에 관한 것이다. 내적인 풍요로움을 되찾기 위한 수단으로 마음챙김 수련을 받아들여 그들 자신에게 돌아가기로 선택한 사람들에 관한 것이다. 그들의 선택은 대부분 담당 의사의 선한 의지와 격려 덕분이다. 이것은 나의 작업이기도 하다. 그리고 당신이 온전한 참여의 태도를 가질 때, 이 지면들 안에서 나를 발견할 것이다. 가장 중요한 것은, 당신이 당신 자신을 발견하기를 바란다는 점이다. 다른 어떤 여정에서와 마찬가지로 여기에도 위험이 있다. 어떤 특질이든지 깊어지면 상실이 따르기 때문이다. 그럼에도 불구하고, 그러한 여정의 시작은 인생의 분수령이자 예상치 못한 은혜의 분출, 삶의 깊은 우물을 들이마시는 잊을 수 없는 기회이다.

내면의 치유자

당신 소명의 부드러운 몸

오, 의술의 하인들이여….

당신 역시 지금 치유를 찾고 있지 않은가? 몸을 잔뜩 웅크리고 내면의 오랜 쓰라림을 보호하면서, 감히 그렇다고 인정할 엄두조차 내지 못하면서 남모르게 해결책을 갈망하고 있지 않은가? 여기에 관해서 이야기해 보자. 달리 어떤 방법으로 당신이 다른 이들에게 도움될 수 있겠는가? 이러한 참조의 지점, 돌봄이 필요한 이 열린 내면의 상처가 아니라면, 무엇이 당신을 이 소명으로 이끌 수 있었겠는가?

이보게, 친구, 우리 모두는 상처받았다. 집에 온 것을 환영한다! 더 이상 숨기지 않아도 된다! 우리 모두는 분열된 채로 갈망하면서, 우리를 온전함으로 회복하게 하는 치유를 찾고 있지 않은가? 이러한 완전함을 회복하려는 갈망을 표현하는 것만으로도 도움이 되지 않는가? 치유라는 직업의 중심에는, 돕고, 주고 그리고 **회복하게** 하려는 소망의 실현이 있다. 겉으로 보기에 우리가 다른 이들의 회복을 위해 노력을 기울이지만, 실제로는 **다른 이**란 없음을 아마도 알 것이다.

그럼에도 불구하고, 우리는 매력적인 간판을 내건다. 완벽하다! 그런 경이로움이란! 우리 모두는 동반자가 필요하다. 여행을 함께 할, 모든 크기와 모양과 조건을 지닌 형제자매들. 초목이 무성한 오아시스로, 거의 잊힌 우리 생명의 짙은 푸르름을 향해 다시 한번 걸어가는 이 사막 횡단 여행단에 참여하는 뚜벅이 여행자들이다. 왜 우리 자신이 우리의 돌봄을 구하는 사람들과는 다른 척하는가? 그렇게 하면 무엇을 성취할 수 있는가? 이러한 거짓 꾸밈에는 어떠한 대가가 따르는가? 스스로를 위장하는 그 게임이 기적적이고 숨겨진 무언가의 신호임을 알 수 있는가? 놀라운 속임. 황홀한 춤. 교묘하게 계획된 유혹이 우리를 잊혀 가는 신비로움 속으로 천천히 끌어당긴다. 우리 모두는 찾아지고 있지만 우리는 우리가 주도한다고 생각한다. 계략 안의 그러한 지혜. 가장 사랑하는 이들이 우리에게 기쁨과 만족을 주려고 완벽하게 위장된 애정 어린 깜짝 파티를 계획하는 것과 같다.

만일 언어와 음악이 더 깊은 침묵을 충분히 증명한다면, 우리의 상처와 결점은 우리가 본질적으로 온전하다는 확실한 신호이다. 만일 말이 말해지지 않는 것을 가리키는 손가락이라면, 우리의 불완전함, 깨지기 쉽고 상처받기 쉬운 취약함의 감각은 우리의 강인함을 명백하게 증명한다. 이러한 연약한 부드러움은 입구이다. 우리

당신 소명의 부드러운 몸

는 그것을 숨긴다. 그것을 **결점**이라고 부르면서 그것이 기적적인 가능성으로 들어가는 지점이라는 사실을 결코 깨닫지 못한다. 루미는 이 입구를 우리에게 상기시킨다.

상처를 스승의 수술에 맡기라.
파리들이 상처에 모여든다. 상처를 뒤덮는다.
그 파리떼는 자아를 지키려는 감정,
자기 것이라고 생각하는 것들에 대한 당신의 사랑.

스승이 손을 흔들어 파리를 쫓아내고,
상처에 약을 바르게 두라.

고개를 돌리지 마라.
붕대를 감은 곳을 계속해서 바라보라.
빛이 너에게 들어오는 그 곳.

그리고 잠시 동안은
당신이 스스로를 치유하고 있다고 여기지 마라.

루미
「어릴 때 친구(Childhood Friends)」

나는 내 몸의 상처, 흉터, 꿰맨 자국, 주사 자국을 가지고 있다.

어렸을 때, 나는 항상 피부 안으로 들어가는 바늘, 주사기를 통해 몸으로 들어왔다 나갔다 하는 액체의 움직임, 살을 밀고 들어가는 검은 내장 같은 것을 보았다. 나는 보고 싶었다. 내가 어렸을 때, 어머니는 항상 내 손을 움켜잡고 외쳤다. "보지 마라!" 그리고 내가 나이가 들어 가니 "왜 보는 거니?"라고 하신다. 매혹! 딱 그만큼 단순하고 신비롭다. 이런 식으로 우리는 모든 것들로 흘러 들어간다. 우리의 자각이 깨어나는 방식이다.

고개를 돌리지 마라.
붕대를 감은 곳을 계속해서 바라보라.
빛이 너에게 들어오는 그곳.

당신이 내면 깊은 어딘가에 이 세 줄에 담긴 진실을 이미 알고 있으리라 생각한다. 그러나 이러한 앎에도 불구하고, 우리는 계속해서 자신과 자신의 경험의 충만함을 외면한다. 우리 자신의 상처와 원치 않고 거부된 장소를 바라보지 않는다면, 그것들을 인정하고, 존중하고, 우리의 수용적인 현존 안에 다시 가져오지 않는다면, 어떻게 다른 사람이 그렇게 하도록 도울 수 있겠는가? 지난 10년 동안, 나는 수많은 건강 전문가들이 자신과 자신이 돌보는 사람들 사이에 느껴지는 거리 때문에 고통받아 온 것을 보았다. 그들은 사정이 달라지기를 바랐고 어디서부터 시작해야 할지 알고 싶어 했다. 또한 그보다 훨씬 더 많은 환자들이 새로운 눈으로 붕대를 감은 곳을 지켜봄으로써 그들 자신의 내적인 힘과 접촉한 것을 보았다. 열

당신 소명의 부드러운 몸

린 눈으로. 가장 골치 아프고 고통스러운 것을 굴하지 않고 기꺼이 들여다보는 눈은, 곧이어 밑바닥에서 들어오는 그 빛을 동시에 발견한다. 환자와 치료자가 만날 수 있는 곳은 여기, 자각에 대한 이 전념(commitment) 안에 있다.

그리고 우리가 계속 눈을 뜨고 있다면, 치유적인 관계가 그 자체로 우리 자신과 다른 이들을 치유하는 **통로**임을 발견하기 시작한다. 그 길을 따라갈 때 억지로 세운 경계선이 흐려지고, 우리 상호 간의 충격적인 탁월함에 눈뜨게 되고, 깊고 변치 않는 기쁨이 회복된다. 너무 오랫동안 돌봄은 치료자 중심 또는 환자 중심 둘 중의 하나로 생각되어 왔다. 실제로는, 치유 관계란 언제나 상호 간의 탈바꿈이 진행되는 도가니였다. 스스로의 약함과 강함의 한가운데서 서로 만나려는 인간 존재의 순수한(bare) 의지는 본질적인 변용을 직접적으로 가능하게 한다. 그러나 내가 경험한 바로는 우리가 그와 같은 방식으로 자신과 관계 맺기 시작하지 않으면 다른 인간 존재와 이런 식으로 관계를 맺기란 거의 불가능하다.

그런 길을 걷기 위해서는 하나의 방법이 필요하다. 내면에서 일어나는 모든 것에 주의를 기울이도록 배우는 규율 있는 길(a disciplined way)이다. 이것은 **마음챙김**이라고 한다. 그러나 마음챙김은 단순한 기술이 아니다. 그것은 사랑의 행위이다. 우리 자신을 단지 지금 이대로 보고 꼭 안아 주려는—다른 이들과도 이렇게 함께하면서—우리의 의지는 돌봄에 대한 흥미로운 사실을 드러내고, 돌봄을 깊이 있고 치유적으로 표현한다. 연민의 체현(embodiment)이다. 연민은 우리 자신과 함께 집에서 시작된다. 도움을 주는 자이든 구하는 자이든, 우리 모두는 상처를 입었고 우리 모두는 온전하다. 우리는 대부분 이러한 상호 의존적인 현실을 더 이상 보지 못한다. 그러한 시야를 인식하고 간직하려는 우리의 의지는 친밀함과 치유가 펼쳐지는 과정이다.

환자들의 주요한 곤경의 핵심은 그들이 정상의 상태에서 벗어나 온전함을 제대로 지각하지 못하고 고립과 유한함을 느낀다는 것이다. 그러나 이러한 감정은 돌봄을 주는 자이든 치유를 필요로 하든 관계없이 우리 모두가 공통으로 가지고 있다. 돕는다는 것은 그것이 치유를 위한 것이라면 치유자가 그의 돌봄을 구하는 이들이 맞닥뜨린 그러한 분열과 불확실성, 정체성의 혼란 속으로 들어가 그것들을 이해하기 시작하는 것이다. 왜냐하면 이러한 감정들은 우리 존재라는 연합체에 속한 부분이며, 우리 모두는 우리가 지향하는 북극성, 케이론을 우리 안에 가지고 있기 때문이다. 이런 식으로 길을 찾으려면, 돌보는 이가 적어도 잠시 동안은 무엇인가 하려는 중독적이고 도취적인 추동을 멈추는 법을 배워야만 가능하다. 이렇게 하려면 속도를 늦추고—어렵게 얻은 지식, 기술, 임상 경험을 버리지 않으면서—우리 앞의 이 사람, 환자가 느끼는 삶으로 들어가는 법을 배워야 한다.

만일 건강 전문가가 진정한 의미에서 돕고자 한다면, 그렇다면 우리는 이 여정을 만들어 나가야 한다. 이 길이 고통스럽지 않은 것은 아니다. 언제나 일취월장의 상승, 성취의 계보, 극복하고 성공하는 순탄한 길을 보여 주는 이력서 같은 것이 아니다. 틀림없이 이 전기는 진리를 담고 있다. 그러나 이것이 진실한 인간 존재가 되려는 소명의식, 우리가 펼치는 소명의 기준과 분리되어 존재한다면 우리와 우리가 돕는 이들은 크게 잃는다.

이런 시점에서 보면, 우리의 돌봄을 구하는 이들, 우리가 '환자'라고 부르는 이들은 우리의 **스승들**이다. 그들의 가르침은 미묘하고 깊어서 놀랄 만한 기술과 정밀함으로 끊임없이 우리를 우리 자신에게로 돌아가게 한다. 내가 기꺼이 멈추고 고요히 있으면서 내 앞에 놓인 각각의 상황이나 사람과 직접적으로 관계 맺을 때, 나는 종종 그들의 현존의 힘 그 자체로 자아를 지키고자 하는 '파리들'이 물러감을 느낀다. 그렇게 함으로써, 분리라는 상처에 약을 바르고, 대신 뜻밖의 연결이 일어나 상처를 진정시킨다. 이렇게 해서 우리는 서로 서로 의사이고 환자이다. 동전의 양면이다.

고개를 돌리지 마라.
붕대를 감은 곳을 계속해서 바라보라.
빛이 너에게 들어오는 그곳.

이 세 줄이 우리가 시작해야 하는 가르침의 전부이다.

2부

고개를 돌리지 말라

나타나라.
주의를 기울여라.
진실을 말하고, 판단하거나 비난하지 말라.
결과에 집착하지 말라.

●

앤젤레스 아리엔(ANGELES ARRIEN)
『4중의 길』중에서

첫 번째 주

우리 교실은 복도를 사이에 두고 소아과와 마주하고 있다. 어디에나 아이들이 있다. 내가 계단을 걸어 내려와 이층 로비로 나오면, 그들의 존재는 몸에 가해진 원치 않는 모욕으로부터 순간이나마 벗어난 것을 축하하는 승리의 외침으로 그 자신을 알린다. 방에는 열두어 명의 사람들이 있다. 신발과 부츠가 복도에 줄 지어 놓여 있다. 내가 신발을 벗을 때, 여기 바깥 복도에 간호사 한 명이 신발의 대열을 내려다보고 미소 짓는다. 간호사들은 우리가 익숙하다. 나는 때때로 그들의 발길이 같은 초대와 휴식을 갈망하는 것은 아닐까 궁금하다. 잠깐 동안 우리는 서로의 눈길을 끌고 계속해서 각자의 길을 간다.

교실 안에서 몇몇 사람들이 이야기를 나누고 있다. 어떤 사람들은 조용하다. 몇 마디의 안내가 끝나고,

나는 우리가 시작하기 전에 잠깐 기다릴 것이라고 말한다. 그러고 나서, 방을 돌아다니며 통성명을 하고 악수를 나누면서 한 사람 한 사람에게 개별적으로 인사를 건넨다. 9시가 되자, 우리는 스무 명 이상이 되었다. 9시 10분이 되자 방이 가득 찬다. 문 바로 옆 자리에 앉아있는 선글라스를 낀 여성에게 인사할 때, 그녀가 울고 있는 것을 본다. 그녀가 그 문을 지나 들어오기란 무척 힘들었을 것이다. 때때로 나는 수업 첫 날 그 문을 통과하는 것이 우리 클리닉의 누구에게나 가장 어려운 일이라는 생각이 든다. 그녀의 떨리는 손과 선글라스 아래로 줄줄 흘러내리는 눈물이 이를 증명한다.

이 서른 명의 사람들과 함께 앉아 있으면 공항의 탑승 대합실에서 기다리는 느낌이다. 시작할 때 쓰이는 방식의 하나로, 사람들에게 편안한 위치를 찾고, 서쪽 벽을 따라 넓게 트인 창문을 향해 돌아서게 한다. 어떤 사람들은 앉아 있는 의자를 돌리고, 다른 사람들은 몸의 상체를 창문이 있는 쪽으로 튼다. 많은 사람이 화려한 원형 명상 쿠션을 각자의 의자 아래에 넣어 두고, 바닥에 앉아 있다. 나는 그들에게 시야에 들어온 모든 것을 눈이 그저 받아들이게 허용하라고 청한다. 사람들은 고요해진다. 나는 이제부터 보이는 것에 마음이 이름을 붙이는 방식을 알아차리고, 그럴 때마다 부드럽게 주의를 다시 봄(seeing)으로 가져오면서, 판단하거나 애쓰지 않고 그것을 단지 관찰할 것을 제안한다. 침묵과 함께 고요함이 커져간다. 침묵은 우리를 초대하고 우리는 계속해서 말없이 있다. 이것이 우리의 첫 번째 명상이다.

주의 깊은 봄이라는 이 시도가 끝나면, 사람들은 창문 너머 세계를 떠나서 방 중앙으로 돌아온다. 그러면 나는 세 개의 건포도를 각자의 손에 올려놓는다. 보통 수업의 초반에는 이렇게 하지 않지만, 오늘은 그들의 주의가 지금 여기에 온전히 스며들어 있어 이런 기회를 놓칠 이유가 없다. 후각, 촉각, 시각, 청각을 동원하여 우리는 한동안 건포도를 탐험한다. 사람들은 '있는 그대로의(bare)' 경험을 알려 달라는 요청을 받고, 그들이 지각한 것을 대략적인(sparse precision) 말로 표현한다. 나는 이런 식으로 말해 보라고 하는데, 간단하게 어떤 것도 덧대지 않고 정확하게 그들이 알아차리고 있는 것을 말하는 것이다. 많은 의견들이 나온다. 어떤 것들은 진지하다. 어떤 것들은 재미있다. 그 사이를 왔다 갔다 한다.

우리의 나눔은 연극과 과학의 교차점인 듯하다. 이 일상적인 사물을 주의 깊게 관찰하는 단순함으로부터 과학 연구에 필수적인 타고난 호기심과 탐구심이 일어난다. 현재 순간을 자각하는 우리 본연의 능력은 바람을 맞은 깃발처럼 펼쳐져서, 미래로 곤두박질치거나 과거를 갈망할 때는 놓치기 쉬웠던 '건포도임'에 대한 예리한 알아차림을 일으킨다. 그러한 의도적인 주의 기울임은 우리의 작업을 형성하는 바탕이며, 앞으로 두 달에 걸쳐서도 그러할 것이다.

그리고 나서, 하나씩 천천히 건포도를 먹는다. 닿는 감각과 맛을 알아차린다. 이 단순한 행위로 인해 몸에서 일어나는 미묘하고 압도적인 감각, 함께 일어나는 생각과 감정의 집합, 즐거움과 불만의 느낌. 건포도가 손에 쥔 '바깥의' 대상에서 우리 몸의 친밀한 '안의' 요소로 이동하는 과정 안에서. 건포도를 '싫어하는' 사람들은 적어도 한 번은 시도해 본다. 30분 동안 이 여정에서, 그들은 이 건포도와 관련해서 일어나는 혐오감과 함께할 기회를 가진다. 그들이 그렇게 말한다. 누군가는 솔직하게 이야기하면서 안 먹은 것들은 버려도 되냐고 묻는다. 다른 이들은 즐거움을, 좀 더 원함을, 마지막 건포도가 '사라졌을' 때 느꼈던 불안감을 이야기한다. 앞으로 두 달 동안 우리는 자주 이런 마음 상태들을 다시 방문할 것이다.

오늘 아침에 이미 일어났던 모든 것에도 불구하고, 우리는 여전히 서로에게 낯선 이들로서, 조금 긴장한 채로 방의 네 면의 벽을 따라 줄 지어 함께 앉아 있다. 나는 우리가 어디로 가고 있는지를 확실하게 알도록 하고 싶어서 비록 각 사람이 이 방에 들어오기 전 프로그램의 세부 사항을 설명하는 개별 인터뷰를 했지만, 우리의 일정표를 다시 살펴보기로 결정한다. 세부 항목이라기보다는 여행의 방식과 요구되는 책임이다. 이때, 나는 종종 모두에게 여기가 그들이 있기로 선택한 곳인지를 결정한 후 말해 달라고 요청하고, 그렇지 않다면 얼마든지 나가도 좋다고 말한다. 가끔씩 이 제안을 받아들이는 사람이 있다. 오늘은, 침묵과 미소와 고개 끄덕임과 고요함 가운데 앉아 나는 말한다. "자, 이제 시작합시다." 우리는 돌아가면서 한 명 한 명 자신의 이름을 말하고, 무엇 때문에 여기에 왔는지, 무엇을 바라는지에 대해서 조금 또는 많이 말하는 기회를 가진다. 나는 맨 마지막에 하는 것은 지옥 같을 수 있기 때문에 먼저 할 사람이 있냐고 묻는다. 사람들은 알겠다는 듯이 당황스러운 웃음을 터뜨린다. 그러고 나서 누군가 먼저 나서서 말하기 시작한다.

나는 6개월 전 손상된 심장 판막을 치료하려고 심장 절개 수술을 받은 외과 의사 존에 대해서 이야기하고 싶다. 그는 한평생 지속해

왔던 '습관적인 일중독 행동'을 고치려고 노력하면서 이제 의사 일을 다시 시작해야 하는 현실에 직면하기 시작했다. 또는 고질적인 협심증을 앓고 있는 고등학교 음악 교사인 도로시 얘기를 하고 싶기도 하다. 그녀는 자신이 언제나 남에게 친절하고 자기 주장을 전혀 하지 못하며 대부분의 시간 동안 '쥐어 짜이는' 느낌을 가진다고 말한다. 그러나 오늘 나는 마리에 관해서 이야기하겠다. 문 가까이에서 울고 있는 그녀는 우리 앞에 있는 사람이 진짜 그녀 자신이 아니라고 고지하면서 자신의 소개를 시작한다. 그녀의 말은 우리가 얼마만큼 우리 삶을 포기하면서 사는지를—'내가 어떤 사람이 되면' '내가 그녀 같기만 하다면' '내가 어렸을 때는' '이 일이 일어나기 전에는'이라고 말하면서—그리고 우리가 얼마나 쉽게 우리 자신과의 연결, 삶의 실제성과의 연결을 끊고 그것들과 분리되고 있는지를 입증한다.

마리는 자신이 가장 원하는 것이 자기 삶을 되찾는 것이라 말한다. 그녀는 오랫동안 영향력 있는 여성 사업가였으며, 성취하고 통제하는 것에 길들여져 있었고, 모두의 관리자 역할을 했다. 이제 그녀는 거의 항상 극심한 불안을 느끼며, 그로 인해 공포로 가득 찬 공황이 더 심해짐을 경험한다. 그녀는 어디를 가든지 커다란 가방—일종의 생존 장비—을 가지고 다닌다. 그 가방은 물병, 열쇠, 주소록, 약 꾸러미, 영감을 주는 책들 그리고 그 밖의 물품들로 가득 차 있다. 바닥에 놓여 있는 그 가방은 그녀의 가까이에 단단히 여며져 있다. 그녀는 반쯤은 웃고, 반쯤은 울면서, 그녀의 고충을 설명해 주는 이 가방에 대해 이야기한다. 그녀의 말을 들으며 그녀 쪽을 바라보면서, 나는 그녀의 눈을 보고 싶었다. 그러나 우리가 함께 한지 얼마 지나지 않아 나는 그녀에게 이 질문을 했다. 그녀의 마지막 증언이 나에게 가장 강렬하게 와 닿았다. "나는 내 삶을 되찾고 싶어요." 우리 사이에 침묵이 흐른 뒤, 간단한 대화를 한다.

사키: "내 삶을 되찾는다."가 무엇을 의미하는지 좀 얘기해 주겠어요?

마리: 이 모든 것이 일어나기 전의 제가 되고 싶어요. 예전의 저로 돌아가고 싶어요.

사키: 과거의 자신으로 돌아갈 수 있을 거라 생각하나요? 가능할 것 같지 않은데요. 가능하다 해도 당신이 원할지는 모르겠어요.

마리: 그렇지만 저는 정말 강인했고, 에너지가 넘쳤고, 어떤 상황이든 잘 대처할 수 있었어요. 그런데 지금 저를 보세요. 저는 엉망이에요. 저는 이 가방이 있어야 해요. 여기까지 차를 몰고 올 수 없어서, 다른 사람이 저를 태워다 주었어요. 치료를 받고 있어요. 많이 울어서 눈이 항상 빨갛고요. 저는 낫고 싶어요.

사키: 제가 당신이 과거의 자신으로 돌아갈 수 있을지 잘 모르겠다고 말한 건, 당신이 말하듯이 '낫거나' 성장하는 것이 불가능하다는 뜻이 아니라 단지 당신이 예전과는 다르다는 뜻입니다. 방금 당신은 그동안 어떤 일을 겪어 오면서 전과는 달라졌다고 말했습니다. 당신이 앞으로 어떻게 될지는 누구도 알 수 없습니다. 하지만 지금 되어 가고 있는 과정에 과거의 기억을 가져다놓는다면, 당신은 모든 가능성을 차

단할 수도 있습니다. 제 말을 이해하시나요?

마리: 그런 것 같아요.

마리의 "그런 것 같아요."는 안도감과 어리둥절함으로 가득했다. 가능성과 희망으로부터 솟아오른 안도감, 더 이상 목적지를 분명하게 구분하기 힘든 이 여정에 자신이 정말로 참여하고 있다는 요동치는 깨달음으로부터 일어나는 당혹감.

수업 첫날인 오늘, 마리는 방 안에 있는 많은 사람을 대신해서 말한 것 같다. 우리 각자는 '삶을 되찾기를' 원한다. 하지만 이것이 뜻하는 바는 무엇일까? 우리 자신의 삶을 사는 것 말고, 달리 무엇을 할 수 있겠는가? 아마도 마리는 그녀가 자신의 삶을 사는 데 좀 더 깨어 있고, 살아 있고 싶다고 말했던 것 같다. 그녀는 아마도 이런 이유로 이 비행기를 타고 여행을 시작할 준비가 되었는지 질문을 받았을 때 '네'라고 대답했을 것이다. '네'라고 말한 것이 마리와 우리 모두에게 어떤 결과를 가져올지는 아무도 모른다. 단지 시간이 말해 줄 것이다. 본질적으로, 이 순간 우리가 할 수 있는 유일한 일은 앤젤레스 아리엔의 초대가 부여하는 지속적인 도전을 다루는 가능성으로 들어가는 것이다.

나타나라.

주의를 기울이라.

진실을 말하고, 판단하거나 비난하지 말라.

결과에 집착하지 말라.

현존하기

고개를 돌리지 말라.

이 한 줄의 문장이 마음챙김 수련의 본질적인 요소를 전달한다. 단순히 현존하라는 말이다. 우리 앞에 다가온 무엇이든 깊이 살펴보고, 보고 싶지 않은 것들을 자세히 바라보는 것이다. 그뿐이다.

개인적인 건강과 건강 돌봄 직업이 상호 의존하는 영역에서 마음챙김—순간순간, 의도를 가지고 주의를 기울이는 우리의 능력—은 즉시 이용 가능한 협력자이다. 그런 세심한 주의 기울임은 고통을 겪는 사람뿐만 아니라 그 고통을 덜어 주려는 사람에게, 또한 치유 과정에서 가장 필수적인 요소이다. 건강 관련 전문가들은 날마다 '붕대를 감은 곳'을 직면하는 자신을 발견한다. 이것은 모습을 가장하여 도착하는 경향이 있다. 그렇지만 너무나 자주 우리가 환자라고 부르는 모든 이들이 감춰 왔던 것을 알지 못하는 우리의 현존, 즉 텅 빈 거울 안으로 하나를 감추어 가져오는 것만 같다. 그러면 우리가 '그들의' 찢기고 상처받은 곳을 언뜻 볼 때, 우리는 상당히 예상치 못하게 그곳에서 우리 자신의 모습을 본다. 마찬가지로 환자로서 예상치 못한 질병에 직면해서 우리 미래에 관한 건강 전문가의 제안이 더 이상 효력을 발휘하지 못할 때, 우리는 자신의 타고난 지혜와 항해의 감수성을 더 이상 신뢰하지 않고 모든 방향 감각을 잃고 우리 자신에게 쉽사리 등을 돌린다.

그러나 만일, 이러한 순간에 우리가 멈춰서 현존하는 법을 배운다면, 우리는 많은 것을 배울 기회를 가진다. 이러한 순간에는, 우리의 역할이 무엇이든 정말로 위태로운 것 같고 우리 정체성의 많은 부분이 상실되거나 불확실해지거나 추방당할 것만 같다. 그래서 우리는 종종 말없이 등을 돌린다. 이는 우리가 공통으로 길들여진 습관이다. 그 누구도 상처받고 싶은 사람은 없기에 이것은 이해할 만하다. 그러나 이러한 경향성이 너무나 널리 퍼져 있기 때문에 우리의 **의도**, 즉 삶이 펼쳐지는 모든 범위에서 현존을 수련하겠다는 끊임없이 새로이 시작하는 맹세는 막대한 자원이다. 나의 직접 경험에 따르면, 기꺼이 멈춰서 현존하고자 할 때 더 큰 명료함과 명쾌함으로 상황과 사건을 바라보고 그것들과 관계 맺을 수 있다. 이 명쾌함으로부터 우리 안팎에 펼쳐지는 삶에 대한 더 깊은 이해나 통찰이 일어나는 것 같다. 그러한 통찰은 우리가 두려움이나 습관 또는 오래된 훈련이 몰아붙이는 대로 반응하는 대신에 상황에 가장 필요한 대응을 선택할 가능성을 허락한다.

인간이기 때문에 우리 각자는 현재에 있지 않음과 친하다. 그러므로 이렇게 부재감과의 친밀함은 강력한 동맹군이다. 여기가 마음챙김 수련의 영역이다. 우리가 더 이상 우리 자신이나 또는 다른 이와 함께 있지 않음에 깨어 있는 매 순간이, 역설적이지만 현존의 순간이다. 우리의 삶 전체를 기꺼이 수련으로 보고자 한다면, 현존하지 않는 순간에 대한 알아차림은 깨어나려는 우리의 의도와 결부되어 우리를 현재 순간으로 데려온다. 우리가 부재 애호가라는 점을 고려하면, 현존을 수련할 기회는 넘쳐난다.

수련

호흡으로 돌아오기

한 주 동안 호흡의 율동적인 움직임에 주의의 채널을 맞추는 실험을 하라. 일상의 평범한 사건들 속에서 항상 존재하는 이 리듬과 접촉할 수 있음을 알아차린다.

샤워를 하거나, 빨래를 개거나, 설거지를 하거나, 아이들과 놀아 주거나, 보고서를 쓰거나, 병원에 가거나 환자를 진찰하거나, 친구와 동료들과 이야기를 나누거나, 컴퓨터 앞에 앉아 있는 모든 상황에서 깨어 있음을 계발할 수 있다. 마찬가지로, 쓰레기를 내다 버리거나, 차를 타려고 걸어가거나, 차에서 내려서 걸어 나오거나, 점심을 먹는 모든 활동이 멈추고, 보고, 당신의 삶에 바짝 다가갈 기회들이다.

내면을 향하기

현대 사회는 자기 자신을 관찰하려면 '내면을 들여다 보면' 된다고 늘 간주해 왔다. 자기 관찰이 우리가 알고 있는 다른 어떤 기술보다도 더 긴 시간의 훈련을 필요로 하는 고도의 규율 있는 기술이라고는 그 누구도 상상하지 않는다. 이와 반대로, 동양과 고대 서양 세계의 심리학적 지식 체계의 핵심이 자기 탐구의 훈련으로 이루어진다고 확실히 말할 수 있을 것이다.

제이콥 니들먼(Jacob Needleman)
『우주의 감각(A Sense of the Cosmos)』중에서

남을 돕는 직종에서 실무(practice)라는 용어는, 예를 들어 법률 사무나 의료 행위와 같이 자신이 하는 일을 포괄적으로 설명한다. 종종 이것은 직업의 구체적인 특성뿐만 아니라 그 일을 하는 사람들과 그들이 돕는 사람들과의 관계 또한 내포한다. 심리치료사는 흔히 자신이 개인 '실무'를 하고 있다고 말한다. 그 뜻

은 심리치료가 자신의 생업이라는 뜻이다. 마찬가지로, 의사가 실무에 대해서 말할 때는 이 정의 아래 류머티스학, 가정 의학 또는 신경학 '진료(practice)'와 같은 특정 하위 전문 분야를 포함한다.

기묘하게도 동시대의 거의 모든 사람이 실무라는 말의 정의를 사용할 때는, 한 사람이 다른 사람에게 또는 다른 사람을 대신해서 **외부를 향해 행하는 활동**이라는 뜻을 함축한다. 현대의 어휘 목록에서 실무라는 단어가 만일 우리가 자신의 직업 행위에 전적으로 몰두하고자 한다면, 우리가 선택한 영역에서 지식을 획득함과 동시에 적극적이고 지속적인 노력을 기울여 우리 자신과 **내적 작업**을 해야만 한다는 뜻으로 쓰이는 경우는 거의 없다. 이는 단순히 우리가 이 분리할 수 없는 한 쌍의 측면을 자명한 것으로 받아들이기 때문일까, 아니면 우리가 **실무**라는 말을 사용할 때 거기에 무엇인가 빠져 있는 것일까? 어떤 클리닉 참여자는 자신의 의사에 대해서 "그는 훌륭한 의사예요. 자신의 전문 영역에 대해서 잘 알죠. 하지만 환자를 대하는 태도는 형편없어요."라고 말했는데, 이는 실무의 내적인 차원의 부재를 관찰한 것이다. 건강 전문가는 자신의 돌봄이 필요한 사람들을 최선을 다해 열심히 돕지만, 환자가 자신의 건강을 위해 적극적으로 협력할 동기가 거의 없고, 환자로서 하는 '일'에 온 마음으로 참여할 의지가 없음을 발견할 때, 똑같이 이러한 부재를 느낀다고 지적할 것이다.

지난번에 의과대학 1학년 학생들 집단과 이야기를 나누면서, 나는 이 부재의 느낌과 부재의 도착 둘 다를 목격했다. 우리는 그들의 첫 번째 시체 해부 경험에 대해 이야기를 나누었다. 또한 감정을 보호하려고 시체의 얼굴을 덮어 놓은 수의를 이제 걷어 내야 하는데 그 상황이 어떨지 예상했다. 시체의 주인은 지난 수 주간 해부학 실험실에서 다리, 흉부, 복부로 존재했던 누군가였다.

그들은 대부분 명확하고 확고한 목소리—훈련 중인 전문가로서 침착하고, 느릿하게 이어 가는—로 그 경험을 이야기했다. 그러나 시체의 눈을 응시하고 두개골을 여는 경험에 대해 그들의 의견과 예상되는 우려를 서로 나누고, 이렇게 보존 처리된 육신의 모습을 한 죽음과 더 가까이 만나면서 그들의 태도는 달라지기 시작했다.

나이 들어가는 부모님과 조부모님, 시체처럼 보이지만 여전히 가슴을 들썩이며 살아 있는 중환자실에서 본 환자들과 얽힌 수많은 연상, 해부된 신체를 가까이 대면하면서 일어났던 압도적인 경외감과 신비로움이 그들의 목소리의 음조를 바꾸어 놓았다. 그렇게 생각하자 눈동자가 흔들리고, 눈시울이 젖어들면서, 호흡의 형태가 이전에 소리 난 적 없는 음조로 오르내리며, 우리 모두는 실무의 영역으로 이끌려갔다. 누구도 죽음을 피할 수 없다는 현실의 희미한 속삭임을 향해 우리는 내면으로 향했고, 그러자 개별적인 몸을 덮은 피부 바깥에서 일어나는 듯 보였던 것에 반응하는 몸 깊은 곳에 새겨진 충격파와 미세한 떨림을 다른 사람의 귀를 통해 들을 수 있었다.

그날 오후, 감정적인 괴로움에 마비되어 아무도 방을 떠나지 않았다. 틀림없이 그들은 자신의 탐구를 계속하기 위해 연구실로 되돌아갔을 것이다. 그리고 아마도 단지 추측컨대, 그들 영혼의 맥박과 열광적인 신비를 조급하게 물리치지 않으면서 생의학의 수수께

끼의 추구를 허용하는 광대한 공간으로 나아갔을 것이다. 이렇게 흥미롭게 드러나는 수련의 영역에 면밀하게 주의를 기울이는 것은 인간 존재로서의 그들을 충만하게 할 것이다. 그리고 그들을 좋은 의사로 만들기도 할 것이다. 우리의 일이나 역할이 무엇이든 이것은 우리 모두에게 똑같다.

—

수련

호흡 알아차림 명상

명상 수련은 규율 있고 지속적인 노력을 필요로 한다. 그러나 그 중심에서, 마음챙김 명상은 돌봄에 관한 것, 판단하거나 애쓰거나, 조작하거나 꾸미지 않고 우리의 불편함과 고통에 가까이 다가서는 자발성에 관한 것이다. 이러한 부드럽고, 열린, 비판단적인 접근은 그 자체로 가차 없이 또한 자비롭게, 우리가 예상한 것보다 더 많이 요구한다. 그러한 방식으로 수련하기 위해 호흡 알아차림은 현존을 계발하는 데 효과적이고 언제 어디서나 사용 가능한 수단이다.

편안한 장소를 찾아 앉는다. 바닥이나 등받이가 세워진 의자에 앉으면 좋다. 의자에 앉았다면 의자 등받이에서 거리를 두고 스스로 몸을 세워 본다(허리에 문제가 없다면). 똑바르면서도 편안한 상태에서 양발은 확고하게 바닥에 닿게 하고 두 무릎 사이와 두 발 사이는 골반

너비로 떨어뜨린다. 양손은 무릎 위 편안한 곳에 둔다. 양손을 서로 포개어 놓거나 손바닥이 천상을 향하도록 둔다. 바닥에 앉는다면 엉덩이 밑에 쿠션을 한두 개 받치면 도움이 된다. 이렇게 하면 골반이 앞으로 기울게 되고 무릎이 바닥에 닿아서 튼튼하고 안정적으로 몸을 받쳐 줄 것이다. 마찬가지로 양손은 편안한 곳에 둔다.

자, 이제 여러분은 자리를 잡았다.

똑바르고, 견고하고, 위엄 있고, 가식 없이 앉아 있는 느낌과 단지 함께 하라. 지금 앉아 있는 곳에 자리 잡으면서, 점차로 호흡의 흐름을 알아차린다. 들숨과 날숨의 리듬, 숨이 몸으로 들어오고 몸에서 나가는 호흡의 감각을 느낀다.

배가 일어났다가 가라앉는 감각이나, 코끝에서 느껴지는 호흡의 감각이나, 숨 전체가 들어왔다가 나가는 감각을 알아차린다.

호흡에 대해 생각하는 것이 아니라 숨이 들어오고 나갈 때, 호흡―몸에서 일어나는 실제적인 호흡의 감각―을 느끼도록 허용한다. 다다를 곳도 없고 바꿔야 할 것도 없다. 단지 왔다가 가고, 들어오고 나가는 호흡을 몸에서 알아차린다. 마음이 호흡에 대한 알아차림에서 벗어나 있음을 알아차릴 때마다, 부드럽고 단호하게 호흡의 감각으로, 밀려왔다가 밀려나가는 들숨과 날숨의 흐름으로 돌아온다.

앞으로 5분 동안 아마도 50번은 이런 식으로 마음이 헤맬지 모른다. 이것은 정상이다. 어쨌든, 마음이 헤매고 있음을 알아차릴 때마다 부드럽고 단호하게 호흡의 감각으로 돌아온다. 자신을 야단칠 필요도, 마음에 들어오는 것마다 붙잡을 필요도 없다. 숨을 쉰다. 들숨과 날숨의 파도를 탄다. 단지 이 호흡… 그리고 이 호흡… 그리고 이 호흡. 그저 호

흡의 흐름에 거주한다. 집으로 돌아와 호흡을 알아차리면서, 당신의 전

체성으로, 당신의 완전함으로 돌아온다. 바로 여기, 바로 지금.

　　다음 주에 이 수련을 5분에서 30분 동안 해 보라. 원한다면 당신이

'공식적인' 마음챙김 수련에 전념하는 시간을 점차로 늘려 보라.

2부 고개를 돌리지 말라

거울

내 왼쪽에 앉은 그는 아홉 번째로 이야기를 시작했다. 의자 끝에 아슬아슬하게 걸터앉아, 서른 명 가운데 자리 잡은 그는 3개월 전 심장마비로 일을 그만두게 되었다고 말했다. 55세의 나이에 어쩔 수 없이 건축업에서 은퇴한 그는, 키가 5피트 6인치에 몸무게는 170파운드가 나갔다. 강인하며 거대한 사각형 덩어리의 남자이다.

"제 이름은 척입니다." 그의 목소리가 커졌다. "제가 왜 여기 있는지 모르겠군요. 아내가 저를 여기에 보냈어요! 제 의사가 저를 여기에 보냈어요! 제 아이들이 저를 여기에 보냈어요!"

그의 목소리가 더 높아졌다. 몸을 앞으로 기울이며, 거의 소리 지르듯이, "그리고 한 가지 더, 저는 이 방의 여자분들에게 얘기를 좀 하고 싶어요!"

방 안에 변화가 일어났다. 남자들은 미세하게 의자 등받이 쪽으로 물러났다. 여자들은 일제히 앞쪽으로 나오면서, 꼿꼿이 앉아 정신을 바짝 차리고 있었다. 흠 잡을 데 없는 타이밍으로 척은 목소리를 점점 더 높여 가며 자신의 이야기를 이어 갔다.

"그러니까 저와 아내는 동네에서 차를 타고 가고 있었는데, 어떤 남자가 차를 세우더니 아내에게 관심을 보이기 시작했습니다. 그래서 저는 차에서 내려서 그 녀석 얼굴에 주먹을 날리려고 했습니다. 그러자 제 아내가 '차로 돌아가요.'라며 소리쳤어요. 저는 차로 다시 돌아오면서, 제 자신이 이 정도로 작게 느껴졌어요." (그는 엄지와 검지 사이에 작은 공간을 만들었다.) 그는 울부짖으며 말을 끝냈다. "그러니까 제가 좀 흥분한다 해도 뭐가 문제란 말입니까?"

영원처럼 느껴지는 침묵이 방 안에 흘렀다. 10초에서 15초가 지났을 때, 내 오른쪽에 앉은 아주 용감한 여성이 말했다. "그래서 당신이 여기 왜 왔는지 모른다고요?" 겹겹이 늘어나는 이 방의 두께를 의식적인 웃음이 가르며 지나갔고, 이어서 불편한 침묵이 흘렀다.

이야기가 여기서 끝났다면, 그냥 웃기고 모순적인 이야기에 지나지 않을 것이다. 그러나 그렇지 않았다. 그 순간, 척은 여전히 의자 끝에 아슬아슬하게 앉아 있었다. 검붉은 피부, 꽉 움켜쥔 주먹, 바이올린 현을 뜯을 때처럼 팽팽하게 당겨져서 고동치는 목, 웃음 없이 어딘가를 바라보고 있다. 나는 의자에서 일어나 천천히 그에게로 걸어가서 물었다. "척, 이 일이 일어난 지 얼마나 되었죠?" 그는 여기저기 여행하다가 소환되어 잠깐 나를 바라보면서, 오른쪽 검지손가락을 펴서 모두가 보도록 길고 느릿하게 원을 그리면서 말했다. "1년 전." 몇몇 사람들은 헉 소리를 냈다. 대부분은 아무런 말이 없었다.

나는 '집착'이나 '내려놓는' 우리의 능력에 대해서 이야기할 수도 있었다. 그랬다면 큰 실수가 되었을 것이다. 척은 내가 할 수 있는 것보다 훨씬 더 유창하게 그 모든 것을 이야기했다. 척과 나는 수업 후에 이야기했고, 그는 어떠한 비난이나 적의도 없이 명상이나 스트레스 완화 클리닉에서 어떤 것도 하고 싶지 않다고 분명히 말했다. 몇몇 사람들이 우리 주변에 서 있으면서 우리의 대화를 들었다. 척은 솔직하게 말했고, 불편해하는 것 같지 않았다. 나는 프로그램에서 빠지겠다는 그의 결정이 거울이 되어, 다른 사람들 모두 어쩔 수 없이 그들 자신의 결정을 비추어 보게 되리라고 감지했다. 거울이란 그렇게 어떠한 보답도 요구하지 않고, 단지 지금 이대로를 우리에게 비추어 보여 준다.

수련

호흡의 특성에 주의를 기울이기

당신이 호흡에 익숙해지기 시작했다면 복도를 걸어갈 때, 동료나 환자 또는 의사와 이야기할 때, 메모를 받아 적거나 마당에 앉아 있을 때, 주의를 호흡의 특성(quality)으로 가져가 보라. 호흡이 길거나 짧은지, 거칠거나 고르지 않거나, 훌륭하거나, 가볍거나 또는 거의 느껴지지 않는지 알아차린다. 호흡의 흐름과 특성에 계속해서 주의를 기울이면서 특별히 몸의 감각에 주의를 기울이면 많은 것을 배울 수 있다. 당신 자신의 삶의 거울을 들여다보면서 분석하지 않고, 긴장감, 무거움, 피곤함, 가벼움, 통증, 투명성, 온도와 같은 신체 감각을 단지 알아차린다.

2부 고개를 돌리지 말라

가슴

이 시대에 우리는 인간의 가슴이 수많은 방식으로 굶주림과 박탈을 겪고 있음을 눈앞에서 보고 있다. 내가 말하는 **가슴**이란, 깊이 느끼는 우리의 일부, 시간과 공간, 선형적 사고의 틀을 넘어서 연결을 경험하는 우리의 일부를 뜻한다. 그러한 우리의 일부는— 생각이 일어나기 이전에—아름다움에 감동한다. 분리의 외로움으로 아파하는 그 동반자를 우리는 일상에서 꽤 자주 느낀다. 말없는 고요함과 침묵을 완전하게 이해하고 갈망하는 그 다정함. 우리가 **사랑**이라고 부르는 세계 공통어에 즉흥적으로 반응하는 그런 살아 있음.

인간의 가슴에는 두 개의 극이 있다. 그것은 거대하고 극도로 세심한 그릇, 귀보다 훨씬 더 잘 듣고 알아차리는 청음 장치이다. 또한 모든 것을 따뜻한 눈물, 햇빛 그리고 웃음으로 전환하고 변형시킬 수 있는 무한한 광채의 용광로이다.

　너무 오랫동안 우리는 이 진실로부터 추방당해 있었다. 이러한 내면의 전통들은 무시당했다. 계류장에 매여 있어야 할 선형적이고 산만한 마음은 줄이 풀려 떠내려갔다. 우리는 배를 만든 다음 그것을 바다라고 잘못 이해했다. 그러나 **환자** 또는 **전문가**라는 이름표를 넘어서, 우리는 모두 같은 배를 타고 있다. 마실 물에 똑같이 목말라 하고 있다. 우리 안에 이러한 깨어남을 의식적으로 일구어 나가는 것이 아마도 우리의 진정한 작업일 것이다. 그렇다면, 우리는 이 일에 전부를 걸어야 한다. 그것은 맹렬하고 타협하지 않는다. 분명히 이것은 누군가—우리 자신을 포함해서—에게 무언가를 강요한다고 되는 것이 아니라, 우리 자신이 심오하게 접촉되어 가슴이 깨어져서 열리며, 인식 너머로 우리를 변화시키도록 허용할 때 찾아온다.

　　모두가 갖고 싶은 작은 루비가 길 위에 떨어졌다.
　　어떤 이는 동쪽에 있다 하고, 다른 이는 서쪽에 있다 한다.
　　어떤 이는, '태고의 지구의 돌 중에,' 다른 이는, '물속
　　깊은 곳에' 있다고 한다.
　　카비르의 본능은 그것이 내면에 있으며 가치 있는 것
　　이라고 말한다.
　　그리고 가슴의 천으로 그것을 조심스럽게 감싼다.

카비르(Kabir)

『카비르 북(The Kabir Book)』 중에서

수련

작은 루비에 주의 기울이기

우리가 깊이 사랑하는 존재를 기억함으로써, 많은 이가 더 쉽게 이 내면의 보석과 연결될 수 있다. 이 대상은 사람이나 동물이 될 수 있다. 때로는 당신이 사랑하는 누군가 다쳤거나 고통받던 사건을 떠올리면, 공감과 돌봄의 물결이 일어날 수 있다. 때로는 돌봄이나 사랑을 받는 느낌과 접촉할 때, 우리는 가슴이 만들어서 나타내는 삶과 연결된다. 가끔씩 이성과 불신에 직면할 때, 당신 자신의 부드럽고 열린 가슴의 진실을 느끼기 위해서 의도적으로 그러한 사건을 떠올리는 것이 도움이 될지 모른다. 자신에게 이 가능성과 함께할 기회를 주는 것은 그 자체로 내면의 루비의 반영이다. 무엇을 잃게 되었는가? 당신이 이 가능성에 자신을 그저 던진다면 무엇을 배우겠는가?

수련

가슴의 삶으로 들어가기

다음 며칠에 걸쳐서는, 이따금씩 멈춰서 내면의 '작은 루비'의 바탕과 접촉할 수 있는 기회를 자신에게 주라. 당신은 아마도, 특히 슬픔, 분리, 친밀함 또는 기쁨을 느끼는 순간에, 가슴 부위의 신체 감각에 반영된 '가슴의 천'의 감촉에 주의를 기울이기 시작할 것이다. 판단하지 않고, 이 내면의 보석이 존재함을 느낄 공간을 자신에게 허용하라. 인내심을 가지라. 이 루비는 감싸여 있거나 잠시 동안 흐릿하게 보일 것이다. 그렇다고 하더라도, 그것은 단호하고, 깨지지 않고, 언제나 활용 가능하다.

우리는 지금 자기 판단이나 장황한 분석 없이 주의를 기울이는 법을 배우고 있음을 기억하라. 우리는 좋아함과 싫어함을 넘어서 가슴의 장에 들어오는 무엇이든 맞이하는 '환영의 레드 카펫 깔기'를 하고 있다고 말할 수 있다. 그렇게 친밀하고 보살피는 주의를 자신에게 기울이는 것은 그 자체로 해방적이다.

수업 첫날, 결국에는 그 자리에 있는 사람 모두 개인적으로 무엇 때문에 클리닉에 왔는지를 듣고 말했다. 원을 따라 내 차례가 되자 나도 말했다. 나는 안내자의 역할을 하면서 충분히 말하기 때문에 보통은 이렇게 하지 않는다. 때때로 내 목소리를 듣기가 지겹다. 보통 나는, 특히 의학적인 환경에서 그들이 나를 자신의 경험의 권위자로 끌어 올리려는 경향성을 최소화하고 싶다. 우리 각자는 스스로가 삶의 권위자임을 인식해야 하고, 우리 경험의 견고한 기반 위에 서야 한다. 이것은 보통 고독한 작업이다.

그러나 오늘은 다르다. 나는 감동을 받아서 아직 잘 모르는 이 사람들에게 친밀하면서도 개인적으로 잠시 동안 나의 비통함을 말하려고 한다. 오늘, 나의 어머니는 죽어 가고 있다. 그녀는 아직 살아 있지만 몇 주 안에 죽음을 맞이할 것이다. 그녀는 죽음이 다가오는 것을 알고 있으며, 이 알려지지 않은 길을 의도적으로 걷기로 결심했다.

그녀가 자신의 선택을 저울질할 때, 누이와 내가 함께 있었다. 그녀는 어려우면서도 날카로운 질문들을 의사에게 던졌고, 대답을 주의 깊게 보고 들었다. "방사선 치료와 화학 요법을 받으면 얼마나 더 살 수 있나요? 삶의 질은 어떻게 되나요? 추가 치료를 받지 않고 얼마나 더 살 수 있나요? 치료를 받지 않으면 제 삶은 어떤 모습일까요?" 이 일이 있은 지 3일째이다.

그러자 의사는 그녀 가까이 앉아 머뭇거리면서 에두르다가, 마침내는 솔직하게 말했다. 우리 모두와 마찬가지로 그도 힘겨워했다. 곧 닥칠 그녀의 결정을 속으로는 알고 있었지만 처음에는 애써 저항했기 때문에, 그는 치료를 더 받을 때의 생존 가능성을 말하면서 원점으로 돌아오기를 거듭했다. 그녀의 입장과 그 이유를 좀 더 구체적으로 설명해 달라고 요청한 후, 그는 마침내… 드디어 백기를 들고 숨소리 섞인 목소리로 속삭이듯 "로즈, 이해합니다."라고 말했다.

그러자 어머니는 침대에 똑바로 앉아 우리 한 명 한 명에게 눈길을 주더니 그녀 자신과 우리 모두를 향해, 그리고 세상을 향해 선언하였다. "더 이상 치료를 받지 않겠어요. 잠시 동안만이라도, 보통 사람처럼 살고 싶어요. 집에 가서 친구와 가족과 함께하고, 밖으로 나가 걷고, 맛있는 음식을 즐기고, 매사추세츠에 한 번 더 가고 싶어요."

이제, 나는 천천히 그녀의 진실로 온전히 자리 잡으며 그 순간의

2부 고개를 돌리지 말라

모든 것은 내 안에 살아 있다. 그것은 물결처럼 밀려와서 내 안을 흘러 다니며, 내 가슴의 윤곽을 다시 그린다. 그리고 내 입에서 나오는 모든 말이 지금 맥동하는 실재인 가슴을 통과해서 나옴을 느낀다. 이런 것이다. 우리가 앞으로 8주 동안 함께 할 것이고, 언제든 내가 수업에 나오지 못할 수도 있기 때문에, 나는 우리 모두가 솔직하게 이 사실을 아는 것이 맞다고 결정 내린다.

드라마처럼 과장하지 않고 말한다. 동정하지 않고 듣는다. 사람들은 그들의 눈으로 많은 것들을 말한다. 어떤 이는 슬픔을, 다른 이는 감사함을 표현한다. 무대 중앙이라는 내 위치가 암암리에 요구하는 전문가 윤리의 금기사항을 깼는지는 모르겠다. 부적절하게 '드러내거나', 내 상황에 비하면 **그들이** 무엇을 겪고 있든 별일 아니라는 뜻을 비친 것도 아니다. 그와는 반대로, 나는 삶과 죽음의 직접성이 개인이라는 영역의 문간에 서서, 우리가 그 영역을 뛰어넘어 공통의 보편적인 앎으로 빠르게 나아가도록 함을 안다. 그것은 손에 잡힐 듯 뚜렷하다. 거기에는 일종의 견딜 수 없는 안도감이 있다. 거부하지 않고 이름을 불러줌으로써 생겨나는 안도감이다.

보안 책임자 일을 하고 있는 한 건장한 남자가 이 영역에 이끌려 들어와, 여기에 오게 된 이유를 다시 이야기하면서 좀 더 많은 것을 말한다. 그의 붉어진 얼굴에 땀이 맺혀 있다. 그는 유니폼을 입고 있지 않았지만, 만약 입었다면 흠뻑 젖었을 것이다. 그의 총은 녹이 슬었을 것이다. 왜냐하면 나와 마찬가지로, 그 역시 이 슬픔의 웅덩이에 빠져 있기 때문이다. 조금 전에 그는 "스트레스와 불안을 줄이기 위해서" 여기에 왔다고 했다. 이제 그는 자신이 암으로 죽어 가

의학 수련 공동체

는 어머니를 보살피고 있는데, 그녀의 상태는 점점 더 나빠지고 있고, 때때로 극심한 고통의 순간이 그녀에게 찾아온다고 말한다. 그는 자신의 불안이 점점 커져 가고 통제할 수 없을 듯 느끼는 일차적인 이유가 바로 자신이 느끼는 무력감과 알 수 없는 감각 때문이라고 말한다. 버거운 짐을 지고 바닥으로 떨어지던 그는, 이야기를 하면서 어둡고 알려지지 않은 이 물속에서 삶을 새로이 시작할 수 있음을 깨닫는다.

이어지는 침묵 속에서 우리 모두는 어두운 숲과 깊은 웅덩이, 거친 들판과 달빛으로 가득 찬 광활하고 경계 없는 장소로 휩쓸려 들어간다. 우리의 공동 작업이 이제 여기에서 모습을 드러내고 있다. 어떤 이들은 부모의 삶과 죽음을 공유할 수 있어서 고맙다고 말한다. 건강 돌봄 장면에서 의사와 함께 이런 이야기를 해 본 적이 없었다고 하는 이들도 있다. 몇 분 후 우리는 다음으로 넘어간다. 우리는 함께 건포도를 먹고, 늘 지금 여기에 있고, 매 순간 변화하는 호흡을 배에서 느끼고, 아침나절의 빛의 고요함 속에서 바닥에 누워 우리 몸에 가까이 다가가 귀를 기울인다.

서른 명의 낯선 사람들. 여기에 오게 된 서로 다른 서른 개의 이유들. 그러나 이러한 다름 안에서 우리는 공동의 의도로 함께 이끌려 들어온다. 우리 자신을 보살피는 법을 배우고 삶으로 깨어나겠다는 의도, 우리 개인의 삶을 깊이 들여다보고 우리 모두의 삶에 대해서도 그렇게 하겠다는 의도이다. 이렇게 우리는 정말로 **동반자**가 된다. 동양에서는 이러한 의도적인 교제를 **수련 공동체(Sangha)**라고 한다. 의학에서는 새로운 개념이다.

우리가 오늘 한 일은 서로의 이야기를 들은 것에 그치지 않는다. 나는 충고하지 않았고 다른 사람들에게도 명백한 고통을 바로 잡으려는 충동이나 그 즉시 고치려는 시도를 자제하라고 당부했다. 대신에, 우리는 천천히 그러나 의도를 가지고 있는 그대로의 세계로 나아가는 법, 즉 수련에 대해 배우기 시작했다. 이제 다음 6일 동안은 수업이 없다. 우리 각자는 아이나 손자 또는 부모를 돌보고, 요리하고, 청소하고, 일하러 가고, 진료를 받고, 식료품을 사면서 자신의 생활을 할 것이다. 단지 바쁜 하루 중에 45분의 시간을 내어 명상하겠다는 전념을 우리 삶에 더할 뿐이다. 이렇게 하는 것을 **공식명상**이라고 한다. 이렇게 하기는 쉽지 않다. 쉬워야만 하는 것도 아니다.

이렇게 우리는 수련 공동체(Sangha)의 정신을 실현하고 있다. 우리 각자는 스스로의 척도에 비추어 자신에게 주어진 무게를 감당하고 위엄 있게 걷고, 우리의 상호 의존성을 인식하면서도 또한 우리 각자가 이 작업을 개별적으로 해야만 한다는 것을 알려고 노력하고 있다. 이것은 다른 누구의 일이 아니다. 그렇게 하면서 우리는 도움을 얻을 확고한 내적 근원을 계발하는데, 그것은 그 특성상 본질적으로 이 길을 걷는 우리 모두를 지원해 줄 것이다.

어머니는 수업을 시작한 지 네 번째 주에 돌아가셨다. 종종, 나는 환자들이 말없이 주는 보살핌에서 영양분을 듬뿍 얻는다고 느낀다. 마치 내가 그들의 환자인 것 같다. 우리는 자신만의 처방을 내리면서 서로에게 의사가 되어 주고 있었다. 어머니가 돌아가시기 2주 전, 수업 참여자인 로렌은 나에게 메리 올리버의 시를 건네주었다.

의학 수련 공동체

그 시는 나에게 도움이 되었다.

블랙워터 숲에서

보라, 나무들이
자기 몸을
빛의 기둥으로
바꾸고 있다.

짙은 시나몬 향기와
충만함을 뿜어내면서

연못의 푸른 어깨 위로,
부들의 길고 뾰족한 잎이
터져 나와 떠다닌다.

그리고 모든 연못은,
지금 어떤 이름을
갖고 있든,

이제 이름이 없다.
매년
삶에서 내가 배운 모든 것은

여기로 돌아간다.

불과 상실의 어두운 강

그 강의 맞은편에

구원이 있지만,

누구도 그 의미를 결코 알지 못할 것이다.

이 세상을 살아가려면

세 가지를

할 줄 알아야 한다.

영원히 살 수 없는 존재를 사랑하기.

그대의 삶이 거기에 달린 줄을 알고

뼛속 깊이 그것을 새기기.

그리고, 그것을 놓아줄 때가 오면

놓아주기.

어머니의 장례식에서 나는 이 시를 읽었다.

2주 후에 수업에 돌아왔을 때, 그 보안 책임자는 나에게 위로의 말을 건네고서 "이제 안도감을 느끼시나요?"라고 물었다. 그가 그토록 안도감을 갈망하면서, 기대와 희망이 가득 찬 눈빛으로 몸을 앞으로 기울였던 것을 기억한다. "아뇨. 안도감이 느껴지지 않네요." 그의 희망이 산산조각 났다. 나는 단순히 진실을 말한 것이다. 그 진실이 그의 가슴을 헤집어 열어 놓았다. 그는 헤진 가슴의 솔기들을 이어 붙이고 싶었던지, 몇 가지를 더 묻고 나서 멈추었다. 그는 그저 고개를 끄덕였다. 나는 그것이 무슨 의미인지 몰랐다. 그는 알았기를 바란다.

삶에서 수련 공동체의, 동반의 유대감을 느끼는가? 이 치유의 몸체를 느낄 수 있는가? 상호 간의 자기 탐구, 공통된 이해, 협력을 바탕으로 한 환자와 전문가의 관계에 내재된 힘과 단순성, 그것이 의학에 어떤 의미가 있는지 감지할 수 있는가? 깊은 기쁨과 건강의 가능성, 치유적인 관계는, 우리가 관계의 어떤 측면에 처해 있건 간에 깨어 있음으로써 우리 자신을 서로에게 드러내 보이는 자발성과 동일함을 스스로 상상할 수 있는가?

고요한 마음 열린 가슴

마음은 가슴의 표면이고, 가슴은 마음의 깊이다.
하즈라트 이나야트 칸(Hazrat Inayat Khan)

사람들은 때때로 **마음챙김**이라는 말에서 일컫는 **마음**을 무언가에 관해 생각하거나 인지적인 주의에 국한되는 것으로 혼동한다. 그러면서 일종의 자기 성찰, 장황한 자기 분석이나 정신 훈련에 참여해야 한다고 여긴다. 간단히 말해서, 마음챙김은 현재 일어나고 있는 모든 경험에 온전한 주의를 가져가는 것이고, 주의는 생각하는 것과는 다르다.

앞서 인용한 수피 지도자 이나야트 칸의 말이 의미하듯이, 많은 명상 전통의 언어는 '마음'과 '가슴'이 다르지 않음을 말한다. 또한 예술가이자 서예가인 카즈

아키 타나시(Kazuaki Tanahashi)는 마음챙김(mindfulness)의 일본어 표현을 두 개의 상호작용하는 글자의 조합으로 설명한다. 하나는 마음을 나타내고, 다른 하나는 가슴을 나타낸다. 가슴과 마음을 분리된 것으로 여기지 않는 것이다. 이러한 관점에서 타나시는 마음챙김을 "가슴과 마음을 지금 순간으로 가져오는 것"으로 번역한다.

돌보거나 돌봄을 받거나, 이러한 가슴과 마음의 균형을 유지하기란 쉽지 않다. 우리는 너무 자주 양극단을 달린다. 타인의 고통에 공감하면서 중심을 잃고 흔들리거나, 무관심하고 냉담하게 거리를 두면서 차갑게 관찰하거나 둘 중 하나이다. 고요한 마음의 특질은 광대함과 명료함이다. 이것들은 분별하는 지혜를 깨닫는 우리 능력의 근원이기도 하다. 열린 가슴은 부드럽고 따뜻하고 풍요롭다. 동시에, 우리가 이러한 특질들을 가질 때 깊이 느끼고 지혜롭게 행동할 수 있다. 행위함이 아무것도 하지 않음을 뜻할 때조차도. 이런 의미에서 연민은 아마도 고요한 마음과 열린 가슴의 미묘한 균형잡기일 것이다. 치유적인 관계에는 그러한 현존의 특질을 계발할 수 있는 기회가 풍부하다. 그렇지만 고요한 마음과 열린 가슴이란 무엇을 뜻하는 것일까? 그것들은 실제로 어떻게 느껴질까? 당신이 이를 어떻게 느끼는지 알 수 없지만 내 느낌으로는 우리 모두가 이러한 존재의 길을 맛본 적이 있다. 이것을 규정하기란 어렵지만 이는 우리가 얻어 내야 하는 어떤 것이 아니라 스스로 드러나야 하는 것이다. 우리가 주의를 기울여서 계발해야 하는 어떤 것. 그것의 존재와 부재 안에서 기민하게 깨어 있는 어떤 것이다.

바로 오늘, 클리닉에서 나와서 모퉁이를 돌아 커다란 파란색 방

화문을 지나가면서, 나는 예상치 못하게 가슴과 마음 사이를 왔다 갔다 하는 놀이와 맞닥뜨렸다. 나는 1년 전에 수업을 들었던 한 남자와 얼굴을 마주쳤다. 나는 그를 또렷이 기억했는데, 특히 그가 2년간 허리와 다리에 만성 통증을 앓았기 때문이었다. 이 때문에 그는 하루에 서너 시간밖에 서 있거나 걷지 못했고, 그의 어린 자녀들에게 자신이 원하는 만큼 좋은 아빠가 될 수 없었다. 그는 아이들과 마음껏 놀아 주지 못해서 느끼는 크나큰 슬픔에 대해서, 통증 때문에 일어나는 예민함과 결혼 생활에 대한 부담감, 남성으로서의 정체성, 늘 불안정한 가정의 재정 상태에 대해서 자주 말했었다.

이 모든 것을 고려할 때, 그가 통증에 차도가 없다고 말했을 때 정말 가슴이 아팠다. 그와 프로그램 사후 인터뷰를 하면서 함께 있던 때를 기억한다. 내가 그의 눈을 들여다보는 동안, 그의 경험의 진실에 나 자신이 천천히 자리 잡는 것을 느끼면서 그의 체념과 좌절을 모두 함께 느끼고 있었다. 이런 일이 자주 일어난다. 이러한 순간에 깨어 있음은 막대한 결실을 가져온다. 무관심하게 임상적인 거리 너머로 달아나서 다른 이의 고통을 느끼고 싶지 않은 욕구와 정반대로, 스스로 연민을 자아내면서 자신의 수치심과 불충분함의 감각에 빠져 허우적대는 것은 똑같이 우리를 현혹한다.

우리 둘 다 더 많은 것을 바랐고, 우리 중 누구도 그의 현재 상황 때문에 서로를 비난하거나 실패했다고 느끼지 않았다는 것은 분명하다. 그러나 우리는 여전히 만족스럽지 않았고, 그 상태를 그대로 두자니 마음에 걸렸다. 그의 상황을 다루어 볼 다른 가능성을 이야기하면서 우리는 통증 클리닉에 진료 약속을 잡기로 결정했다. 그

고요한 마음, 열린 가슴

인터뷰가 끝나고 우리는 복도를 함께 걸어갔고 악수를 나누었다. 몇 주 후 우리는 전화로 이야기를 다시 나누었다. 이제까지 그것이 그와 했던 마지막 대화였다.

그의 상체는 왼쪽으로 기울어져 있고, 오른손은 벽에 고정되어 있는 넓은 난간을 잡고 있었다. 한 번 더 그와 악수하면서 그의 안부를 묻는다. 통증이 좀 나아졌는지. 그의 가족은 잘 지내는지. 그는 통증이 여전히 심하다고, 여전히 거의 한순간도 자신을 떠나지 않는다고, 최근에 받았던 진통 치료로 허리 통증은 좀 좋아졌지만, 다리는 차도가 없다고 한다.

그는 여전히 매우 힘들게 걸었다. 그의 말에서 분명하게 드러나는 고통에 반응하며 나 자신이 열림을 느낀다. 그러나 내 눈은 그의 얼굴과 너무나 많은 것을 말하고 있는 그의 눈을 피해서 흔들리고 있다. 나는 눈이 깜빡임을, 시선이 흔들림을 느낀다. 그는 이런 미세한 움직임을 거의 알아채지 못할 것이다. 그러나 나는 그것을 내면으로부터 분명하고 명확하게 느꼈다. 그것은 내면에서 치밀어 올라 흘러넘치는 기억과 연결되어 있었는데, 그 기억은 내가 제대로 하지 못했고 더 잘했어야 한다는 감정으로 나를 끌어당겼다. 이러한 감정의 물결을 알아차리지 못하거나 다루지 못한다면, 그 물결이 이 번잡한 복도에서 우리가 잠시 함께 서 있는 기반을 무너뜨리면서, 영역을 점령하고 개척하게 되어 있다.

그 영향력을 느끼자 나는 멈출 수 있었고, 비록 내가 그 앞에 서 있지만, 바꾸어 말하면 나는 그를 홀로 내버려 두고 있음을 알 수 있었다. 그렇지만 나는 떠나지 않으려고 열중하고 있다. 끊임없는 호흡의 순환이 이를 지원해 주고, 몸의 감각은 우리 만남의 보이지 않는 차원을 측정하는 정확한 도구이다. 스쳐 가는 불편감과 기꺼이 함께하려는 의지는 이러한 연결의 대가로 지불하는 푼돈이다. 이 모든 것 가운데, 단순히 그의 눈을 다시 바라보는 것으로 충분하다. 그는 어떤 것도 요구하고 있지 않다. 여기에 머물면서, 마음은 무언가를 요구하지도 거절하지도 않는 고요함과 광대함 속에서 평정을 되찾고 가슴은 부드러워진다. 여기, 복도에서, 우리는 함께 자리 잡을 뿐이고 시간이 되면 헤어진다.

고요한 마음, 열린 가슴

나마스떼

인도와 동양의 다른 지역을 여행하는 동안 사람들은 서로 인사할 때 **나마스떼(Namaste)**라고 한다. 이를 소리 내어 말하면서, 깊은 존중의 표시로 고개를 숙이고 양 손을 가슴 중앙에 맞대는 것이 보통이다. **나마스떼**는 "당신 안의 신을 인정하고, 그에게 인사합니다."라는 뜻이다. 각각의 여행자는 친구이든 가족이든 낯선 사람이든 이런 식으로 인사를 받는다. 다른 것들과 마찬가지로, 이러한 몸짓도 기계적으로 변하면서 그 뜻을 잃어버릴 수 있다. 그렇다고 하더라도, 이것은 대단히 강력하면서도 단순하게 우리의 근원을 기억하게 한다. 이 일깨우는 소리를 진심으로 말하고 되풀이해서 들으면, 말하는 사람과 듣는 사람 모두에게 변용적인 효과가 나타난다. 우리는 곧 타인 안의 신을 인식하기 시작하고, 보고 있고 타인의 신성에 의해 보이는 것이, 다름 아닌 그 사람 안의 신성의 불꽃임을 깨닫는다.

우리 각자는 이것을 모두 다르게 담아낼지 모르지만, 나는 이러한 실재를 적극적으로 기억하는 것이 우리 삶과 일, 안녕에 결정적이라고 믿는다. 여기에는 겉치레가 없다. 정교하게 연출할 필요가 없고, 특별한 의상이나 거짓된 경건함, 우스꽝스러운 언어가 없다. 그냥 솔직하게 이 진실을 존중하는 것이다. 우리와 우리가 마주한 사람은 언제나 보이는 것 이상의 존재이다. 훨씬 더 직접적이고 놀라운 일은 겉으로 드러나는 모습을 넘어서 일어난다. 아마도 우리가 진짜로 해야 할 일은 이와 반대되는 압도적인 증거에 직면하여 이 기억을 유지하는 것이다.

아마도 우리의 본질적인 작업은 타인의 스트레스, 질병, 통증, 고통이라는 구체화된 근거에도 불구하고, 이러한 실재를 조금도 부정하지 않고, 세속의 조건이라는 시련의 장 안에서 타인을 만나는 동시에, 타인을 다름 아닌 그 자리에 나타난 신의 상징으로 여기며 그들과 관계 맺는 것이다. 내가 알기로는, 이것은 그 사람을 좋아하는 것과 거의 관련이 없고, 설교나 강의와는 아무 관련이 없으며, 그들이 우리와 마찬가지로, 더 크면서도 한층 더 많은 것을 아우르는 어떤 것의 일시적인 표현일 뿐임을 인식하는 것과 더 큰 관련이 있다.

이런 식으로 서로 관계 맺으려는 우리의 자발성은 근본적으로 치유적이다. 그렇지만 우리의 문화는 강력한 개인 지향의 정신에 토대를 두고 있으며, 그것의 지배를 받기에 조금은 무의식적으로 지배와 권위의 신화를 강조한다. 두려움과 불안정감에 힘입어 이 세계관에는 막대한 불균형이 존재한다. 돌봄의 영역에서 이 힘의 역학이 우선할 때, 돌보는 자는 그 자신을 권위자로—**남보다 더 낫다고**—여기기 시작할 것이다. 이러한 관점의 영향 아래, 환자나 의뢰인은 쉽사리 그들 자신을 무력하고, 더 약하다고—**남보다 부족하다고**—여기게 될 것이다. 이 모델은 근본적인 결함이 있다. 그리고 비록 건강 전문가가 어려움에 처한 사람에게 필요한 지식과 기술을 갖고 있더라도, 대개의 경우 도움을 구하는 사람이 도와주는 사람에게 줄 수 있는 것도 많다.

나마스테! 우리 공통의 근원을 기억하기. "잘 지내시나요?"와는 너무나 다르다. 의문의 여지가 없다. 고통스러울 만큼 단호하다. 가슴에서 가슴으로 곧장 전해진다.

———

수련

우리 사이의 공간에 주의 기울이기

이번 주에 친구나 가족, 동료, 환자와 함께 있을 때, 그들과 같은 공간에 있는 그 순간에 당신의 숨, 숨의 감각과 리듬, 몸의 감각에 주의를 기울이려고 의도적으로 노력해 보라. 당신을 연결감으로 끌어들이기도 하고, 떨어뜨려 놓기도 하는 상호작용의 이러한 요소들에 호기심을 가지고 초점을 맞추어 보라. 매 순간 호흡의 특성을 알아차리고, 자신이 이 개인적인 탐구의 본질에 호기심을 가지도록 허락한다. 몸과 마음에서 일어나는 경험에 따라, 목소리 톤과 대화의 맥락을 놓치거나 이어가는 경향성, 뿐만 아니라 긴장감이나 공기가 통하는 느낌 등 신체 감각이나 조급함, 지루함, 호기심과 같은 마음 상태에 주의를 기울일 수 있는지 본다. 신체 감각, 마음 상태, 호흡의 특성 그리고 당신의 행동 사이에 어떠한 연결성이 있는지 알아차린다. 호흡이 들어오고 나가는 주기를 따라 순환하는 동안, 일어나는 개인 내면의 역동을 판단하지 않고 관찰할 수 있는 공간을 자신에게 허락하라. 당신이 더 이상 자유롭게 숨 쉬지 않는 때는 언제인지, 그 순간에 자신의 내면과 당신과 상대방 둘 사이에서 어떤 일이 일어나는지 알아차린다. 자신에게 친절하고, 호기심이 당신을 안내하도록 하라.

나마스떼

기억하기

이 책장을 끝까지 읽어 내려 간 후 자동적으로 다음 페이지의 다음 단어로 향하기 전에, 잠시 속도를 늦추고 바로 지금 멈춰 보는 것은 어떨까? 여기에 머물면서, 손에 들린 책의 무게, 책장의 질감, 주변의 소리를 알아차린다. 끊임없이 몸을 드나드는 생명이자 호흡의 내부에서 지속하는 존재인 호흡의 율동적인 움직임을 느낀다. 이제 원한다면, 자신에게 이 시를 두세 번 큰 소리로 들려준다. 천천히 해 보라.

지성에는 두 가지 종류가 있다.
하나는 얻어지는 것,
아이가 학교에 들어가 책에서, 교사에게서
배우는 사실과 개념을 암기하고,
전통적인 과학, 뿐만 아니라 새로운 과학으로부터

정보를 수집하는 것과 같다.

그러한 지성을 딛고서 너는 세상에서 일어선다.

그 정보들을 유지하는 능력에 따라

남을 앞서기도 하고 남에게 뒤처지기도 한다.

너는 이 지성과 함께 거닐며, 지식의 장을 드나든다.

언제나 더 많은 것을 네가 기록하고 있는

판에 새기면서.

또 다른 종류의 판은

네 안에 이미 완성되어 기록되어 있다.

흘러넘치는 샘물. 가슴 한 가운데의 신선함.

이 또 다른 지성은

색이 바래거나 썩어 없어지지 않는다.

이것은 늘 흐르며, 관을 통해 주입되어

밖에서 안으로 들어오는 것이 아니다.

이 두 번째 앎은 샘의 근원이다.

네 안에서 밖으로 흘러넘치는.

루미

『두 종류의 지성(Two Kinds of Intelligence)』 중에서

이제, 속삭여 보라⋯. 원하는 만큼 되풀이해서 자신에게 이 시를 속삭이라⋯.

이 시는 당신을 위한 것이다. 당신 자신의 목소리의 울림—말하는 소리 내부의 느낌—을 듣고 당신 삶의 진실을 기억하라. 단어들이 가리키는 곳, 바로 이 순간 당신 안에 간직한 풍요로움으로 걸어 들어가라. 원한다면, 여기에 더 오래 머물면서 주의를 호흡으로, 몸 안에서 실제로 느껴지는 호흡 감각으로 가져간다. 호흡을 억지로 하거나 조작할 필요가 없다. 마음을 텅 비우려고 노력할 필요가 없다. 어딘가에 도달할 필요가 없다. 어떤 것도 일어나게 할 필요가 없다. 단지 앉아서 숨을 쉰다. 숨의 감각을 알아차린다. 숨이 들어오고 나가는 리듬에서 마음이 벗어날 때마다 부드럽게 호흡으로 돌아오면서 생각과 싸우지 말고 생각이 왔다 가도록 허용한다. 앉아 있음. 숨 쉬고 있음. 기억함.

———

수련

기억

오늘 하루 중, 그리고 이번 주 중 언제라도 하던 일을 멈추고, 숨의 율동적인 움직임이 미끄러지듯 몸을 드나드는 것을 고요하게 느끼면서, 잠시—또는 몇 분간—앉아 본다. 앉아 있는 동안 "또 다른 지성은 색이 바래거나 썩어 없어지지 않는" 안으로 자신이 자리 잡도록 허용하

라. 이렇게 하는 데 충분한 시간을 가지면서, 이 지성이 얻어지는 것이 아니라 "네 안에 이미 완성되어 기록된" 것임을 기억하라. 당신이 이 가능성을 고려하기 위해 무엇이 필요할까?

불신감, 분리감, 뒤엉킨 마음의 파도, 생생하게 살아 있는 가능성과 당신 안에 살고 있는 열림을 알아차린다. 이 시도, 마음챙김 수련도 당신에게 무언가를 해내라고 하는 것이 아님을 기억한다. 이 작업은, 그보다는, 당신이 물려받은 유산의 실제와 접촉하도록 충분히 시간을 가지며 머물러 있는 것이다.

경계 만들기

경계의 일반적인 뜻은 "구분하는 선"—두 가지 사물의 분리이다. 하지만 경계는 또한 만나고 모이는 곳이 아닌가? 맨발로 해안선을 걸을 때, 우리는 육지에만 있는 것인가? 발 아래 물도 있지 않은가? 육지는 어디서 시작해서 어디서 끝나는가? 정확하게 어디가 물의 끝인가? 해안선의 실제는 보기에는 이렇게 견고하고 뚜렷한 가장자리가, 계속해서 움직이고 있음을 보여 준다. 그것들은 변한다. 고정되어 있지 않다. 서로의 품에 안겨 있다.

이렇게 서로 뒤얽힌 움직임은 환자와 전문가인 우리와 비슷하다. 그러나 너무 자주 자기와 자기가 아닌 것을 구분해서 상호 배타적인 독립체로 나누어 인지하는 과정에서, 단단하고, 뚫을 수 없는 경계선이 이 관계에서 만들어진다. 무의식적으로, 이 과정은 결국 전체 상호작용이 어떤 모습일지 결정한다. 이 역할들이 똑같다고 말하는 것은 아니다. 그것들은 같지 않다. 그러나 그것들은 단지 역할일 뿐이다. 그리고 이 역할 뒤에는 훨씬 더 큰 공간, 우리의 공통의 인간성이 놓여 있다. 이것은 너무 쉽게 너무 자주 잊힌다. 그렇지만 이것은 전체적인 관계의 공통되는 기반이다. 이 장소를 느낄 수 있는가? 이러한 역할 구분을 유지함으로써, 우리가 나라고 말하는 것의 얼마만큼이 사용되고 존재로 확인받는가? 이 글을 읽는 바로 지금 당신이 어떻게 느끼는지 알아차리고 있는가? 이것을 좀 더 가까이 들여다본다면 어떨까?

잭은 키가 크고 뺨이 홀쭉하며 에이즈를 앓고 있는 48세의 남성이다. 수업 첫날 그는 소리쳤다. "미치도록 화가 납니다. 제가 에이즈에 걸린 것이 화가 납니다. 아무도 저를 진심으로 많이 도와주지 않아서 화가 납니다. 제가 제대로 대우받지 못해서 화가 납니다." 그의 격노는 맹렬했다. 그는 화가 나서 주먹을 흔들고 의자 좌석을 쾅쾅 내리쳤다. 그의 주변에 앉은 사람들은 확연히 겁을 먹은 듯이 보였다. 내가 어떤 말도 하기 전에, 그는 나를 똑바로 쳐다보며 모두에게 들리도록 단언했다. "이 방 안에 제 분노가 앉을 자리가 있는지 궁금합니다." 그 대답으로 나는 우리가 기꺼이 시간을 가지고 그 분노와 함께할 마음이 있다면 여기에 그를 위한 자리가 있다고 답하였다. 그는 고개를 끄덕이고 의자로 돌아가 앉았고, 수업에 계속 남기로 결정했다. 그 순간 나는 "우리가 그것과 기꺼이 함께한다면"이 정말로 무엇을 의미하는지 몰랐다. 나는 곧 알게 되었다.

경계 만들기

매주 잭은 자신을 위한 특별한 공간을 만들었다. 그는 의자를 옆으로 돌려서 벽에 등을 기대고, 두 개의 의자를 더 가져와 그 위에 다리를 뻗고 앉았다. 그리고 클립보드와 한 묶음의 종이를 무릎 위에 올려놓았다. 귀 뒤에서 연필을 꺼내서 때때로 열광적으로 메모를 했다. 수업이 끝나면 그는 몇 페이지에 달하는 질문을 가져왔고, 내가 그것들을 한 번에 하나씩 자세히 들여다보기를 요청했다. 우리는 그의 질문에 대해 토론하고 전화 통화로 그의 삶에 대해 이야기하고 어떤 때는 만나기도 했다. 잭은 자기 자신을 이해하기 위해 분투하고 있었다. 그는 자신의 과거, 미래에 대한 두려움과 알지 못함, 오랫동안 쌓아 온 경력, 돈, 기동성, 자존감을 앗아간 현재의 통렬함과 화해하기 위해 노력하고 있었다. 시간이 지나면서 내 안에 잭을 향한 진실한 따뜻한 느낌을 키워 가기 시작했다. 그렇지만 부정할 수 없는 것은, 그와 함께 있을 때면 나 또한 그 근원을 이해할 수도 합리적으로 설명할 수도 없는 되풀이되는 위협감과, 그와 함께 일어나는 위축됨을 느꼈다는 것이다.

어느 날 아침 7시 15분쯤 나는 우리 교실 문을 열기 위해 열쇠를 꺼냈다. 문은 잠겨 있지 않았고 잭이 이미 그의 맞춤형 자리에 앉아서 글을 쓰고 있었다. 나는 곧바로 위협감을 느꼈다. 그러는 동안 잭은 기운이 넘쳤다. "안녕하세요, 선생님. 제가 먼저 와 있었는데 불편하게 느끼시지 않으면 좋겠네요. 선생님께 말씀드릴 것이 있어서 다른 사람에게 문을 열어 달라고 부탁했어요." 그는 일어나서 의자가 빙 둘러 있는 넓은 공간으로 걸어 나오며, 한 손에 노트를 들고 나를 향해 걸어왔다. 우리는 서로 얼굴을 마주했다. 그가 한쪽 편

의자에 앉았고, 나는 의도적으로 반대편 의자에 앉긴 했지만. 나는 경계선을 그었다.

그는 자신의 명상 수련에 대해 이야기하기 시작했다. 나는 마음속으로 허둥지둥하며 뒷걸음질치고 있었다. 잭에게는 정말로 예측할 수 없는 무언가가 있었다. '그가 왜 내 공간에 들어와 있지? 지금 나더러 어떻게 해 달라는 것일까? 제기랄, 왜 이렇게 요구하는 것이 많은 거야?' 하며 내 마음은 거칠어졌다. 나의 말은 엉성했고 차가운 발언이 이어졌다. 나는 참을성을 잃기 시작했다. 위축되고 긴장했으며, 잭이 이 모든 것을 보고 감지했음을 확실하게 느꼈다. 그러나 훨씬 더 강력하게, 어떻게 그 순간에 내가 실제로 잭을 홀로 버려 두었는지를 고통스럽게 알아차리게 되었다. 나는 경계를 더 단단하게 만들었고, 견고해 보이는 기반으로 물러나서, 내 손으로 직접 튼튼한 장벽을 만들었다. 우리가 처한 딜레마의 괴로움으로 나는 못 견디게 아팠다. 나는 압박감과 무력감을 느꼈고, 그는 자신이 소외되고, 아무도 자신에게 귀 기울이지 않는다고 느꼈다. 우리 각자는 그 순간 우리 모두를 지옥에 묶어 놓는 스스로가 그려 낸 현실에 사로잡혀 있었다.

잭의 목소리는 부서졌고 김이 빠졌다. 그는 어리둥절함과 절망에 찬 눈으로 나를 바라보았다. 우리는 당혹감—말 그대로 서로 섞여 들어가서—속에 함께 서 있었다. 우리가 곤경을 공유하는 그 서투른 순간에, 무엇인가 서서히 사라졌다. '내 편' 의자에 서 있으면서 나는 잭의 눈과 연결되었고, 열린 원 안으로 걸어 들어갔다. 우리는 잠시 동안 서로를 허용하면서 거기 서 있었다. 우리는 많은 말을 하지 않았지만, 말을 할 때는 형제끼리 대화하는 것 같았다.

나는 잭이 내가 그에게 줄 수 없는 것을 원하지 않을까 겁이 났고, 그래서 흠칫 놀랐다. 잭은 다른 모든 사람들처럼 내가 그를 거부하고 버려두지 않을까 두려웠고, 그래서 바짝 다가오면서 쫓아다녔다. 잠시 동안 우리는 각자 상대가 입 밖으로 표현하지 않았던 기대를 만족시켰다. 이 일이 있은 직후 잭이 집 안에 틀어박혀 자리에 누워 있는 시간이 점점 더 길어졌다. 언젠가, 그냥 그가 어떻게 지내는지 알고 싶어서 그에게 전화했을 때, 그는 말했다. "전화해 줘서 고맙습니다, 사키. 아무도 나를 이토록 품위 있게 대해 주지 않아요." 대화가 끝난 후, 나는 '이건 그냥 전화 통화일 뿐이야. 아마 1~2분이면 끝날 거야. 아주 간단해.'라고 생각했던 것이 기억났다. 나는 연결의 힘과 그로 인한 성취에 다시 한번 놀랐다. 이 갈망은 보편적인 것이다.

그렇지만 그것은 너무 자주 훈련 중인 전문가의 가슴에서 쫓겨난다. 동료인 존 카밧진과 나는 전문가 집단과 일반인을 대상으로 합동 훈련 프로그램을 지도했는데, 마지막에 전문가 중 몇몇이 화가 나서 말했다. "당신들은 우리보다 저 사람들에게 더 잘해 줍니다. 당신들이 그들에게 준 것을 우리도 받고 싶었습니다." 우리의 첫 반응은 방어적이었다. 우리는 그 말에 동의했다. 우리는 '환자들'에게 더 많은 것을 주었다. 우리는 처음부터 그럴 의도였고 전문가로서, 그들의 일은 그들 자신을 돌보는 것이라고 사전에 결정을 내렸다.

우리는 좀 더 깊이 숙고하면서 그들이 느낀 감정의 진실에 귀를 기울였다. 남을 돌보는 이 사람들 중 다수가 자신이 느끼는 분리에 대해서 슬픔을 느꼈고, '직업'이라는 문화적 경계 때문에 그들이 무능하거나 약하다고 느끼거나 그렇게 보이지 않고서는 이러한 필요를 인정하는 것이 거의 불가능함을 슬퍼했다. 그러고 나서 그들은 학문적인 훈련과 관련된 고통에 대해서 솔직하게 말하기 시작한다. 학문적인 훈련은 너무 자주 임상적인 거리나 객관성을 발달시켜야 한다고 고집한다. 그것은 천천히 그들의 삶의 구조 자체에 스며들어, 그들이 단절감을 느끼고 무감각해지도록 만들었다. 많은 이에게 실제로 이것은 구속으로 느껴져서, 무엇 때문에 그 모든 대학원 교육을 견뎠는지 의문을 갖게 한다. 그들 각자는 자신만의 방식으로 제약하고 고립시키는 속성을 지닌 인위적인 경계를 경험하고 있었다.

환자든 전문가든, 우리는 항상 관계 안에 있고 연결되어 있다. 우리 각자가 **경계를 만드는 마음**을 가까이 들여다보는 자발성을 키우고, 경계를 만드는 과정과 그 결과 발생하는 거리감을 정확하게 이해하는 극도로 정교한 도구를 개발할 중대한 필요를 느낄 수 있는가? 나는 그러한 의도적이고 사려 깊은 주의가 전체적인 치유 관계의 토대라고 믿는다. 이것은 마음의 속성과 그것이 인간의 상호작용에 미치는 영향을 이해하는 규율 있는 길에 우리 각자가 전념할 때 시작된다.

이런 종류의 주의가 없이 도대체 어떻게 더 협력적이고 상호 간에 대응하는 건강 돌봄을 창조하려고 하는가?

바로 지금, 이 글을 쓰면서, 이 글의 단어 하나하나에 잭이 살아 숨 쉬고 있음을 온몸으로 느낀다. 그가 없었다면 어떻게 이 글을 쓸 수 있었을까? 경계는 없다.

—

수련

경계를 만드는 마음과 함께하기

매일의 삶에서 세상과 관계 맺으며 기능하는 구분되는 '나'와 구분되는 '너'가 분명히 있다. 우리 각자는 무수히 많은 요인이 빚어 낸 특질들과 조건들의 독특한 꾸러미이다. 우리는 이를 '나 자신'이라고 부른다. 그렇지만 우리 삶을 자세히 들여다보면, 우리 자신을 구성하는 것은 베트남의 선 스승인 틱낫한이 말한 수많은 '비-자기(non-self)'의 요소, 예를 들어 땅, 물, 불, 공기, 공간, 탄소, 산소, 부모, 행성 전체의 저장고에서 물려받은 유전자임을 알게 된다. 해와 밤하늘의 별, 소금을 머금은 바다를 이루고 있는 것과 똑같은 구성 성분이 우리가 공통으로 구현하는 유산의 일부이다. 앞선 이야기가 명확하게 보여 주듯이, 그만 흥분해서 이 모든 것을 쉽게 잊어버리기 쉽다.

이러한 분리하는 습관의 강도를 낮추기 위한 수단으로, 두 가지 의도를 가지는 것이 도움이 됨을 알게 되었다. 첫째, 다른 사람을 만날 때 내 안에서 다름과 구분의 감각이 일어나면, 나는 그 감각에 주의를 기울이고 그 순간에 함께 일어나는 미묘하거나 또는 미묘하지 않은 감각들에 알아차림을 가져간다. 만일 내가 이러한 순간들에 깨어 있다면,

나는 구분하고 싶은 강박적인 욕망을 억압하려 하지 않으면서 숨의 감각에 주의를 기울인다. 나 자신과 이런 식으로 함께할 수 있을 때, 대체로 나는 의식적으로 '우리'의 공통점을 찾기 시작하는 좋은 출발점에 서게 된다. 그것은 처음에는 아마도 우리 둘 다 파란색 옷을 입고 있다든지 키가 같다든지 하는 것일 수 있다. 곧, 유사성에 관한 그 어떤 이론이나 개념을 넘어서서, 인간이기 때문에 공유하는 공통점이 가장 구체적으로 손에 잡힐 듯이 작동하기 시작할 것이다.

결국, 우리를 다시 연결로 이끌어 주는 것은 끝없이 다른 우리의 꾸러미들 뒤에서 작동하는 공통된 인간성을 인식하는 것이다. 이렇게 하는 것은 고향으로 돌아오는 것, '나'라고 생각하는 축소된 자기를 넘어서 더 크게 성장하는 것이다. 이는 다름과 다양성을 말살하거나, 우리 모두를 획일적인 군중이 되도록 끼워 맞추려는 것이 아니다. 그보다는, 그러한 다름 뒤에 우리가 연결되어 있으며, 종종 소유물에 대한 뚫을 수 없는 장벽으로 작용하는 개성이라는 개념으로 제한되지 않음을 발견하는 것이다.

다음번에 당신 안에서 분리와 다름의 감각이 일어나면, 당신과 다른 사람과의 만남의 언어적 차원을 넘어서 보라. 그들의 눈에 담긴 표정, 입가에 잔주름, 딱딱하거나 부드러운 몸의 느낌, '그들의' 숨결에서 전해지는 감각, 그들의 머리와 어깨가 취하고 있는 자세, 말하는 언어 뒤의 음색, 당신 몸의 태양 신경총 부위(명치와 배꼽 사이)의 감각, 당신 자신의 목소리의 음조, 당신의 몸-마음-가슴에서 뿜어져 나오는 감정에 주의를 기울이면, 당신이 하는 말은 경계를 만드는 마음을 천천히 녹아 없어지게 할 수 있다.

두 번째 주

오늘 아침 교실은 온통 대화하는 분위기이다. 지난 수업 이후로 서로 만나지 못했지만, 이번 주 동안 우리는 자신의 집에서 각자 마음챙김 명상을 수련하면서 서로 관계 맺기 시작했다. 다들 서로를 훨씬 편안하게 느끼는 것 같다. 방 안 널리 자연스럽게 몇 사람씩 모여 대화를 나누고 있다. 방에서 들려오는 소리를 들어보니, 대개의 경우 대화의 주제는 과제, 특히 공식명상—마음챙김을 수련하기 위해 매일 특정한 시간을 내어 확보하는 것—이다.

아그네스와 존은 휠체어에 편안하게 앉아 있다. 제리의 목발은 북쪽을 향해 난 창문에 기대 있고, 밀레는 그녀의 지팡이를 의자에 걸어 놓았다. 창문 너머로 드넓게 펼쳐진 하늘은 구름 한 점 없이 짙푸르다. 이 방에 앉아 있으면, 플랜테이션 스트리트의 넓은 대로인 9번 도로와 도시 풍경, 도시를 둘러싼 언덕이 보인다.

오전 9시 5분, 수업을 시작하면서 사람들에게 다시 한번 창문을 향해 몸을 돌리라고 한다. 그들이 재빠르게 몸을 돌리자 의자와 몸을 움직이는 소리를 대신해 침묵이 흐른다. 다시 우리는 단지 '봄 (seeing)'을 훈련한다. 우리는 같은 장면을 보고 있지만, 한 주 사이에 창문 너머와 방 안 풍경 모두 많은 것이 바뀌었다. 사람들은 나의 안내를 듣기 위해 내 쪽으로 몸을 돌리지 않은 채 고요히 앉아 수용하고 있다. 우리는 눈을 뜬 채로 10분에서 12분간 앉아 있다가 계속해서 침묵에 머물면서, '공식' 앉기 명상 수련을 시작하려고 한다. 나는 그들에게 침묵을 유지하라고 독려한 후, 의자에 앉거나 바닥에 쿠션을 깔고 앉는 등 앉기 명상에서 선택할 수 있는 자세를 설명한다. 그리고 나서 우리는 눈을 부드럽게 감고 호흡의 물결을 타면서 단지 앉아 있다.

지난 7일 간, 바디 스캔(body scan) 명상을 수련하면서 사람들은 바닥에 누워 체계적으로 몸의 각 부위에 주의를 가져가면서 알아차림을 계발하기 시작했다. 바디 스캔은 이완하거나 명상적인 '상태'에 들어가려고 '노력하기'보다는, 몸에 대한 보다 정밀하고 순수한 알아차림과 친밀함을 키워서, 우리가 자신 및 환경과 더 소통할 수 있게 한다. 이제 우리는 이번 주에 수련을 지속하면서 생긴 탄력을 앉기 명상으로 가져간다. 우리는 숨이 몸을 드나들 때 몸에서 느껴지는 숨의 감각으로 주의를 돌리면서 15분 동안 '앉는다.' 마치면서, 내일부터 7일 동안 이 수련을 매일 5분에서 10분 동안 하도록 요청한다. 그리고 질문이나 의견이 있는지 묻는다. 의견을 말하는 사람은 거의 없다. 이제 9시 35분이다. 우리는 여기에 30분간 말없이 함께 있었다. 우리는 이러한 상황에 익숙해지고 있다.

그리고 나서 바닥으로 이동해서 다시 한번 바디 스캔을 한다. 여기 바닥에 등을 대고 40분간 침묵 속에서 함께 수련한다. 그리고 나서 우리의 대화는 과제의 주제로 향한다. 나는 바디 스캔을 실제로 **수련**했던 그들의 경험을 말해 달라고 청한다. 그들은 할 말이 많다. 수련할 시간을 '찾는' 어려움에 대해서 많이들 말한다.

나는 그들에게 시간은 '찾을' 수 없을 것이며, 시간을 '만들어야' 함을 일깨운다. 수련을 시작하는 첫 번째 주에 우리는 삶이 너무나 꽉 차 있고, 너무 바쁘고 빽빽해서 수련하려는 의도를 가질 때면 우리 삶이 숨 가쁘게 흘러가고 있음을 깨닫게 되는 현실에 직면한다.

수련하는 동안 잠에 빠져드는 것에 관한 질문들이 나온다. 규칙적인 규율을 지속하는 것의 어려움을 이야기한다. 마음이 얼마나 방황하면서 생각으로 가득 차 있는지에 대한 관찰과 '진전하고' 있지 않다거나 또는 '성공적'이라는 추측. 통증이 줄어드는 것이 아니라 더 크게 느껴지면서 나타나는 두려움과 혼란스러움.

'너무 이완되고' 그래서 '생산성이 낮아지게' 될 것 같아 두려워하면서 일어나는 불안. 일상의 힘겨운 상황 한 가운데에서, 자연스럽게 또한 의도적으로 호흡을 알아차리게 되었고, 그것이 도움이 되었다고 보고한 사람들이 느낀 놀라움과 경외감.

탄력이 붙으면서 대화의 박자와 속도는 세차게 흐르는 강물의 느낌과 비슷해진다. 동시에, 더 솔직하게 터놓기 시작하면서 사람들은 수련의 경험에 관해 마음에 떠오르는 무엇이든지 검열을 줄이고 기꺼이 말하려고 한다.

노렌은 바디 스캔을 수련하면서 몸의 취약함을 절실하게 알아차리고 있다. 그녀는 "이 수련을 하면서 슬픔의 물결과 함께 일어나는 큰 부드러움"을 느끼며, 그녀가 말하는 '세포 수준'에서 몸이 얼마만큼 기억하고 있는지와, 이 오래된 상처를 품어 안고 돌보는 데 바디 스캔이 어떤 도움을 주고 있는지를 인식하게 되었다고 말한다.

몇 사람의 말이 끝나고, 키가 작고 단단한 체구의 조지가 설교자처럼 일어나서, 이번 주에 "내 몸을 향한 너그러움"을 가지는 것이 무엇을 뜻하는지 맛보았다고 말한다. 캐슬린이 모두를 향해 말하기를, 바디 스캔을 수련하는 것이 자신을 '어떤 것'으로 채워 주기를 바랐지만, 충만감 대신에 '공허함'을 느꼈다고 한다. 그녀는 이것을 문제라고 생각해서 어떻게 대처해야 하는지 질문했다.

'공허함'을 느꼈다는 그녀의 경험에 대해서 대화하고 난 후, 나는 우선 지금은 이 느낌 자체를 허용하면서 그 느낌과 함께 살아 보라고 했다. 알아차림이 깊어짐에 따라 그녀의 질문에 대한 대답이 천천히 스스로 드러날 것이라고 했다. 그녀는 일시적으로 만족한 것 같았다. 하지만 나는 내 대답이 만족스럽지 않았다. 그녀는 본질적인 질문을 했지만 이 순간에는 많은 말이 소용없을 것이다. 그래서 나는 꼭 그녀처럼 앉아서 다음 기회를 기대하면서도, 절호의 순간은 이미 나를 지나쳐 갔고, 그것을 되돌릴 수 없음을 깨달았다. 지금은 나 자신과 나의 동행에게로 돌아와서 주의 깊게 보고 듣는 것이 더 낫다.

마침내 드류가 물었다. "제가 여기에 온 데는 이유가 있고 저는 고

115

통이 줄어들기를 원합니다. 무언가를 성취하려는 원함과 어떤 것도 얻으려고 하거나 어딘가에 도달하려고 하지 않는 무위(non-doing) 라는 개념을 어떻게 조화시킬 수 있을까요?" 드류의 질문에 밀의 줄기가 바람에 일제히 나부끼듯이 사람들이 고개를 끄덕이는 움직임이 잔물결처럼 퍼지기 시작한다. 그들은 의아해하는 눈빛으로 "네, 저도 그걸 묻고 싶었어요."라고 말하는 것 같다.

갇힌 느낌과 거기서 벗어나기 위해 무언가를 하려는 욕망이 우리 토론의 맨 위에 크림처럼 일어난다. 수련의 우여곡절에 관한 이 모든 질문은 어찌 되었든 다 같이 덫에 걸려 있다는 표현이다. 덫에 걸린 느낌은 강렬하다. 습관과 추정, 오래 지녀 온 인식이라는 덫이 좀 더 명료하게 보이기 시작한다. 삶의 속도를 늦추고 일어나는 그 대로의 상황과 함께하면서, 사람들은 가차 없이 밀어붙여지고 삶에서 거꾸로 내던져지는 듯한 불안감에서 깨어나기 시작한다. 수련 자체는 이 현실을 우리에게 알려 줌과 동시에 지금 보이는 것에 대처하는 방법을 제공해 준다. 이러한 앎은 고통스럽다. 우리는 삶을 더 이상 외면하지 않으면서 있는 그대로 보기 시작한다. 이것은 새로운 것을 알게 하면서도 불편하다. 깨어 있음의 피할 수 없는 대가이다.

이제는 사람들이 다음과 같이 자신에게 묻고 있으리라 감지한다. 나는 이 프로그램에 참여하기를 원하는가? 이렇게 살아갈 수 있을까? 그렇게 살기 위해 어떤 대가를 치러야 할까? 나는 내가 움켜잡고 있는 것을 기꺼이 놓으려고 하는가? 그렇게 하고 싶다 해도 나에게 그럴 능력이 있을까? 이것들은 어른의 일상적인 세계에서, 결정적이고, 우리를 살아 있게 하는, 예상치 못한 질문들이다. 그 질문들은 신선하고 살아 있으며, 방 안에 앉아 있는 모든 이들을 초대하고 또한 겁먹게 한다. 이 순간, 우리 각자는 '내 삶을 되찾는' 도전과 우리가 사는 이 한 번의 삶의 충만함에 눈뜨기 위한 노력을 진지하게 받아들이기 시작한다.

바로 지금, 마치 우리 각자가 깊은 우물의 가장자리에 서서, 알 수 없는 희미한 빛을 응시하면서, 입 밖에 내지 않은 질문과 씨름하고 있는 것 같다. 지금 '아니'라고 말하고 이 타는 듯한 목마름을 견뎌야 할까? 아니면 '네'라고 하고 새로운 삶의 가능성을 품고 있는 이 불확실한 물을 마셔야 할까?

만일 사람들이 이 과정을 도중에 그만두기로 결정한다면, 지금이 그럴 때이다. 오늘 사람들이 떠나자 나는 활기 넘치는 냉철함이 일어남을 느낀다. 신혼여행은 시들해진다. 대부분의 신혼여행과 마찬가지로, 그것은 빨리 끝나고 우리는 이제 결정해야만 한다. 우리는 이 수련 공동체를 공유하는 일원으로, 우리 자신과의 작업을 할지 말지 결정해야 할 시점에 이르렀다. 우리 모두에게 이 결정은 맹세하는 것과 비슷하다. 우리는 하나의 길—종종 우리 삶에 심오한 결과를 가져오는 것으로 느끼는—로 향하는 방향에 전념할 것인지의 결정에 직면해 있다.

우리 각자는 전환점을 마주하고 있다. 이는 지도자로서 내가 만들어 낸 것이 아니고, 마음챙김이라는 매개물을 통해 우리 삶을 깊이 들여다보려는 우리의 개인적이고 집합적인 자발성에서 일어난 것이다. 이것은 삶과 죽음의 문제이다. 육체의 죽음이 아니라, 충만하게 살거나 아니면 반쯤 잠든 채로 사는 것에 대해 우리는 무엇인가 할 말이 있다는 조용한 절망 속에서 분명해지는 깨달음이다.

그것은 또한 당신의 결정이다.

우정

치유 관계 전체가 실은 우정에 토대를 두는 것이 가능하다. 대부분의 급진적인 생각들, 예를 들어 **모든 사람은 평등하게 태어났고, 조물주는 몇 개의 양도할 수 없는 권리를 부여했으며, 그 권리 중에는 생명과 자유와 행복의 추구가 있다는 말처럼**, 이 말은 아마도 급진적으로 들릴 것이다. 이 사실은 처음에는 우리를 놀라게 하고, 이후에는 우리 안에 자명하지만 종종 거의 고려되지 않는 가능성과 자유의 감각에 불을 붙인다.

당연히 우리는 **친구**라는 말을 보통은 우리 삶에서 친밀한 신뢰감을 느끼는 몇몇 사람들에게 쓴다. 그렇지만 우리가 우정의 느낌을 더 깊이 들여다보기 시작하면, 우리가 생각하는 우정은 대개는 인내, 이해, 열린 태도로 다른 사람과의 관계에 자리 잡으려는 자발성과 관련이 있다. 우정에는 역할이나 지식, 교육이

나 신분으로 규정되지 않는 평등이 있다. 종종 우정이 뜻하는 바는 사람 및 상황을 있는 그대로 인정하고, 그것들과 솔직하고 직접적으로 관계 맺으려는 우리의 자발성과 깊은 관련이 있다.

우정에는 충성이라는 강력한 요소가 있다. 국가나 문화에 대한 충성이 아니라 살아 있음이라는 활동 자체에 대한 충성이다. 이런 식으로 환자와 전문가 관계 안에서 우정이 생겨날 때, 우정의 실체 안에서 좋아함과 싫어함이 할 수 있는 일은 거의 없다. 우리가 다른 사람들과 함께 있는 상황에서 종종 집착이나 혐오의 감정이 일어난다. 감정의 이러한 가지각색의 색조는 우리 자신을 위해 노력을 기울인다는 점에서 분명 이익이 되는 일이다. 그런 감정을 느낀다는 사실 자체가 우정의 부재를 뜻하지는 않으며, 돌봄을 제공하는 우리의 능력을 반드시 방해하지도 않는다.

아마도 우리 모두는 우정을 구하고 있을 것이다. 모두가 어떤 식으로든 연결하고 연결되기를 바란다. 나는 최근에 건강 전문가를 대상으로 한 집중 수련에서 이러한 갈망의 근거를 발견하고 감명받았다. 대부분 침묵 속에서 진행된 명상 수련을 마무리하는 아침, 우리는 치유 관계의 핵심 특질에 관해서 명료하면서도 마음을 사로잡는 대화로 자연스럽게 옮겨 갔다. 사전에 어떤 언급이나 공식적인 소개가 없었지만, 우리가 종종 우정이라고 여기는 관계의 특질이 표면으로 차올랐다.

사람들은 판단하지 않고 애쓰지 않으며, 관대함을 지향하는 마음챙김 수련의 측면이 그들이 자기 자신과 '친구'가 되는 데 도움을 주었다고 말했다. 우리가 이것이 내적으로 어떤 느낌인지 그리고 이 우정의 감각이 오늘 아침 과정에서 어떤 식으로 그 자신을 드러냈는지 더 깊고 구체적으로 탐험하기 시작했을 때, 200명의 참가자 중 많은 사람이 마음에 그 어떤 생각이나 감정이 일어나더라도 편안함이 그들과 함께하는 느낌을 새로이 발견하게 되었다고 말했다.

그들은 자신을 옥죄는 느낌이 눈에 띄게 줄어들었고, 뚜렷한 자기 친절의 감각을 느꼈고, 안전감을 새로이 발견했고, 끝없는 비난, 부정, 정당화, 죄책감 그리고 목적을 이루지 못한 뉘우침의 끝없는 순환 주기로부터 점차적으로 풀려남을 느꼈다고 말했다.

그들이 좋아함과 싫어함을 넘어서 알아차림의 장에 들어오는 무엇이든 점차 환영할 수 있음을 느끼자, 큰 안도감과 희망, 고요한 받아들임이 그들에게 찾아왔다. 이 방은 친구가 되는 이 느낌으로 가득 차서 살아 있었다. 자연스럽게, 이 많은 의사, 간호사, 정신과 의사, 심리학자, 병원 관리자는 그들이 아침 내내 그들 자신과 함께 앉았던 것처럼, '다른 사람과 함께 앉을' 가능성을 조용히 말하기 시작했다.

———

수련

자신과 친구 되기

마음챙김은 환대하는 행위이다. 자신을 친절과 돌봄으로 대하는 법을 배우는 길은 우리 존재의 가장 깊숙한 곳으로 천천히 스며들기 시작하고, 마찬가지로 다른 이들과 연결되는 가능성을 서서히 열어 준다. 현재 순간에 일어나는 무엇이든 함께하는 것으로 충분하다. 사랑이나 친절이 느껴지지 않는다고 자신을 비난할 필요가 없다. 그보다는, 이 과정은 우리가 무엇을 느끼거나 생각하든지 우리 자신에게 환대를 베푸는 가능성을 단순히 품어 안으라고 요구할 뿐이다. 이것은 친절하지 못하거나 바람직하지 못한 행동을 부정하거나 자기 합리화하는 것과는 관련이 없으며, 우리가 삶의 거칠고 그늘지고 어려운 맨 얼굴을 마주할 때, 자신에게 연민심을 가지는 것을 말한다.

이번 주에 잠시 동안 시간을 내서, 마치 당신이 자신의 가장 친한 친구인 것처럼 당신 자신과 함께 앉아 있는 가능성을 탐험해 보라. 호흡을 알아차리면서 머물고 생각과 감정이 왔다 가도록 허용하라. 당신에게 소중하고 당신의 포옹이 필요한 사람을 안아 주듯이 당신 자신을 안아 줄 수 있는지 실험해 보라. 원한다면, 당신 자신을 위해서 말없이 문구를 반복해 보라. 다음 문구 중 하나 또는 여러 개를 자신에게 들려줄 수 있다.

"내가 안전하기를."
"내가 고통에서 자유롭기를."
"내가 평화롭기를."

삶에서 지금 이 순간 당신에게 알맞은 말을 찾아보라. 이렇게 하는 것이 어색하고, 낯설고, 진정성이 부족하다고 느낄 수 있다. 어떻게 느끼든지 당신의 느낌을 부정할 필요는 없다. 그렇지만 이러한 정신 내부의 환대가 흥미롭고 해 볼 만하다고 느낀다면, 이 수련을 당신을 돌보는 방법으로 삼아 수련할 공간을 자신에게 주라. 그렇게 우리 자신과 함께하는 길은 자기중심성이나 이기심을 키우는 것을 뜻하지 않는다. 그것은 단지 우리 자신이 한 걸음 물러나 돌봄의 원 안으로 들어가서, 그 안에 우리 자신을 포함하도록 청하고 있을 뿐이다.

미켈란젤로와 당대의 부유한 여성 후원자의 대화
이다.

"선생님, 조각이 무엇이라고 생각하십니까?"

"부인, 사람이 조각하려는 모든 형태는 이미 돌 안
에 있습니다. 저의 지성과 기술에 따르면, 제가 하는
일은 이미 돌 안에 있는 것을 끌어내는 것입니다.

1964년 뉴욕의 플러싱 메도스에서 세계 박람회가
열렸다. 전시장에 들어가서 영광스러운 모습의 피에
타 조각상을 보았을 때 나는 열다섯 살이었다. 주위
를 둘러싼 관람객 군중은 카메라 플래시를 터뜨리고,
무릎을 꿇고 기도하고, 조용히 속삭이거나, 이 조각
상을 마주하고 그들 내면에서 샘솟는 흥분과 경외감
을 소리 높여 서로에게 말했다. 그 조각상은 실물과

꼭 같이 움직이는 것 같았고, 나는 군중을 피해 홀을 이리저리 돌아다니다가 『노예들(The Slaves)』이라는 제목의 다른 작품 앞에 멈춰 섰다.

33년의 기억을 거슬러서 떠올려 보면, 거기에는 미켈란젤로가 새기고 다듬은 일련의 조각상이 서 있었다. 내 오른쪽으로 줄지어 서 있는 어른 모습의 조각상은 끌로 새겨지고 매끈하게 다듬어진 채로, 거장의 신중한 손길에서 자유를 얻은 듯 서 있었다. 마치 돌에 깃든 생명을 수혈받아 생기를 얻은 듯 그들의 피부는 그 자체로 반짝거리고 활기가 넘친다. 몸에 걸친 누더기 천은 돌의 알갱이와 핏줄을 따라 린넨처럼 주름을 늘어뜨린다. 끄트머리가 닳아빠진 옷은, 해진 부분 하나하나까지 정확하게 새겨져, 매혹적인 움직임을 감싸고 늘어져 있다. 내 눈과 나의 훨씬 많은 부분은, 이 조각상들을 받아들였고 그것들에 흠뻑 잠겨 있었다.

어른 조각상 왼쪽으로는 어린아이 조각상이 서 있었다. 첫 번째 조각상은 형태가 분명하고, 크기는 작고 얼굴은 뚜렷하지 않다. 누더기 천을 몸에 걸친 채 고요 속에 서서 억겁을 가로질러 세상과 나를 내다본다. 유혹의 손짓을 한다. 그들의 얼굴에서 조각가가 처음 손댄 자국, 거친 바위의 형상, 그가 본래 들으려고 했던 의도가 엿보인다. 마침내 한쪽 눈, 한쪽 귀, 반쯤 완성된 코가 새겨진 얼굴이 공간 속으로 나타난다. 얼굴의 다른 반쪽은 바위로 남은 채 모습을 드러내지 않고, 내 앞에 서 있는 이 고요하고 움직임 없는 떠돌이 무리들을 탄생시킨 검은 돌 '내면에' 깃들어 있다.

그것은 완전히 이해될 수는 없지만 어떻게든 알려지는 순간들

중 하나였다. 이 중 어떤 순간이 튼튼하고 잘 이어진 뼈로 탈바꿈하여 말없이 삶의 핵심과 본질을 지탱해 주기 위해서는 몇 년에 걸쳐 천천히 꾸준하게 끓어올라야 한다. 그중 어떤 순간이 나의 내면 깊이 휘감겨 살아 있으면서, 이 이야기의 발단이 된 미켈란젤로와 여인의 대화가 미술사 교수를 통해 나에게 전해질 때까지 스며들고, 모양을 만들고, 생명을 이어 가고 있었다. 내가 수업에서 이 이야기를 했다는 말을 듣고 그는 다음 회기에 문학적인 참고자료를 가지고 왔고, 이렇게 해서 30여 년 전에 그려지기 시작한 원은 완성되었다.

"사람이 조각하려는 모든 형태는 이미 돌 안에 있다."

우리 모두는 전적으로 천재성을 품고 있고, 수천 가지 방식으로 이끌리고 나타나며, 연마되어 실재를 이루고 충만함을 향해 천천히 다듬어진다. 이 '이끌어 냄'은 교육의 본질이다. 당신 자신의 삶에서 이러한 움직임을 감지할 수 있는가? 당신 내면에서 무엇이 이끌려 나오고 있는가? 무엇이 태어나고 있는가?

우리 모두가 본래 온전하고, 본질적으로 건강하며, 부끄럼 없는 완전성의 발견으로 이끌려 나올 필요가 있음을 알고 있으면서 우리 삶에 다가가고, 다른 이들의 삶에 참여하는 것은 어떤 경험일까? 이러한 변화가 치료자와 환자가 함께 추는 춤의 전체 판도를 어떻게 바꾸어 놓을까? 이러한 관점으로 관계를 바라보면서, 타협하지 않고 그 관점 안으로 관계가 자리 잡을 때, 어떤 종류의 관계가 일어나고 만들어질까?

아침 7시 매스 파이크(Mass Pike)로 차를 몰고 출근한다. 동쪽을 향해 간다. 공영 라디오 채널을 틀어 아침 뉴스 프로그램을 듣는다. 오늘은 기자가 시카고에 있다. 그는 이 이야기를 엮는다. 시카고에 있는 대규모의 일류 박물관이 미술 전시를 열기 위해 공적, 사적 기금을 조성했다는 것이다. 그들은 그 전시의 주제를 '장애를 가진' 예술가들의 작품으로 정하고 수백 장의 초대장을 보냈지만 아무도 응하지 않았다.

많은 돈과 명성을 잃을 위기에 처한 박물관 큐레이터와 이사회는 당혹스럽고 염려하며, 아마도 겁에 질린 심정으로 왜 그런지 원인을 밝히기로 했다. 답은 분명해 보인다. 그들은 초대장을 받은 이들이 상당수가 국제 무대에 작품을 선보인 높은 성취를 이룬 예술가들이고, 이 중 어떤 사람도 '장애를 가진'이라는

127

문구 아래 전시를 열고 싶어 하지 않음을 알게 되었다. 몇 달 후, 많은 설득과 협상 끝에, 역시 '장애를 가진' 유명한 예술가 한 명이 그의 작품을 전시하기로 동의했다. 이렇게 시작된 후로 이어서 다른 예술가들도 수락했고 전시회는 작품들로 가득 찼다.

라디오에 나온 이 이야기는 전시 첫날 해설자가 몇몇 예술가들과 대화를 나누면서 그가 보는 것을 청취자에게 설명하면서 갤러리를 가로질러 걸어오는 장면을 내보낸다. 그는 한쪽 벽 크기 만한 그림을 마주하고 있는데, 극도로 정교한 기하학 무늬가 서로 완벽한 관계를 이루도록 배치된 작품이다. 그는 화가를 인터뷰하면서, 어떻게 그토록 정확하고 복잡하면서도 섬세한 작품을 해낼 수 있었는지 묻는다. 작가는 대답한다. "이것이 바로 제가 보는 것이고, 그것을 캔버스에 담았습니다." 그는 눈먼 화가이다. 태어날 때부터 앞을 보지 못했다.

다음으로 우리는 어떤 조각가의 인터뷰를 듣는다. 체구가 크고 건장한 이 남자는 금속을 제작하고 용접해서 거대하고 때로는 탑 같은 구조물을 만든다. 이 조각가는 몇 년 전 한쪽 다리를 잃은 후, 의족을 사용할 수 없어 계속해서 한쪽 다리로 서서 조각 작업을 한다고 한다. 그는 그의 현재 작품이 다리를 잃기 전과 다르냐는 질문을 받는다. 그 남자는 분명하고 신중하게 대답한다. "이것이 지금 제가 하는 것입니다. 이것은 평상시와 같습니다."

우리는 이 조각가가 전시의 가장 중요한 작품을 만들도록 선정되었음을 알게 되었다. 그는 돌을 재료로 구를 조각했다. 아마도 대리석이나 화강암일 것이다. 우리는 그것이 표면이 한결같이 매끈하게 다듬어진 완벽한 상태였다고 들었다. 그 구가 완성되자, 작가는 그것을 박살내고 나서 볼트와 금속용 나사, 접착제로 다시 이어 붙였다. 이제—온통 금이 간 채로—그것은 '깨진 채로 온전한(Shattered But Still Whole)'이라는 제목을 달고 미국의 중심에, 갤러리 한복판에 놓여 있다.

나는 한 시간 동안 55마일을 달려왔는데 이것을 들으면서 큰 충격에 빠진다. 내 가슴은 터져서 넓게 열린다. 나는 속도를 낮추고 눈에서는—나의 모든 갈라진 틈에서는—눈물이 솟아올라 셔츠와 넥타이와 무릎으로 펑펑 쏟아진다. 10마일을 더 가야 한다. 정말 놀랍다! 나를 위한 눈물, 우리 모두를 위한 눈물이 나를 뒤집어 놓았다. 이 눈물방울 뒤의 강은 개인을 넘어선 거대한 것으로 느껴진다. 이 눈물은 자기 동정이나 불안이 추동하는 갈망—가지지 못했기에 필사적으로 원하는—의 지류에서 흘러나오는 낡고 익숙한 것이 아니다. 이 흐름은 훨씬 더 보편적인 것이다. 그것은 비탄이 흐르는 강이다. 나는 전율과 녹아내림을 느끼며, 이 이야기가 개개인의 역사의 단단한 막을 뚫고 우리 공통의 조건에 관한 진실을 향해 분출하고 있음을 곧 이해한다.

이것은 모든 사람의 이야기이다.

주차장을 가로질러 걸어와서 수업을 시작할 준비를 했다. 여자가 질병이 자기 삶에 가져온 예기치 못한 중대한 변화와 최근에 느꼈던 뜻밖의 안정감과 안녕감에 관해서 한참 말했다. 우리는 다 듣고 난 후 조용히 함께 앉아 있었다. 나는 일어나서 방 안을 천천히 걸으면서 이 이야기를 한다. 반응이 엄청나다. 마치 징이 울리듯이,

사람들은 소리에 둘러싸여 소리와 부딪치며 그들의 존재 깊은 곳으로부터 공명하며 울려 퍼진다.

깨진 채로 온전한
깨진 채로 온전한
깨진 채로 온전한

수만 마디의 말이 전할 수 있는 것보다 더 큰 흉포함과 자비로움, 연민심을 지닌 채로 이러한 인식이 관통한다. 마음챙김 수련과 마찬가지로, 이 이야기는 심각한 질병을 앓고 있고, 주류 대학의 병원에서 치료를 받고 있다고 해서 마치 기억상실처럼 무감각해지거나, 더 나아가 우리의 타고난 온전함을 망각하고 깊은 잠에 빠져들 필요가 없음을 방 안에 있는 모든 사람이 기억하도록 도와준다.

하지만 너무 자주 건강 전문가들은, 대개는 시간과 훈련, 불확실성에 등 떠밀려 그들의 더 깊은 임무를 보지 못하거나 외면하는데, 그 임무란 우리와 우리의 도움을 구하는 사람들의 고통에 친밀감으로 참여하는 일이다. 우리는 필요에 의해, 고통을 덜기 위해, 때에 따라서는 치유하기 위해 광대한 지식을 축적해 왔다.

하지만 이러한 지식은 양날의 검처럼 우리를 우리 앞의 이 인간 존재의 조각난 측면에 묶어 놓기 쉽다. 동시에 그들과 우리의 더 깊고 본질적인 온전함에 눈멀게 한다. 너무 자주 이러한 반응적인 조건화는 두려움 때문에 일어난다. 알려지지 않은 것에 대한 두려움. 불편함에 대한 두려움. 무력함에 대한 두려움. 우리 자신의 무너진

자리에 대한 두려움. 만일, 우리 안의 이것을 조심스럽게 보살피지 않으면, 우리는 우리 자신과 우리의 돌봄을 구하는 이들을 부당하게 대할 것이다. 대개는 무의식적으로, 우리는 자신의 상처를 인정하고 그리로 들어가기를 거절하며 여전히 무감각하고, 거리를 두고, 너무 자주 냉소적이다.

그렇다. 이 강에는 비탄이 흐른다. 그리고 그 이상이다. 이 강은 황금을 품고 있다. 그림형제의 동화 『개구리 왕자』에서 공주가, 또는 『무쇠 한스』의 이야기에서 소년이 그들의 황금공을 잃어버린 것과 같이, 우리 모두는 잠시 동안 우리의 황금을 잃어버린 상태이다. 환자는 병을 앓는 동안 예상치 못한 막대한 동요를 경험한다. 돌보는 사람으로서 우리는 다른 사람의 고통과 질병의 한복판에서 매일 살아가고 일하면서 각자 이 동요를 어느 정도 나눠 가진다. 이 때문에 우리 앞에는 치유 관계의 혼란과 당혹감 안에서 일어나는 모든 것을 의도적으로 허용할 가능성이 있다. 그렇게 하는 것은 우리를 흔들어 습관적인 틀에서 빠져 나오게 하고, 우리는 함께 일시적으로는 '환자와 의사'로 개인화된 인간으로서, 그 관계 자체의 생명을 통해 우리의 빛나는 황금빛 본성을 함께 발견하는 일에 적극적으로 참여할 수 있다.

우리 모두는 이런 식으로 보이기를 갈구한다. 이것은 우리가 피어나는 근원이다. 그것은 우리가 어떠한 역할, 조건, 어려움에 처해 있든지 자기 돌봄의 계발과 함께 내적으로 시작된다. 나중에 그것이 넘쳐흘러서 우리가 다른 사람과 맺는 관계 안에서 꽃을 피우기 시작한다. 그것은 결코 순탄한 길이 아니며 명상은 가짜 약이나 만병통치약 또는 어떤 기분 좋게 해주는 활동이 아니다.

그것은 잠재해 있으며 이미 존재하고 있는 특질들을 접촉하고 함양하기 시작하는 하나의 방법이자 수단이다. 이것은 교육의 진정한 의미이고, 마음챙김의 정수이다. 즉, 완전해지기 위해서 우리가 다른 사람의 부족함을 채워 주거나 바깥의 원천으로부터 채워져야 한다고 생각하는 것이 아니라, 이미 **존재하는 것**을 이끌어 내는 것이다. 의학의 맥락에서 마음챙김 수련은 마치 육분의(sextant)처럼, 돕는 사람에게든 도움이 필요한 사람에게든, 미지의 바다를 항해하는 도구를 제공한다.

'치료자와 환자'라고 일컫는 상호 의존하는 실재가 서로를 품에 안고 있듯이 조각남과 온전함은 동시에 존재한다. 인간 존재라고 불리는 더 큰 완전성은 그 안에 역동적인 측면을 지니고 있다. 우리의 균열과 표면적인 격동과 우리 존재의 깊은 살결을 인정하고 존중할 때, 우리는 닿을 수 없다고 생각했던 것을 찾아내게 된다. 이것은 마음챙김 명상의 뿌리이자 열매이다. 명상과 의학의 합류이다.

3부

붕대를 감은 곳을
계속해서 바라보라

우리는 혼자 여행하는 위험을 무릅쓸 필요조차 없다. 언제나 우리보다 앞서 간 영웅들이 있기 때문이다. 미로는 완전히 밝혀졌다. 우리는 단지 영웅이 걸었던 길의 여정을 따라가기만 하면 되는데, 우리가 혐오스러운 것을 만나리라고 생각하는 곳에서 신을 발견할 것이다. 그리고 서로를 죽이려고 하는 곳에서 자신을 죽이게 될 것이다. 우리가 밖으로 나가서 여행하려고 할 때, 우리 존재의 중심에 도달할 것이다. 그리고 우리가 혼자가 되겠다고 생각할 때, 온 세상이 우리와 함께할 것이다.

•

조셉 캠벨(Joseph Campbell)
『천의 얼굴을 가진 영웅』중에서

거무스름한 악마의 형제

어떤 군인이 퇴역한 후 먹고 살기가 힘들어졌고, 앞으로 무엇을 하며 살아야 할지 막막했다. 그래서 그는 집을 떠나 숲으로 갔다. 잠시 걷다가 한 키 작은 남자를 만났는데, 그 남자는 사실은 악마였다.

"무슨 일이 있나요?" 키 작은 남자가 그에게 말했다. "무척 우울해 보이는군요."

"저는 배고프고 돈이 없습니다." 군인이 말했다.

"당신이 나에게 고용되어서 내 하인이 된다면." 악마가 말했다. "남은 평생 동안 넉넉히 먹고 살 수 있을 겁니다. 그렇지만 당신은 나를 위해 7년간 일해야 하고, 그 이후에는 자유입니다. 한 가지만 더 말해 줄 것이 있습니다. 당신은 씻어서도, 머리를 빗어서도, 수염을 손질해서도, 손톱을 깎거나 머리카락을 잘라서도, 눈을 닦아서도 안 됩니다."

"그렇게 해야만 한다면 해 보죠." 군인이 말했고, 그는 키 작은 남자와 함께 떠났다. 그 남자는 곧장 군인을 지옥으로 데려가서 그가 할 일을 말해 주었다. 그가 할 일은 지옥에 떨어진 영혼들이 앉아 있는 주전자를 끓이는 불이 꺼지지 않도록 살피고, 집 안을 깨끗하게 쓸어서 먼지를 문 밖으로 내다 버리고, 모든 것을 질서 있게 정돈하는 것이었다. 그렇지만 그는 절대로 주전자 안을 들여다보아서는 안 되며, 만일 그 안을 보게 된다면 그에게 나쁜 일이 일어날 것이다.

"잘 알겠습니다." 군인이 말했다. "모든 것을 잘 보살피겠습니다." 그러고 나서 늙은 악마는 다시 여행길에 올랐고, 군인은 자신의 임무를 시작했다. 불에 연료를 넣고, 먼지를 쓸어서 문 밖으로 내다 버리고, 지시받은 대로 모든 것을 해 놓았다. 늙은 악마가 돌아왔을 때, 그는 모든 것이 자신이 시킨 대로 되어 있는지 확인했고, 고개를 끄덕여 승인한 후, 다시 외출했다. 군인은 그제서야 처음으로 지옥을 제대로 둘러보았다. 그곳은 주전자들로 가득 차 있었고, 주전자마다 밑에는 맹렬한 불길이 타올라 주전자가 끓어오르며 거품이 일었다.

악마가 그토록 엄격하게 금지하지 않았다면, 그는 그 안에 무엇이 있는지 알기 위해 목숨이라도 걸었을 것이다. 결국, 그는 더 이상 자신을 억누르지 못했다. 그는 첫 번째 주전자의 뚜껑을 조금 열어서 안을 들여다보았다. 그가 본 것은 그 안에 앉아 있는 그의 옛날 상사였다.

"아, 이 재수 없는 놈!" 그는 말했다. "당신을 여기서 만날 줄이야!

전에는 네 놈이 나를 깔아뭉갰지만, 이제 내가 확실히 밟아 주겠어." 그는 뚜껑을 재빨리 닫고는 불을 휘저은 후, 땔감을 새로 더 넣었다. 그러고 나서 두 번째 주전자로 옮겨 가서, 뚜껑을 조금 들어 올리고 안을 엿보았다. 거기에는 그의 옛 상사였던 중위가 앉아 있었다. "아, 이 재수 없는 놈!" 그는 말했다. "당신을 여기서 만날 줄이야! 전에는 네 놈이 나를 깔아뭉갰지만, 이제 내가 확실히 밟아 주겠어." 그는 뚜껑을 다시 닫고, 중위가 뜨겁도록 장작을 더 많이 넣어 불을 활활 타오르게 했다. 이제 그는 세 번째 주전자 안에 누가 앉아 있는지 보고 싶었다. 알고 보니 그것은 그의 옛 상사였던 대위였다. "아, 이 재수 없는 놈!" 그는 말했다. "당신을 여기서 만날 줄이야! 전에는 네 놈이 나를 깔아뭉갰지만, 이제 내가 확실히 밟아 주겠어." 그는 풀무를 꺼내 지옥의 불길이 대위의 주전자 아래에서 이글이글 타오를 때까지 펌프질을 했다.

이제 그는 지옥에서의 7년을 다 채웠다. 그는 전혀 씻거나, 빗질을 하거나, 수염을 손질하거나, 손톱을 자르거나, 눈을 닦거나 하지 않았다. 7년이라는 시간이 그에게는 너무 빨리 지나가서 꼭 6개월이 지난 것처럼 느꼈다. 그가 기간을 꽉 채웠을 때, 악마가 와서 말했다, "자, 한스, 지금껏 내내 무엇을 하며 지냈는가?"

"저는 주전자를 끓이는 불을 살피고, 먼지를 쓸어서 문 밖에 갖다 버렸습니다."

"하지만 자네는 주전자 안을 엿보기도 했지. 음, 불에 장작을 더 집어넣다니 자네는 운이 좋군. 그렇지 않았다면 자네 목이 달아났을 거야. 이제 시간이 다 됐네. 집으로 돌아가고 싶은가?"

거무스름한 악마의 형제

"네." 군인이 말했다. "아버지가 집에서 어떻게 지내시는지 뵙고 싶습니다."

"좋아, 제대로 된 보상을 받고 싶다면, 가서 자네가 쓸어 모은 먼지로 배낭을 가득 채워 집으로 가져가야 하네. 그리고 또한 씻지도, 머리를 빗지도 말고, 긴 머리와 긴 수염, 긴 손톱, 흐릿한 눈으로 가야만 하네. 그리고 누군가 어디서 왔냐고 물어본다면, '지옥에서.'라고 대답해야 하네. 또 누군가 당신이 누구냐고 물으면, '나는 악마의 검은 형제이자 나의 왕이다.'라고 말하게."

군인은 아무 말도 하지 않았다. 실제로, 그는 악마의 지시 사항을 그대로 이행했지만, 그가 받기로 한 보상에 전혀 만족하지 않았다. 그는 숲에서 다시 나오자마자, 배낭을 꺼내서 먼지를 털어 내고 싶었다. 그러나 배낭을 열었을 때, 그는 먼지가 순금으로 변해 있는 것을 발견했다. "내 인생에서 이런 일이 있을 거라고 상상이나 했던 가." 이렇게 말하며 군인은 뛸 듯이 기뻐하며 도시로 들어갔다. 한스가 한 여관에 다다랐을 때, 여관 주인은 문 앞에 서 있었는데, 그는 한스를 힐끗 보고 겁에 질렸다. 한스의 몰골이 끔찍했고, 허깨비보다 훨씬 더 섬뜩해 보였기 때문이다. 그는 한스에게 큰 소리로 물었다. "당신은 어디서 왔소?"

"지옥에서."

"당신은 누구요?"

"나는 악마의 검은 형제이자 나의 왕이다."

여관 주인은 그를 안으로 들이고 싶지 않았지만, 한스가 금을 보여 주자 몸소 나서서 빗장을 열었다. 이제 한스는 제일 좋은 방을 달라고 한 후, 최고의 서비스를 요구했다. 그는 실컷 먹고 마셨지만 악마가 시킨 대로 씻거나 빗질을 하지 않았다. 드디어 그는 누워서 잠들었다. 하지만 여관 주인은 그 배낭 생각이 마음에서 떠나지 않았다. 배낭 생각에 마음이 편치 않았다. 그래서 그는 밤중에 한스의 방으로 몰래 들어가 배낭을 훔쳤다.

다음 날 아침 한스가 일어나서, 떠나기 전에 여관 주인에게 방값을 지불하려고 했을 때 배낭이 없어졌다. 그러나 그는 아무런 말도 하지 않고 생각했다. 배낭이 없어진 건, 너의 잘못이 아니야, 그는 방향을 돌려서 다시 지옥으로 곧장 향했다. 거기서 그는 악마에게 자신의 불운에 대해 불평을 늘어놓으며 도움을 요청했다.

"앉게." 악마는 말했다. "자네를 씻기고, 머리를 빗어 주고, 수염을 자르고, 머리카락과 손톱을 자르고, 눈을 닦아 주겠네."

악마는 군인에게 이것들을 다 해준 후, 다시 배낭에 먼지를 가득 채워 군인에게 주면서 말했다. "거기 가서 여관 주인에게 금을 돌려달라고 하면서, 그렇지 않으면 내가 그를 데려올 것이고, 그는 자네처럼 불을 지펴야 할 것이라고 하게."

한스는 돌아가서 여관 주인에게 말했다. "당신은 내 돈을 훔쳤소. 만일 돌려 주지 않으면, 당신은 나처럼 지옥에 가게 될 것이고, 내가 그랬듯이 끔찍한 몰골이 될 거요."

여관 주인은 돈을 돌려주었고, 더 많이 얹어 주기까지 했다. 그리고 그는 한스에게 부디 무슨 일이 일어났었는지 얘기하지 말아 달라고 간청했다.

이제 한스는 부자가 되어 집으로 향하는 길에 올랐다. 그는 거친

거무스름한 악마의 형제

린넨 작업복을 한 벌 사 입고 여기저기를 떠돌아다니며 음악을 연주했는데, 그가 지옥에 있을 때 악마에게 배운 것이었다. 한번은 어떤 나라의 나이든 왕 앞에서 연주를 하게 되었고, 그 왕은 너무도 즐거워서 한스에게 그의 첫째 딸을 결혼시키겠다고 약속했다. 그러나 첫째 딸은 자신이 흰색 작업복을 입은 평민과 결혼하게 될 거라는 말을 듣고, "그 전에 가장 깊은 호수에 몸을 던져 죽을 거야."라고 말했다. 그래서 왕은 한스에게 그의 막내딸을 주었고, 막내딸은 아버지를 사랑했기 때문에 기꺼이 한스와 결혼했다. 이렇게 해서 악마의 검은 형제는 왕의 딸을 얻었고, 늙은 왕이 죽자 왕국 전체 또한 그의 것이 되었다.

이 이야기는 종종 아무리 상상의 나래를 펼친다고 해도 '악마와 조약을 맺는 것'이 정직한 일은 아니라고 느끼는 사람들에게서 강렬한 반응을 이끌어 낸다. 그렇게 정의롭지 않아 보이는 행동이 그토록 후한 보상을 받았다는 이야기는 종종 그들의 분노를 부채질하고, 그들을 더욱 혼란스럽게 한다. 그러나 '악마'는 각양각색의 모습을 하고서 나타나기 때문에, 나는 악마와 어떤 종류의 거래를 한다는 것에 우리 각자가 동질감을 느낄 수 있다고 생각한다. 그러나 이 이야기는 신화적인 시간과 공간에서 펼쳐지기 때문에, 우리의 일상적인 생각과 의견으로는 우리 각자의 내면에 존재하는 원형적인 양식을 이해하는 한 차원 깊은 과업을 해내기 어렵다. 이러한 종류의 이해를 꽃피우려면, 우리의 호기심, 알지 못함의 감각, 더 크게 펼쳐지는 우주 내부의 장소에 대한 우리의 느낌이 무대 중앙으로 나와야 할 것이다. 그러는 동안 습관적인 사고의 감각은 한동안 무대 가

140

3부 붕대를 감은 곳을 계속해서 바라보라

장자리로 물러나야 할 것이다. 우리가 그 이야기의 모든 인물, 사물, 상황을 문자 그대로 받아들여 외부의 상황과 인물의 이야기로 여기기보다는, 그것들이 우리 자신의 내적인 구조물의 측면일 수 있음을 허용한다면, 우리는 한결 자유로워져서, 보고 이해하는 새로운 방식을 발견할 수 있을 것이다.

그 군인의 삶은 바뀌었다. 그는 평생 해 왔던 임무와 활동에서 물러났다. 흔히 하던 익숙한 일을 빼앗기고, 그는 더 이상 자신이 누구인지, 무슨 일을 해야 하는지 알지 못한다. 우리가 아는 것은 그가 '집에 가기를!' 바란다는 것이다. 단테의 『인페르노(Inferno)』의 첫 구절과 마찬가지로 우리는 삶의 한 가운데에서 '길을 잃은' 자신을 발견할지 모른다. 때로는 병에 걸려서. 때로는 길의 끝에 다다랐기 때문에. 때로는 갈림길에서 어느 길을 선택해야 할지 확신할 수 없는 자신을 발견하기 때문에. 때로는 우리가 살아온 삶이 우울하고 불행해지며, 우리가 이 불편한 진실을 마주하기 시작하기 때문에. 때로는 어렴풋한 불쾌함이 냉혹하게 우리를 더 깊은 자기 심판으로 끌어들이기 때문에.

단테 그리고 그 군인과 마찬가지로, 때로는 우리는 모두 베르길리우스를, 그러니까 루미가 '붕대를 감싼 곳'이라고 했던 심층으로 우리를 이끌어 줄 누군가를 필요로 한다. 우리가 감히 바라보지 못했으나 우리 자신을 새롭게 발견하고 '집으로' 가려면 반드시 들어가서 똑똑히 보아야 하는 장소. 군인에게는 악마로 나타난 '키 작은 남자'가 그의 안내자가 된다. 이제까지 그의 삶은 따라야 할 정기적인 규칙과 특정 문화에서 파생된 군인에 걸맞은 존경과 존중이 가

거무스름한 악마의 형제

득했음이 틀림없다. 그러나 그가 좋아하건 싫어하건, 그 시간들은 지나갔다.

이제 그는 익숙한 것들로부터 떨어져 나와 머물 곳이 없다. 아마도 그는 한평생 바깥의 의무와 책임에 충성을 다하고 나서, 알려지지 않은 것에 이상하게도 이끌렸거나 그것을 눈치챘을 것이다. 이제 그가 삶의 가파른 세로축의 양 방향으로 여행을 떠날 시간이다.

그는 이제 어떤 문턱을 넘어가야만 한다. 이것은 그가 자신이라고 믿어 왔던 정체성이 해체될 것임을 보여 준다. 우리 모두에게도, 특히나 우리가 교육을 잘 받았고, 성공하기 위해 자신을 단련해 왔고, 우리 문화의 관점에서 성공한 것으로 보인다면, 자신이 이럴 것이라고 상상해 온 그 존재는 이 문턱을 넘어가면서 무너지기 시작한다. 암흑으로, 우리 삶의 더 어두운 부분으로 내려가는 이 길이 분명하게 보이고 지혜롭게 쓰일 때, 이는 집으로 향하는 여행에서 필수적으로 거쳐야 할 길이 된다.

이 모든 것을 외적인 것으로 생각하면 알기 어렵지만 우리가 안으로 들어간다면 우리는 좀 더 쓸모 있는 질문을 던지기 시작할지 모른다. 내 안의 군인은 누구인가? '키 작은 남자'는 누구인가? 장군, 병장, 중위는 누구이고 무엇을 상징하는가? 불, 장작, 끓는 주전자, 그것들은 내 안에, 내 삶의 어디에 살고 있는가? 내 안에 복수하기 좋아하는 사람은 누구인가? 주전자를 열었을 때 나의 어떤 측면들이 거울에 비추어지는가? 빗질하지 않고, 면도하지 않고, 자르지 않은 머리털과 손톱은 모두 무엇을 말하는가? 씻지 않은 눈은? 그을음은? 그 작은 남자의 모습으로 나타난 내 삶의 거부당하고, 원치 않

3부 붕대를 감은 곳을 계속해서 바라보라

는 형제애와의 동일시 그리고 먼지를 쓸어서 금으로 변하게 하는 보상은? 큰 딸과 작은 딸, 결혼, 늙은 왕, 예상치 못하게 물려받은 왕국이라는 유산은 내 안에 무엇을 가리키고 있는가? 지금 내 삶의 목적은 무엇인가? 나는 내 영혼에 어떠한 책임을 지고 있는가?

이 이야기가 분명히 말하는 것은 이것이다. 우리가 집으로 가는 길을 찾기 위해서는 반드시 내려가야만 한다는 것. 우리는 지하 세계로 내려가서 우리 자신의 원치 않는 측면을 미세한 부분까지 자세히 살펴보도록 요구받는다. 이렇게 끓고 있는 주전자들처럼, 우리가 소유하기를 거부하고, 달갑지 않은 우리 정신의 요소를 요리해서, 그것들이 완전히 탈바꿈한다면, 우리는 이 연옥에서 빠져 나와 우리 삶을 노래로, 새로운 선율로 살 수 있을 것이다. 이것은 힘든 작업이다.

세계 문학은 이러한 탐구로 가득하다. 지옥으로 내려간 단테, 그렌델의 어미를 만나려고 호수 밑으로 내려간 베오울프, 지하 세계로 내려간 페르세포네, 오디세우스가 지옥문으로 떠났던 여행, 고래 뱃속에서 요나가 보냈던 날들. 우리 각자는 이러한 지하 세계로, 어둠 속으로 내려가서 우리의 두려움을 마주하도록, 자기의 모든 측면을 인식하고 '소유하도록' 그리고 이렇게 해서 새로워지도록 요구받는다.

그러면 이 '악마'는 누구인가? 그런 존재를 이해하는 우리의 일상적인 개념은 그가 우리에게 7년간의 일을 주는 누군가라고 하는가? 그가 우리더러 면도하지도 씻지도 말라고 요구하면서, "주전자를 들여다보지 말라."는 분명한 경고를 우리가 어긴 것을 용서하고, 금

143
거무스름한 악마의 형제

으로 가득 찬 주머니를 상으로 주는—두 번씩이나—누군가라고 하는가? '악마'에 대한 우리의 일상적인 관념은 그가 우리에게 생존과 자유를 약속하고 가져다주는 누군가라고, 우리가 일한 것에 대한 보상을 빼앗겼을 때 중재자 역할을 하고, 우리의 눈을 씻기고, 우리를 단장시키고, 음악 연주를 가르쳐 주어 전혀 예상치 못한, 완전히 새로운 삶과 직업으로 우리를 이끌어 주는 누군가라고 이해하는가? 몇몇 신화와 이야기에서처럼 악마를 의인화하기보다는 나는 이 '악마'가 우리 삶의 그늘지고, 원치 않고, 달갑지 않은 측면이고, 자주 거부당하는 내적인 지침(guidance)의 원천을 나타낸다고 느낀다. 이러한 힘들을 인정하고 존중하는 일을 영원히 미룰 수는 없으며, 우리 삶의 충만함을 다시 찾으려면 '지옥을 제대로 한번 돌아보기 위해서' 기꺼이 내려가려는 의지가 반드시 있어야만 한다. 이것은 보편적인 탐구의 일부분, 우리의 운명이다. 틀림없이 질병과 아픔 그리고 의학과 건강 돌봄의 영역은 이러한 어두운 곳으로 들어가는 뜻밖의 입구이다.

기꺼이 우리의 두려움을 탐험하고, 무력감과 당혹감, 불확실성 안에 살겠다는 자발성은 우리 모두에게 강력한 동맹군이다. 만일 우리가 새로워지고자 한다면, 우리가 인간의 고통—우리 자신과 다른 이의—에 거듭 노출되며, 그로부터 일시적인 탈출을 가능케 하는 무감각과 우울감의 유혹을 받고 있음을 인정해야만 한다. 우리의 상실, 우리가 느끼는 자기 중요성과 확고한 개인성, 인정받지 못한 우리의 비탄은 모두 더 깊은 곳으로 들어가는 길로서 다루어질 수 있다. 그곳에서 우리는 자신을 좀 더 온전하게 만나고, 우리 자신의 인간성에 다시금 연결되고, 결과적으로, 우리가 접촉하는 사람들의 인간성에 다시 연결될 것이다. 이것은 그 군인의 일이자 우리 자신의 일이기도 하다.

아마도 이 때문에 루미는 "붕대를 감은 곳을 계속해서 바라보라." 라고 촉구했을 것이다. 그리고 만일 우리가 주의를 기울이고, 알아차리고, 느끼고, 더 이상 '고개를 돌리지' 않고, 그 대신에 우리가 맛보고 느끼는 모든 것으로부터 배우겠다는 의도를 지닌다면, 우리는 어둠과 관계 맺게 될 것이다. 그 관계 속에서, 우리 안에 오랫동안 봉인되어 환기를 필요로 하는 꽉 막힌 퀴퀴한 공간이 활짝 열릴 것이다. 그렇게 함으로써, 우리의 모든 결점과 균열로 쏟아져 들어오고 그로부터 뿜어져 나오는 광채를 발견할 것이다. 그 빛은 어둡고 가장 두려웠던 것을 밝게 비추어 그것을 '황금'으로 변하게 할 것이다.

이 여정을 거부한다면, 우리는 자신의 삶의 음악을 결코 연주할 수 없을 것이다. 우리는 우리만이 부를 수 있는 노래를 결코 부르지 못할 수도 있다. 그렇다면 이 얼마나 큰 비극인가. 세계는 당신의 선율을 필요로 하고 그것 없이는 미완성으로 남아 있으며 당신의 노래를 당신이 소리 내어 부르기를 무한히 인내하며 기다린다.

거무스름한 악마의 형제

하강

때때로 내가 도둑인 것 같았다. 나는 말을 들었고, 사람들과 장소들을 보았고, 그것 모두를 나의 글에 사용했기 때문이다. 더 깊은 어떤 것—그러한 만남의 힘—이 일어나고 있기는 했지만. 나는 끊임없이 방심하였고, 그 결과는 음, 나 자신으로의 하강이었다.

윌리엄 카를로스 윌리엄즈(William Carlos Williams)
『의사 이야기(The Doctor Stories)』 중에서

아픈: 건강하지 못하거나 질병으로 고통받는; 병든
어떤 괴로운 감정에 깊이 영향을 받는; 마음이 아픈
『웹스터 대학 사전(Webster's College Dictionary)』

아픔은 우리를 무너뜨린다. 우리가 딛고 선 양탄자를 잡아 빼내고 지속성을 방해한다. 그것은 아름답지 않고 앞의 정의가 말했듯이 신체 기능을 방해하는 데 그치지 않는다. 우리 모두에게 이러한 **하강**은, 견딜 만한 것에서부터 무서운 것에 이르기까지 피할 수 없

다. 아래를 향한 이 세상 안에는 일상에서 우리가 욕하고, 참아 내고, 굴복하고, 협상하는 모든 사소한 고통과 불편이 함께 있다. 여기에는 우리의 물리적 존재의 직접적인 연속성이 위협받거나 심각하게 위태로워지는, 우리가 몹시 사랑하는 사람이 죽는 그리고 가장 본연의 우리의 정체성, 즉 우리가 누구인지에 관한 감각이 당혹감과 불확실성으로 흐트러지기 시작하는 더욱 재앙적인 순간들도 포함된다.

건강 전문가들에게는 이 아픔과 깨짐의 세계에 사는 것이 그들의 생업이다. 나는 자주 나 자신에게 이 세계와 관련한 질문들을 던진다. 나는 어떻게 여기에 다다르게 되었는가? 나는 오늘, 이 세계를 어떻게 만날 것인가? 내 일―내 진짜 일―은 무엇인가? 나는 이 질문 중 어떤 것에 대해서도 완벽한 답을 알지 못한다. 그러나 모든 지속되는 탐구와 마찬가지로, 탐구는 시간이 흐르면서 나를 몇 번이고 이 질문으로 이끌어 온다.

어떻게 하면 이 세계가 내 피부 아래로 깊숙이 뚫고 들어오게 하여, 삶이 깨진 사람들과 반복해 접촉하면서 나 또한 깨져 열릴 수 있을까?

깨져 열리고자 하는 이 열망은 자기 학대가 아니고 순교자의 고통을 바라는 것도 아니다. 그것은 지식이나 기술, 개인적인 유능함 또는 쾌활함을 포기한다는 뜻이 분명 아니다. 그러나 우리가 이 구불구불한 골짜기를 통과하여 영혼의 긴 갈보리를 걸어 나가며, 우리가 함께하는 사람들과 관계 맺고 동행하는 우리의 능력을 발견하려면, 우리는 반드시 그들과 함께 이 길을 걸어야 한다. 이렇게 하기는 쉽지 않다. 이 지하 세계로 조용히 이끌리든, 거칠게 끌려오

147
하강

든, 우리는 다른 이의 고통과 깨짐을 마주할 때 언제나 우리 자신과 만나도록 요구받는다. 이 글을 쓰는 지금도, 나는 희미하지만 뚜렷하게, 뱃속이 텅 빈, 미묘하게 움켜쥐는 느낌을 감지한다. 이 질문과 답변이 후두 깊숙이 내려앉아 목구멍에 무엇인가 걸린 느낌이다.

어떻게 해야 가장 잘 우리가 돌봄이 필요한 사람들과 함께 몸 내부와 몸 아래 영역으로 들어갈 수 있을까? '괴로움: 가슴의 아픔'이라 불리는 어둠의 영역으로.

방법은 단 하나뿐이다. 우리 자신이 그곳에 가야만 한다.

'악마의 검은 형제'의 예에서 보듯이, 이렇게 지하로 내려가는 것은 위대한 신화와 동화의 단골 주제이다. 인간 존재로서 그리고 돌봄을 주는 사람으로서, 우리 각자는 이 영역으로 부름을 받는다. 이 영역으로 들어가는 문은 그야말로 긴 견습 기간이다. 우리가 지옥에서 우리의 가슴을 열어 놓을 수 있음을 이해하고, 스스로 뱃속 깊이 알기 시작할 때까지 매 순간에 각각의 과업에서, 우리 앞에 있는 한 사람 한 사람과 함께 여기에서 우리는 거듭하여 주의 깊게 머무는 기술로 안내된다. 마음의 준비를 하라.

동화와 신화의 말을 빌리면, 이 나라는 재와 그을음, 더러움으로 이루어진다. 익숙하지 않은 것들로 가득하다. 아우게이아스 왕의 외양간이다. 여기, 우리의 새하얀 코트, 잘 다려진 옷, 환한 미소, 적절한 정서, 잘 손질된 머리칼, 광이 나는 구두는 흙, 어두운 방, 열기, 축축함의 좋은 먹잇감이다.

이곳의 복장 규정은 단 하나뿐이다. 알몸일 것.

148

어렵게 들릴 수도 있겠지만, 그러한 긴 여정이 우리의 열린 부드러운 가슴을 회복하고 계발할 가능성을 준다. 그런 노력이 없다면 우리는 딱딱하고 무장한 채로, '분열되고'… '괴로워하고 가슴이 아픈' 상태로 남을 것이다. 그리고 그것이 나타날 것이다. 그것은 언제나 나타난다. 우리 자신과 다른 이들 사이에 가로 놓인 유리 장벽이나 긴 그림자처럼. 당신이 걷는 그 길을 나도 걷고 있다. 내 경험에 비추어 볼 때, 이 길로 들어가기를 거부하면 분리와 불완전함의 감각이 더 오래 지속된다.

이 때문에 우리는 여전히 날 것으로, 요리되지 않은 채로, 우리 자신의 온전함을 알아차리지 못하고 있다. 이것이 우리의 단 하나의 운명이라면 이 자체로 비극이다. 그러나 그렇지 않다. 우리는 분리된 독립체가 아니기 때문이다. 우리는 언제나 관계 맺으며, 상호 의존이라는 실재에 몸을 담고 있다. 우리는 우리가 먹는 음식이 어떻게 자라서 식탁 위에 오게 되었는지를, 우리 공통의 언어 유산의 뿌리를, 우리가 말하는 것을, 사랑을 향한 우리의 열망을, 우리가 분리되어 혼자라는 느낌을, 달빛 가득한 밤과 장작불, 빛나는 해돋이를 마주할 때 우리가 공통으로 느끼는 황홀감을, 그리고 우리가 분리된 존재가 아님을 아는 동료애를 깊이 들여다보기만 하면 된다.

이것이 환자— 전문가 관계라고 불리는 살아 있고 열린 공간에서 일어나는 일이 그토록 세심한 주의를 요구하는 이유이다. 그것은 상호 연결과 상호 의존을 직접 드러내며 생생하게 나타낸다. 의심의 여지없이, 우리는 다른 사람을 돕는 하나의 수단으로 우리 자신과 작업하고 동시에 다른 사람을 돕는 것은 우리 자신을 작업하는 하나의 방법이다.

이 단순한 진실은 공개하기 어려운데 그것이 치유 관계의 전체 본질을 고치고 구제하거나 권위를 가지고 지배하는 것에서, 봉사하고 협력적인 창의성을 발휘하며 탐구하는 것으로 변화시키기 때문이다. 이것만으로도 우리가 상상하는 자기와 지위의 감각이 깨져 열릴 수 있다. 우리에게 주어진 일이자 특권은 다른 사람이 비록 죽음이 눈앞에 닥치거나 만성 질병을 앓는 삶에 직면할 때조차도, 질병 뒤에 존재하는 그 자신의 본질적인 온전함을 발견하도록 함께 하면서 돕는 것이다.

말로만 해서는 이를 전달할 수 없다. 지금 요구되는 것은 우리의 모든 의학 절차와 임상 전략과 함께 우리는 속도를 줄이고 넥타이를 풀며 소매를 걷어 붙이고 망설임 없이 뛰어들어 우리 자신의 해진 가슴을 친밀하게 끌어안는 것이다.

우리가 치유라는 예술의 하인이기 때문에 이것은 아마도 우리의 소명이고 축복일 것이다. 다른 사람과 함께 이 길을 걷겠다는 자발성의 정도가 우리 자신의 깨어짐과 온전함을 재는 척도이다. 그것들은 떼어 놓을 수 없다. 우리가 깨져 열리지 않는다면 이 갈라진 금에서 솟구치는 삶과 접촉하기는 불가능하다. 이 살아 있는 물은 비할 데 없는 양식이다.

사람이 가진 것 중에서

바다에서 쓸모없는 네 가지

방향타, 닻, 노,

그리고 침몰하지 않을까 하는 두려움.

안토니오 마차도(Antonio Machado)

『홀로인 시대(Time Alone)』 중에서

하강

계단통로

　일렬로 늘어선 나무들의 맨 뒷줄 근처에 주차 공간을 찾은 후, 주차를 하고 차에서 내린다. 주차장을 가로지르는 오늘의 여정이 시작된다. 높이 떠 있는 구름, 새 소리, 부들개지, 축축한 보도가 나의 동반자들이다. 걸으면서 오래된 수피의 선문답을 조용히 되풀이한다. **"이것은 누구의 발인가?" "이것은 누구의 발인가?" "이것은 누구의 발인가?"** 질문에 부딪쳐 되돌아오는 내면의 움직임에 귀를 기울인다.

　메디컬 센터로 걸어갈 때면 거의 매번, 나는 휠체어들이 질서 있게 줄지어 서서 건물 벽에 안기듯 꼭 붙어 있는 것을 본다. 가끔씩 그것들의 크롬 뼈대가 아침 햇살을 반사한다. 오늘 그것들이 앉은 자리는 내가 지금 어디에 있는지 하루 중 많은 시간 어디에 있을 것인지를 기억시켜 주면서, 고집스럽게 내린 눈의 희미한 속삭임을 담고 있다. 휠체어들은 마치 방문객을 맞이하는 보초병처럼, 벤치 사이에 태세를 갖추고 서서 준비를 끝마치고 오늘 할 일을 기다리고 있다. 유리벽으로 둘러진 로비 위쪽 표지판에 '외래 병동 입구'라고 쓰여 있다.

회전문의 유리 쐐기로 걸음을 옮기면서 제멋대로 뻗어 나가는 로비를 잠깐 동안 바라본다. 나는 타일이 깔린 입구로 신속하게 옮겨진다. 이 탁 트인 구역으로 조용히 안내되어 세 사람과 마주친다. 초록색 모자와 그에 어울리는 작업복을 입고 지팡이를 짚고 다리를 절뚝거리는 나이든 남성, 커다란 황갈색 코트와 밝은 노랑 스웨터를 입고 휠체어를 탄 중년 여성, 가죽 재킷을 입고 심하게 뒤틀린 팔다리로 위대한 용기와 엄청난 어려움을 가지고 로비를 가로질러 걸어오는 사춘기 소년. 이 모두가 입구에 들어서자마자 30피트 이내에 모습을 드러낸다. 더 많이 있다. 그리고 내가 나 자신이 보기를, 진정으로 보기를 허용할 때는 언제나 더 많이 있다.

지난 14년 동안 병원에서 근무하면서, 나는 매일 병원 1층으로 들어온 다음 내려갔다. 클리닉은 지하층에 있다. 거기로 가려면 계단통로(stairwell)를 걸어 내려와야만 한다. 모든 우물(well)이 그렇듯이, 그것은 나를 밑으로 데려간다. 오늘은 내려가는 길에 동행이 있다. 그들은 할 수 있는 한 빨리 내려가고 있다. 그들의 리듬에 맞추려고 나는 억지로 속도를 늦춘다. 이렇게 속도를 늦추면 봄(see-ing)이 일어난다. 계단을 내려온 내 앞에 서른다섯 살 남성의 얼굴에서 기진맥진함과 크나큰 애씀이 언뜻 보인다. 그는 아마도 통증 클리닉에 가는 길인 것 같다. 그의 걸음걸이, 경직된 왼쪽 몸, 한 계단 한 계단 무척 조심하며 내려가는 모습을 보면 알 수 있다. 그 남자 뒤로 멀지 않은 곳에 나이든 남성이 자상하고 주의 깊은 아내의 부축을 받으며, 주름진 손의 손가락 마디가 하얘질 만큼 난간을 꽉 움켜잡고, 천천히 조심스럽게 한 번에 한 걸음씩 움직이고 있다.

나는 난간을 잡은 손을 미끄러뜨리며 그가 잡았던 부분을 잠시 움켜잡고, 페인트칠해진 강철 파이프에 남은 그에 관한 어떤 단서를 조용히 찾아본다. 우리는 계단을 다 내려온 후, 푸른 철문을 열고 문턱을 넘으면서 잠시 서로를 어깨 너머로 흘낏 본다.

문에는 A라는 글자가 검은색으로 커다랗게 적혀 있다. A층. 우리는 도착했다. 일을 시작하는 처음 몇 분의 시간이 무상함과 연약함, 나 자신의 확연한 운명을 깨닫기에 충분하지 않다면, 나를 일깨우는 것이 더 있다. 복도에 플렉시 유리로 된 스테인리스 재질의 아동용 침대가 세워져 있다. 링거 기둥과 전기 모니터링 장치가 부착되어 있다. 오늘은 침대에 아무도 없다. 때로 아동용 침대들은 꽉 찬다. 내 아이들의 모습이 마음에서 춤추다 사라진다.

'내려감'—'지하 세계로' 내려감—의 신화적 상징과 깊은 뜻은 나를 떠나지 않는다. 그러나 모든 상징과 마찬가지로, 이것들은 단지 훨씬 더 크고 훨씬 더 직접적인 어떤 것을 가리키는 손가락일 뿐이다. 여기 이곳에는 상징이 필요 없다. 여기에서 개념은 실제로 존재하는 것에 맞서는 저항으로 쉽게 변한다. 이곳에서 당신이 올라가든 내려가든, 같은 것을 보게 될 것이다. 여기에 아픔과 고통이 있다.

그것은 어디서나 눈에 띈다. 내가 일하려면, 이러한 일상을 반드

154
3부 붕대를 감은 곳을 계속해서 바라보라

시 기억하고 직면해야 하며 이를 피할 수 없다. 그렇게 하지 않으면 그 결과는 무덤이다. 나는 발 디딜 곳, 연결될 곳을 찾을 수 없기 때문이다. 이런 식으로 '병원 마음챙김' 수련은 납골당을 찾아다니며 한밤중에 명상하는 몇몇 동남아시아 불교 승려들의 수련과 다르지 않다. 나는 그들이 매일 밤 명상할 새로운 시체를 고른다고 들었다.

그들은 부풀어 오른 시체, 타들어 간 시체, 일부가 부패한 시체 옆에 앉아, 시간이 흐르면서 그들이 죽음과 고통, 언젠가는 죽을 운명 때문에 느끼는 공포에 온전히 열려서 이것을 열린 가슴으로 마주하는 법을 배울 때까지 명상한다. 아마도 그들은 고통을 맞아들이고 그에 압도당하지 않는 법을 배우고 있을 것이다. 인간 존재의 의미의 전 영역을 포함하는 더 큰 실재를 인식하고 그 안에 확고하게 거주하면서 고통을 부드럽게 감싸 안기 위해서.

때때로 나는 압도당한다.

이것은 수련이다. 서서히 진행되는 무감각, 잠깐의 거절, 무력감, 열린 느낌을 경험하는 것. 자발적인 의지를 가지고 나는 계속해서 이 지하층에서 삶의 깊은 씨앗을 발견하고 있다. 모든 좋은 우물에서처럼, 여기 물이 있다. 삶이 시작하는 여기서부터이다. 이것은 마르지 않는 수련의 원천이다. 그것은 여기에서, 이곳, 매일의 '병원 수련'에서 솟구친다. 이 수련은 다름 아닌 긴 안거(安居)이다. 그것을 실수 없이 하라. 복도를 따라 내 사무실로 걸어가면서 나는 충만하다. 낯설고 감사한 기쁨이 가득하다. 나는 이 오아시스에 배정받아, 활기가 넘치고 확고하다.

세 번째 주

9시 5분이 되자 교실이 가득 찼다. 모두가 요가하기 편한 옷차림을 하고 있다. 사람들은 운동복 바지와 운동화, 헐렁한 옷을 입었다. 나는 넥타이를 맸다. 나의 친한 친구이자 동료인 페리스가 수업 직전 나를 보더니 말한다. "사키, 넥타이를 맸군. 이제 요가할 건데. 클라크 켄트(영화 〈수퍼맨〉에서 주인공이 신문사에서 일할 때의 이름: 역자 주)처럼 하려는 거야?

"응, 클라크 켄트처럼 하려고 해."

이번 주에는 세 명이 교육 과정을 도중에 그만두기로 결정했다. 나는 그들 한 사람 한 사람과 이야기를 나누었다. 한 남성은 오는 데만 45분씩 운전하는 것이 너무 큰 고통이었다. 다른 두 명, 즉 남성 한 명과 여성 한 명은 그토록 열정을 다해 전념을 할 시간이 없다고 말했다. 두 명 다 "이런 식의 프로그램"의 강렬함과 요구사항이 그들에게 맞지 않는다고 말했다.

우리는 함께 앉아 명상하며 시작한다. 창문 명상은 아니다. 그냥 앉는다. 그런 다음 신발을 다시 신고 다른 방으로 옮겨 갈 준비를 한다. 책과 가방은 그대로 두고 매트를 집어 든다. 몇몇 사람은 편안함을 느끼려면 매트 두세 개가 필요하다. 남는 매트가 많이 있다. 그리고 방을 떠나기 바로 전에, 나는 우리가 함께 요가를 수련하러 메디컬 센터의 가장 넓은 공간으로 이동할 때 **어떻게** 해야 하는지 설명한다. 우리는 이제까지 눕고, 먹고, 앉고, 말하고, 침묵ー살아 있음의 기본적인 요소들ー해 왔기 때문에 이제 걷기를 연습할 시간이다.

이 메디컬 센터에서 우리가 함께 무엇을 하려는 것인지 현실을 실감하면서, 사실을 알고 키득거리는 웃음이 넘친다. 우리가 참여하고 있는 이것은 보기에는 역설적인 저차원 기술(low-tech) 의학이다. 그래서 오늘, 요가를 하기 전, 우리는 마음챙김 걷기를 배운다. 나는 교실에서 시범을 보여 주고, 좀비처럼 걷는 것, 엄숙해지거나 경건한 척하는 것에 관한 모든 오해를 명확히 바로 잡는다. 그리고 나서 모두에게 우리가 따라갈 경로를 분명히 알려 주고, 휠체어를 사용할 수 있음을 알려 준다. 아를렌(Arlene)에게는 그녀의 삼륜 스쿠터가 '굴러가는' 명상을 연습하기에 완벽한 탈것이라고 안심시킨다.

그리고 어떤 이유에서건 유달리 느리게 걷는 사람들에게, 우리 모두가 **천천히** 걸을 것이기 때문에 더 이상 서두르지 않아도 되고 뒤처진다고 느끼거나 충분히 빨리 가지 못한다는 느낌에 얽매일 필요가 없다고 일깨운다. 억지로 꾸미지 않는다. 채플린 희극 스타일이 아니다. 로버트 크럼의 만화 캐릭터처럼 '트럭인(몸을 뒤로 한껏 젖히고 발을 앞으로 내밀면서 걷는 동작을 묘사함: 역자 주)'하지 않는다. **살아 있는 시체들의 밤**처럼 걸어야만 하는 것도 아니다. 단지, 천천히 알아차리면서 걷는다.

우리는 매트를 손에 들고 이동한다. 어떤 이들은 엘리베이터를 타고 다른 이들은 계단을 내려간다. 우리는 요셉 베네딕트 빌딩 정문 로비에서 합류한 다음 시작한다. 모두가 침묵하는 가운데, 오가는 사람 몇몇이 빤히 쳐다본다. 몇 사람은 미소 짓는다. 어떤 사람들은 몹시 궁금하다는 듯 눈을 굴리며 쳐다보고, 아예 큰 소리로 말하는 사람들도 있다. "캠핑하러 가는 건가!" 뉴잉글랜드의 초봄, 5월의 아침에, 30명의 다 큰 어른들이 압도적인 초록빛과 맑은 하늘에 걸린 흰 구름의 환영을 받으며, 침묵 속에서 교정을 걸어간다. 무성하게 자란 잔디에 이슬이 맺혀 반짝이고, 잔디 깎는 기계의 타이어에 잔디가 잔뜩 묻어 있다. 하얀 보도는 타이어가 지나간 자국대로 초록 물이 들어, 새로 꾸민 화단과 나무 주변에 갓 쌓아 올린 흙더미를 잇는 경계선과 선명한 대비를 이룬다.

거기에 깃든 침묵은 얼마나 특별한가! 우리 반 학생들은 참여하고, 주의 깊고 기민하다. 이렇게 우리는 서로서로 돕고 있다. 아마 몇몇 사람은 당황스러운 침묵과 불편한 낯설음을 깨뜨리고 싶어서 소곤거릴 것이다. 우리가 함께하고 있는 활동에서 평소대로 걸어도 좋다는 허락을 받은 메리와 짐은 선두에서 지팡이와 목발을 짚고 걷고 있다. 이제 구분과 다름이 옅어진다. 그들은 여행의 동반자가 있다. 어떤 사람들은 우리가 이동하는 무리에서 짐과 메리가 떨어져 나가지 않도록 걷는 속도를 훨씬 더 늦춘다. 의과대학에 들어가서, 우리는 화려한 색깔의 커다란 유화 그림으로 가득한, 지금은 화랑이 되어 두 배나 넓어진 로비를 지나간다. 그리고는 동쪽을 향해 가서 교수 회의실에 도착한다. 보통은 의학 강의, 슬라이드 발표, 연구 세미나, 오찬을 하는 곳이 오늘은 요가원이다.

넓게 이어진 창문과 유리 미닫이문에 커다란 커튼이 드리워져 있다. 커튼을 걷어 햇빛과 안뜰을 머금은 빛이 들어오게 한다. 오늘 요가 수련을 하지 못하거나 수련을 하는 도중에 때때로 나와 있고 싶은 사람들을 위해 내가 걷기 레인을 만드는 동안, 사람들은 편안하게 누울 곳을 찾아서 신발을 벗고, 매트를 펼쳐서 바닥에 깔기 시작한다. 메리는 의자에 앉을 것이고, 우리는 요가 자세를 앉아서 할 수 있도록 조정해서 '의자 요가'로 바꿀 것이다. 짐은 한 손에 지팡이를 쥐고, 이미 방의 한쪽 벽을 따라 걷기 명상을 시작했다. 아를렌은 그녀의 스쿠터를 매트 옆에 세웠다. 핸들을 꼭 잡고, 그녀가 이 동작을 얼마나 자주 반복했는지 보여 주듯 숙련된 부드러움으로 스쿠터에서 바닥으로 내려왔다.

우리 위로는 8층에 걸쳐 병원 침대, 검사실, 약국, 수술실, 중환자실이 있다. 지금 매트 위에 몸을 뻗고 누워 있는 많은 사람들이 이러한 징조들에 들어간 적이 있다. 그러나 오늘 우리는 모두 살아 있고, 걷고 있고, 굴러 가고 있고, 움직이고 있으며, 우리가 어떤 특정한 병력을 갖고 있든지, 몸과의 관계로 더 깊이 들어가기를 선택하고 있다. 나는 사람들이 판단을 유보하고, 그들의 몸을 탐험하고, 요가에 대해 대중 매체가 말하는 모든 잘못된 명칭을 제쳐 두고, 단순히 바닥에 누워 그들 자신을 직접 마주하겠다는 자발성에 다시 한번 놀란다.

우리는 한 시간 넘게 요가를 수련하고, 함께 웃고 침묵 가운데 부드럽게 의도를 가지고 지금 존재하는 우리 몸의 한계, 그 가장자리를 탐험했다. 이 한계 내 깊은 곳에서 전해 오는 소리에 주의 깊게 귀를 기울였고, 보통 때의 경계선 중 일부가 허물어짐을 느꼈고, 남아 있는 경계선 또한 그대로 허용했다.

우리가 하는 마지막 자세는 매트 말기이다. 사람들은 다른 자세와 똑같이 정성껏 주의를 기울이며 이 과제를 만난다. 우리는 매트를 단단히 말아서 벨크로 끈으로 묶거나 고정시키고 잠시 동안 바닥에 함께 앉아서 수련이 어떠했는지 이야기를 나눈다. 그런 다음 신발을 신고, 정규 수업을 하는 교실을 향해 돌아간다.

우리는 비록 같은 길을 걷지만, 더 이상 전과 같은 식으로는 아니다. 침묵이 깊어졌다. 걸음은 더 자연스럽고 편안하다. 얼굴은 더 부드럽고, 세상을 향해 더 활짝 열려 있다. 어떤 사람들은 잔디 위를 걷고 있다. 교실에 돌아와 우리는 지난 주의 과제뿐 아니라 요가 수련을 주제로 더 상세히 대화를 나누기 시작한다. 대화는 매우 빠르게 깊어진다.

사람들은 대부분 스트레칭과 부단한 노력을 즐거워했고 그토록 부드러운 무언가가 그처럼 효과를 보일 수 있음에 놀라워했다. 대화는 지난주 집에서 했던 수련의 어려움으로 재빠르게 옮겨 간다. 바디 스캔이 싫다 또는 좋다, 혼자서 15분간 하는 앉기 명상이 활기를 준다 또는 상당히 힘들다, 방황하는 마음의 쉴 새 없는 들썩임에

3부 붕대를 감은 곳을 계속해서 바라보라

좌절과 놀라움을 둘 다 느낀다, 편안하고 차분하고 자기 규율을 지키고 싶지만 항상 그렇지는 않다를 모두 포함한 의견들이 나온다. 어떤 사람들은 전에는 감지하지 못한 기진맥진한 '느낌'에 관해 말하고, 고요함의 감각을 맛보기 시작했으며, 공식 수련에서 배우는 것을 일상의 스트레스 상황을 다루는 수단으로 적용하고 있으며, 바디 스캔을 수련할 때마다 잠에 빠져든다고 말한다.

우리 모두가 밥을 짓기 시작했음이 분명하다. 우리는 단순히 이완됨을 넘어서 우리 자신에 대해서 더 많은 것을 알아 가고 있다. 열정이 있다. 그러나 우리 삶이 선명한 자각의 도가니 안에 담길 때, 그 열정은 삶의 실재를 만나려는 우리 의도와 마찰하면서 천천히 담금질되고 있다. 이제 집에 갈 준비를 하면서 우리 모두가 여기, 이 2층 교실에서 그리고 우리 삶에서 우리가 실제로 무엇을 하고 있는지 감지한다. 수업의 이 마지막 30분이 지난 후, 선명한 종소리가 울리고 그보다 더 깨어 있는 음조의 반향이 들려온다. 침울하지 않다. 헛되지 않다. 또렷이 깨어 있다.

촛불에 모여드는 나방처럼 우리는 어떤 것에 이끌리고, 유혹당하고, 사로잡힌다. 그것은 알려졌으나, 결코 생각하는 마음으로 완전히 정의되거나 찾아진 적이 없다. 3주 전에 예상했던 이상으로, 우리는 깊이 있고 매력적인 어떤 것에 자신만의 방식으로 이끌리고 있다. 피할 수 없이 우리 자신의 삶의 원 안으로 다시 끌려 들어가고 있다.

수업의 마지막 30분은 그야말로 집단 전율, 우리 작업의 진정한 본질과 마주치는 시간, 얼음이 녹기 시작함을 알려 주는 최초의 신호였다. 우리를 옭아매고, 오랜 시간 덮어 온 무감각이 천천히 쪼개져서 녹아내린다. 우리는 이 갈라진 틈새로 하강해 거의 잊힌 우리 삶의 더 깊은 물길을 향해 공간을 열면서, 우리의 깊이에 자신을 내어 맡기고 있다. 문이 열린다. 방이 녹아내림의 신호와 향기로 가득하다. 사람들은 촉촉하게 그리고 흠뻑 젖어 걸어 나간다. 아무도 고개를 돌리지 않는다.

3부 붕대를 감은 곳을 계속해서 바라보라

붕대를 감은 곳을 계속해서 바라보라.

마음챙김 수련의 영역에서, 고개를 돌리지 말라는 초대를 받아들이면서, 우리는 아주 자연스럽게 '붕대를 감은 곳'으로 안내받는다. 전문가와 환자 모두 순간에서 순간으로 이어지는 우리 삶의 실재로 흔쾌히 들어가려는 의지의 안내를 받아 이 어둡고, 낯선 지형으로 오게 되었다. 살아 있기 때문에 우리 각자는 기꺼이 또는 무심결에 이 지형을 몇 번이고 횡단한다. 그렇게 하지 않으면 우리는 계속해서 슬프고, 불완전할 것이며, 심오하고 변치 않는 기쁨이 전혀 없는 삶을 살 것이다. 대부분 이것은 혼자 하는 작업이다. 다름 아닌 우리 자신이 노력해야만 한다. 그러나 우리가 거의 알려지지 않은 이 지역으로 걸어 들어갈 때, 이 여정의 가운데에서 우리의 가족, 친구 그리고

163

몇몇 가까운 동료가 진실함으로 우리를 지원하고 이해해 주면서, 우리에게 많은 것을 제공해 준다. 비록 아무도 우리 대신 이 작업을 할 수 없지만, 마음챙김 명상에 전념하는 공동체가 세워지면 때때로 상당히 도움이 될 것이다.

루미는 붕대를 감은 곳을 가로지르는 일을 '허물어뜨리는 작업'이라고 말한다. 그가 쓴 「곡괭이(The Pick-Axe)」라는 제목의 시가 안내하는 대로 귀를 기울이면서, 당신 내면에서 그 시가 말 속에 살아 있는 냉엄하고 연민에 찬, 공명하는 진실의 종소리와 접촉하도록 허용해 보라. 큰 소리로 읽어 보라. 당신 자신의 목소리의 힘과 목소리가 나오면서 타오르는 불꽃으로 하여금 그 파고드는 작업을 하게 하라.

내가 숨겨진 보물이었고,
알려지기를 갈망했다는 어떤 설명

이 집을 허물어뜨린다.
수없이 많은 새로운 집이
그 아래 묻힌 투명한 노란색 홍옥수로 지어진다.

거기에 다다르는 단 하나의 길은
무너뜨린 다음,

그 기반 아래로 파 들어가는 것. 가치를 손에 쥐고,

모든 새로운 건축이 이루어질 것이다.

노력없이. 그리고 어찌되었건, 조만간에 이 집은

스스로 무너질 것이다.

금은보화가 발견될 것이지만, 그때 그것은

당신의 것이 아닐 것이다.

파묻힌 재물은 당신이 해체의 대가로 받는 급료이다.

곡괭이질과 삽질. 당신이 기다리면서

그냥 일이 일어나도록 내버려 두면,

당신은 손을 깨물고 말할 것이다.

"했어야 한다는 걸 알았을 때 나는 하지 않았다."

이것은 세 들어 사는 것이다.

당신은 그 행위의 주인이 아니다.

당신은 세 들어서, 작은 가게를 열고,

거기서 겨우 입에 풀칠하며 살아간다

찢어진 옷에 천 조각을 덧대 기우면서.

그러나 단지 몇 피트 아래 두 개의 광맥이 있다.

순전한 붉은 빛과 빛나는 금빛의 홍옥수가.

빨리! 곡괭이를 들고 당신이 딛고 있는

땅 밑을 탐색하라.

당신은 이 바느질을 그만두어야 한다.

천 조각을 덧대는 일이 무엇을 뜻하는지 당신이

묻는다. 먹고 마시는 것이다. 육체의 무거운 망토는

매 순간 찢어지고 있다. 당신은 그것을 음식과

다른 들썩이는 자아-만족으로 덧댄다.

가게 바닥의 판자 하나를 뜯어내고,

지하실을 들여다보라.

먼지 속에서 반짝이는 두 개의 불빛을 보게 되리라.

　단순히 우리 안의 어둡고, 원치 않는 장소―융(Jung)이 '그림자'
라고 말했던―를 분석하고 추정하는 데 만족하기보다는, 이 시는
우리 각자 안에 두서없는 분석과 심리적인 통찰의 영역 뒤로 '숨겨
진 보물'이 있다고 말한다. 만일 우리가 '땅 밑을 탐색하는' 일을 의
식적으로 한다면, 이 '금은보화', 이 '먼지 속의 반짝임'은 우리가 캐
내야 하는 것이다.

　서양 문학 전통에서, 동화와 신화는 내면에서 일어나는 지하 세
계의 노력으로 예기치 못하게 얻게 되는 '황금'의 언급으로 가득하
다. 그러한 노력에 참여하는 것은 필연적으로 우리를 일련의 작은
죽음으로 안내한다. 육체적 몸의 죽음은 아니더라도 우리가 자신이
무엇이라고 상상해 온 많은 부분의 죽음이다. 이렇게 해서 우리는

자신이 실제로 누구이고 무엇인지에 관한 더 심오한 발견으로 이끌어진다.

자신의 그림자를 다시 소유하는 작업은 꼭 필요하다. 이 수고를 겪지 않으면 눈이 먼 채 무의식적으로 이러한 주인 없는 힘이 시키는 대로 하게 된다. 우리 모두에게, 이 작업은 유쾌하지 않지만 꼭 필요하다. 여기서 우리의 어마어마한 탐욕, 무지, 수치심, 비탄, 굴욕과 직면한다. 속임수와 자기기만과 거짓된 위엄을 저지르는 우리의 능력을 거울에 비추어 여과 없이 본다. 우리는 몰락하기 시작한다. 그리고 이 몰락을 통해 우리는 삶의 전혀 다르게 보이는 모든 조각난 요소들을 다시 통합하는 기회를 얻고, 우리가 혐오하거나, 부정하거나, 못 본 척하거나, 거부해 온 모든 사람과 모든 것의 끔찍하고 아름다운 얼굴이 우리 자신만의 방식으로 우리 내면에 있음을 발견한다.

이런 식으로 우리는 천천히 깨져 열리고 겸손해진다. 그러나 이와 꼭 같은 과정을 거쳐서, 아주 오랫동안 매혹적으로 달라붙었던 분리와 자기 집착의 장막이 벗겨질 때, 우리는 온전함으로 들어가기 시작할 수 있다. 이런 식으로 우리 자신과, 우리가 '자기'라고 상상해 온 것과 직면할 때, 깊이 간직해 온 분리와 특별함에 대한 집착을 꽉 움켜쥔 손을 풀 수 있다. 그 결과, 재속에서 다시 태어나는 신화 속 불사조처럼, 우리 자신의 잿더미에서 날아오를 때, 삶에 연결됨을 느끼는 우리의 능력이 다양한 형태로 무르익기 시작한다.

우리는 의식적으로 그 작업에 착수할 수 있다. 내가 환자—전문가 관계 안에서 맞닥뜨리는 일과, 가정에서 일어나는 일 그리고 동료들과 교류하면서 일어나는 일에 기꺼이 현존하고자 할 때, 나는 이 모든 것이 서서히 나를 온전함으로 변용시키는 안내의 원천이 됨을 몇 번이고 발견한다.

이렇게 '지하실을 들여다보기' 위해서 우리 삶이 완전히 무너져야 하는 것은 아니다. 예상치 못하게 병에 걸리거나, 이혼하거나, 사랑하는 사람이 죽거나, 직장에서 갑자기 해고를 당해서 15분 안에 사무실을 정리하고 나가라는 말을 들을 때처럼, 때로는 가혹하고 큰 타격을 주는 몰락이 정말로 일어난다. 그러나 꼭 이런 식일 필요는 없다. 중용의 길이 있다. 우리가 몰락을 바라지는 않겠지만 그것이 다가왔을 때 의도를 가지고 그것에 주의를 기울이는 일에 전념한다. 바람이 우리를 씻어 주듯이, 또는 돛이 우리를 가득 채우거나 삶의 궤적의 다른 경로에 자리 잡게 하듯이, 우리는 몰락을 활용한다. 물론, 우리는 이것을 결코 완전히 통제하지 않는다. 그것은 단지 우리가 그와 같은 일을 말할 때 우리를 위로한다.

높이 평가되는 세부 전문 분야에서 25년 이상 의술을 펼쳐 온 의사가 최근에 나에게 말했다 "나는 의학의 길에 왕으로 들어섰습니다. 하지만 지금은 졸개입니다." 그렇게 느끼는 사람은 그 혼자만이 아니다. 그렇지만 그는 자신이 겪는 어려움의 진실을 부정하거나 노골적인 냉소주의에 굴복하기보다는, 이 느낌을 그 자신, 그의 관계, 그의 한계 그리고 의사로서 그가 하는 일을 이해하는 데 활용하고 있다. 요컨대, 그는 왕위에서 '떨어짐'으로써 그 자신에게 영양분을 주고, 예상하지 못했던 방식으로 성장한다. 30년 넘게 훈련을 받고 의료 경력을 쌓는 동안 그의 피부를 흠뻑 적시고 물들여 온, 그의

3부 붕대를 감은 곳을 계속해서 바라보라

전문 분야에 집착하는 약간의 남성적인 자부심이 서서히 사라지고 있다. 그는 훌륭한 의사이고, 그의 타고난 색깔이 돌아오고 있다.

우리 모두의 내면에 '숨겨진 보물'이 '발견되기를 갈망한다.' 그 보물을 발견하도록 이끄는 길은, 예외 없이 우리를 '붕대를 감은 곳'으로 데려가, 그곳을 통과하게 한다. 우리는 이곳으로 들어가는 길을 피해갈 수 없고 영원히 우회할 수 없다. 틀림없이 그 과정에서 무언가를 잃을 것이다. 그렇지만 우리의 두려움, 불확실함, 불안함, 무력감, 직관, 진실성과 밝음에 대한 염원은 그것들 자체가 과정을 안내하는 지침이다. 우리의 개인적이고 집합적인 곤경을 감안하면, 우리는 잃을 것이 거의 남아 있지 않으며… 발견할 것은 많다.

––––

수련

생각과 감정을 알아차림

닫혀 있고, 두렵고, 떨어져 있다고 느끼는 모든 순간을 자백하거나 회개해야 할 '죄악'으로 여기기보다는, 알아차림의 이 명료한 순간에 호기심의 감각과 탐구하려는 열정이 꽃피도록 허용할 수 있는지 탐험하라. 가슴-마음이라는 광대하고 울타리가 없는 장(field)에는 예상치 못한 것들로 가득하다. 종종, 우리는 기쁨을 찾으려는 곳에서 비통함을 발견하고 고통스러우리라 기대하는 곳에서 황금을 발견한다. 당신 자신에게 이 장에서 자유로이 돌아다닐 넓은 공간을 주라. 이곳의 규칙은

삶으로 깊이 파고들기

다르다. 마지막으로 이기고 지는 것에 압박감을 느끼지 않고 뛰어 놀도록 초대받은 적이 언제였던가? 당신 자신에게 둘러보고 배울 수 있는 공간을 주라. 호흡과 함께, 그리고 선호하거나 판단하지 않고 현존하는 것을 직접 명료하게 보려는 의도를 가지고 여행할 때, 허구의 느낌이 줄어들고, 단순하고, 연민에 찬 앎이 일어난다.

자리를 잡고 편안한 자세로 등을 곧게 펴고 앉아서 호흡을 알아차린다. 호흡이 자기만의 리듬을 타도록 천천히 허용하면서, 당신 자신이 호흡 안으로 들어갈 공간을 내어 주라. 몸의 감각과 호흡의 움직임, 주변의 소리를 알아차리고, 호흡이 무대 중앙에 자리하도록 허용한다. 호흡에 대한 알아차림이 깊어지게 한다. 검열할 필요 없이, 일어나는 소리, 일어나는 생각, 일어나고 지나가는 감정을 알아차린다. 무엇도 거부할 필요 없다. 어떤 것도 호흡에 대한 알아차림을 방해하는 것으로 여길 필요 없다. 알아차림의 장에 들어오는 무엇이든 단지 허용하면서 가볍게 접촉하고 지나가게 한다.

무엇도 붙잡을 필요 없다. 무엇도 밀어낼 필요 없다. 마음을 검열할 필요 없다. 그보다는, 호흡을 알아차리며 그 안에 거주한다… 이 순간에, 그리고 이 순간에. 호흡을 알아차리면서 단지 앉아 있다. 무엇도 조작할 필요 없다. 어딘가에 도달할 필요가 없다. 일어나고 사라지는 감각을 단지 알아차린다. 조작하지 않고, 알아차림이 감각의 더 깊은 차원을 접촉하고 관통하도록 허용한다.

알아차림의 장이 더 넓어지도록 허용하면서 생각이 일어남을 알아차린다. 호흡에 대한 알아차림에 닻을 내린 채로, 당신이 이렇게 일어나고 사라지는 마음의 거품과 쏟아지는 물살을 알아차림 안에 담을 수 있음을 인식한다. 애씀 없이 일어나는 호흡이라는 봉투 안에 모든 것이 담긴다. 내용을 분석할 필요 없이, 그보다는 순간순간 오고 가는 생각, 감정, 소리의 과정과 움직임을 호기심을 가지고 알아차린다. 꽉 붙잡을 필요가 없다. 밀쳐낼 필요가 없다. 순간에서 순간으로 변화함을 단지 알아차린다. 우리가 평상시에 '나'라고 동일시하는 것들이 오락가락하고, 밀려오고 밀려 나가며, 흐르고 있음을 알아차린다.

앉아서 알아차린다. 일어나고 사라지고, 오고 가는 것 그 자체를 알아차린다. 순간에서 순간으로의 흐름. 자각이라는 열린 공간 속에서 생각이 왔다 가고 경험들이 일어나고 사라진다.

아일랜드의 왕 요하드(Eochaid)의 다섯 아들에 관한 켈트족의 오래된 이야기가 있다. 이야기에 따르면, 다섯 아들은 사냥을 하러 나가서 길을 잃었다. 그들은 숲에서 빠져나갈 길을 찾지 못하고, 점점 더 갈증을 느낀다. 그러자 한 명씩 각자 물을 찾으러 떠났다. 그들 중 퍼거스(Fergus)가 가장 먼저 물을 찾으러 갔다. 얼마 후 그는 우물을 하나 발견하고 그쪽을 향해 걸음을 옮겼으나, 활력의 근원을 지키는 할머니를 만났을 뿐이다. 조셉 캠벨은 『천 개의 얼굴을 가진 영웅』이라는 그의 책에서 이 여인을 묘사한다.

머리끝부터 발끝까지 그녀 몸의 모든 관절과 마디는 석탄보다 더 시커멓고, 두피를 뚫고 자란 뻣뻣한 회색 머리털 뭉치는 야생마의 꼬리에 견줄 만하고,

172

초록빛 상아처럼 보이는 낫을 머리에 차고, 그것이 귀에 닿을 때까지 구부려서, 그녀는 무성하게 자라는 오크나무의 파릇파릇한 가지를 잘라낼 수 있었다. 검게 변하고 연기가 낀 듯 흐릿한 눈, 삐뚤어진 코와 넓은 콧구멍, 여러 가지로 건강하지 못한 주름지고 반점이 있는 배, 육중한 발목이 달린 휘고 구부러진 정강이와 거대한 삽 한 자루, 울퉁불퉁한 무릎과 검푸른 손톱.

그녀 앞에 서서, 퍼거스는 "다 그런 거죠, 그런가요?"라고 말했을 뿐이다. 끔찍한 여인은 대답했다. "그렇다마다요." 다음으로 그는 그녀가 정말로 우물을 지키고 있는지 물었다. 그녀는 "그렇소."라고만 말했다. 그런 다음, 그는 물을 좀 가져가도 되는지 물었고 그녀는 허락했다. 그러나 먼저 합의를 해야 했다. 물, 즉 우물의 자양물을 얻으려면, 퍼거스는 그녀에게 키스해야만 했다. 그는 그녀에게 키스하느니 차라리 갈증으로 죽겠다고 강력하게 맹세하면서 노골적으로 거절하고 돌아서서 가 버렸다. 다른 형제 세 명이 줄줄이 와서, 퍼거스가 했던 그대로 쫓아 되풀이했다. 각자는 우물을 찾았다. 각자는 우물을 지키고 서 있는 여인에게 키스하기를 거절했다. 각자는 그 앞의 흉측한 존재와 접촉하느니 죽겠다고 맹세했다. 각자는 돌아서서 가 버렸다.

마침내, 나일(Niall)이라는 이름의 다섯 번째 형제가 탐색을 시작했다. 그는 우물을 발견했고, 여인을 만났고, 합의의 조건을 듣고는 그녀에게 키스할 뿐 아니라 그녀를 안아 주겠다고 주저 없이 동의했다. 그가 기꺼이 그렇게 했을 때, 우물의 수호자는 바로 그의 눈

우물 곁의 여인

앞에서 일그러진 모습에서 아름다운 여인으로 변했다. 이야기에 따르면, 나일은 믿을 수 없을 만큼 황홀해서, 그 앞에 서 있는 여인을 '매력의 은하수'로 묘사했다. 그녀는 '정말로 그렇습니다.'라는 단 한 마디로 답했다. 그녀가 누구인지 묻는 질문에, 그녀는 자신의 정체를 밝혔다. "타라의 왕! 나는 왕국의 지배자입니다."

그녀는 자신의 온전함과 진정한 본성에 서서, 나일에게 물을 가지고 형제들에게 돌아가라고 제의했다. 그리고 그가 떠나기 전, 그와 그의 자녀들이 왕국과 고귀한 힘을 얻어 영예로워질 것이라고 축복했다.

위대한 여인이 계속해서 말하기를, 나일은 처음에 그녀를 못생기고 일그러지게 보았지만 다른 형제들과는 달리 깊고 부드러운 가슴의 안내를 받아, 그녀에게 혐오 대신에 자애를 주었다고 했다. 이것 하나만이—가혹한 거절과 학대가 아니라 친절함과 사랑으로 원치 않는 것을 만나기—'왕국의 규칙(royal rule)이다.'라고 그녀는 선포했다.

우리가 '붕대를 감은 곳'으로 떠나는 여정을 시작할 때, 이 이야기는 우리에게 많은 안내를 제공한다. 그것은 우리더러 우리 앞에 있는 것을 보라고 요구한다. 우리 자신만의 속도로 가슴을 열어, 부인하거나 거절하거나 파괴하려는 의도 대신에 친절함을 지니고 앞으로 나아가, 원치 않는 것과 깊이 접촉하라고. 다른 어떤 방법으로 나아간다면, 우리는 목마를 것이고 개념과 신념, 견해와 의견에 굳게 사로잡혀서 존재의 더 넓은 영역으로 나아가지 못하리라고 이야기는 말한다. 우리 삶을 그런 식으로 살면 큰 비탄과 슬픔이 따라온

3부 붕대를 감은 곳을 계속해서 바라보라

다. 주목하라. 원치 않는 것에 입 맞추기를 내키지 않았다고 해서 다른 형제들이 저주받거나 품위가 실추되거나 처벌받은 것은 아니다. 대신 그들은 계속해서 목말랐을 뿐이다. 바싹 말라서. 딱딱하고 건조하게. 우물의 수호자를 껴안고, 마주하고, 함께하기를. 그리고 그들 안의 원치 않는 것을 살피기를 거부했기 때문에, 그들은 자양물을 받지 못했다.

우리 모두를 위한 물이 넘쳐 난다. 이야기는 우리가 자기혐오나 마비시키는 두려움 없이 붕대를 감은 곳을 향해 나아갈 길, 그곳으로 들어가는 길을 제시한다. 처음에는 우리의 취약하거나 거부된 영역에 들어가기란 무시무시한 일이다. 나중에는, 주의 깊게 나아가려는 자발성을 통해, 우리는 아마도 마르지 않는 삶의 근원을 발견하기 시작할 것이다.

수련

원치 않는 것을 끌어안는 법 배우기

원치 않는 순간이, 구분되지 않는 삶의 바다에서 일어나는 물결처럼 매일 수백 번 일어난다. 다음 두 주 동안의 수업에 걸쳐서 원치 않는 것의 도착으로 가장한 차가운 습기와 의도적으로 함께하기를 시작해 볼 것이다.

그런 순간에 보통 따라오는 미친 듯이 하는 활동이나 부인, 자기비난 또는 거부를, 우리가 단지 몇 초만이라도 중단한다면 어떤 일이 벌어질까? 잠시 동안 또는 몇 분간, 삶이 일어나는 그대로 살 수 있는지 보라. 원치 않는 것의 얼굴을 마주해야 할 때면, 그럴 때 나타나는 조건 지어진 몸짓의 패턴이나 폭포처럼 쏟아지는 생각과 감정의 급류에 당신 자신이 주의를 기울이도록 허용하면서, 몸 안에서 소용돌이치는 감각을 알아차린다.

이 모두가 자기 비난의 또 다른 원인이 아니라 정보의 원천이 되도록 허락하면서 이야기 속 나일의 태도와 행동처럼 원치 않는 것을 받아들이고 끌어안는다. 당신이 그러한 내면의 태도를 계발하는 데 전념할 때, 무슨 일이 일어날는지 모른다.

우리 인간 존재는 아주 단단한 고치 안에 산다. 우리가 서로 다르지 않기 때문에, 나는 당신이 그렇다고 하든 아니든 당신과 내가 이 숨 막히고 만족스럽지 않은 밀폐된 야영지에서 삶의 대부분을 살고 있음을 안다. 이렇게 우리는 스스로가 엮어서 만든 세계에 '나' '나를' '내 것'이라는 이름을 붙였다.

우리는 직함과 지위, 역할이라는 모든 덧붙인 것들 뒤에 있는 우리가 누구이고 무엇인지에 관한 불가사의에서 미친 듯이 뛰쳐나와, 이 고치 세상을 구체화하고 특별하게 만들어 그것을 작고 견고하게 만들어서 '자기(self)'라고 부른다. 우리 시대에 이 과정은 정점에 달한다. 우리는 울타리 안 어두운 곳에 있다. 우리 중 어느 누가 절대적인 정직함과 확실함으로 우리가 이런 사태에 만족한다고 말할 수 있는가?

비극적이게도, 우리가 이 확실한 무지를 계속해서 엮어 가는 동안, 우리의 세계는 최악의 순간을 맞이하고 있다. 분리는 이 세계가 존재하는 방식이다. 이것은 우리 모두에게 사실이다. 이 잘못된 정체성에서 탐욕과 공격적인 개인성 그리고 행성 공동체의 파괴가 솟아오른다.

나는 이 중 어떤 것에도 쉽사리 의미를 부여할 수 없다. 그보다는 그것을 책임지는 법을 점차로 배우면서 상황의 진실을 느끼게 되었다. 우리는 역사의 끝이자 전환점에 와 있다. 우리는 이런 명백한 어둠이 존재하지 않는 듯 가장하면서, 그렇지만 그것이 존재함을 알기 때문에 무력감과 냉소를 느끼면서 그 속에서 계속 살아갈 수도 있고, 아니면 이 어둠 속을 자세히 들여다보기 시작하고, 두 눈이 어둠에 적응하도록 허용해서, 우리 앞에 무엇이 있는지 점차로 명료하게 볼 수도 있다.

루미의 『마스나비(Mathnawi)』, 「갈대의 노래(The Song of the Reed)」의 첫 부분은 이렇게 시작한다. "오 갈대 피리 소리를 들어라. 분리의 고통에 대해서 어떻게 불평하고 말하는지를…."

루미는 분리의 고통, 자신의 근원에서 떨어져 나온 갈대의 열망이 애도이면서 또한 돌아오라고 청하는 맹렬하고 기세등등한 요구—근원적으로 우리가 분리될 수 없음을 기억하는 것—라고 우리에게 말한다. 그렇지만 피할 수 없는 분리됨의 경험은 그 안에 탈바꿈을 일으키는 변성 에너지를 담고 있다. 분리의 경험과 기꺼이 친해지려는 우리의 의지는 우리가 연결에 대한 열망이 가진 총력과 접촉하고 그 힘을 존중하게 해 준다. 그것은 분리를 가로질러 합류로 흘러드는 경로이자 문턱인 이 열망—말 그대로 심리적인 불편과 분리의 고뇌와 함께 친밀하게 살려는 우리의 자발성—의 강렬함이다.

열망은 서양 심리학 전통에서 자주 이야기되지 않는다. 욕구는 이야기되지만 욕구와 열망은 다르다. 아마도 욕구는 겉껍질이고, 열망은 소속감과 안정감, 집에 온 듯 편안함을 느끼고 싶은 우리의 깊은 바람일 것이다. 나는 종종 욕구가 우리가 사는 보호막 안에 가구를 들여놓고, 그것을 견고하게 요새처럼 특별하게 만들어 놓고는, 그 안에서 자신의 세력을 주장함을 느낀다. 온전한 의미에서 열망은 보호막을 넘어서 더 큰 물줄기로 들어가려는 끌어당김의 느낌에 훨씬 더 가깝다. 열망은 거대하고, 우리 삶에서 거의 사용되지 않는 동력이고, 우리가 굶주려 있는 본질을 향한 엄청난 이끌림이다. 그 본질은 우리 문화의 관심이 드라마나 로맨스 소설, 성적인 유혹을 향하기 때문에 의식의 표면 차원에서 드러난다. 대개 이 에너지는 자동차, 텔레비전, 침실 세트 그리고 슬프게도 우리 자신을 내다 파는 데 쓰인다. 순간의 열기로 가득하지만 빛을 잃은 대규모의 유혹이다.

우리는 친밀함, 우리 존재 깊이 묻어 둔 소속감에 굶주려 있다. 환자와 전문가들이 마음을 챙겨 치유 관계 안에 자리 잡는 것은 이러한 타고난 충동의 표현이고, 충동을 구현하는 방식이다.

나는 종종 사람들이 치료를 원하는 것 이상으로 어딘가에 소속되기를 갈망한다고 느낀다. 나는 내 안에서 이것을 알고 있으며 다른 사람들도 그러함을 수백 번 목격했다. 당신 또한 그러리라 확신한다. 분명 우리 모두가 고통을 덜어 내고 신체의 질병이 낫기를 바라지만, 괴로움의 완화는 비록 신체적 고통에는 거의 변화가 없을지라도, 마음을 치유시켜 주는 것, 기대를 뛰어넘는 변용이다. 주로 이것이 일어날 때는 우리가 더 깊고 더 근본적인 내면의 어떤 것과 접촉하기 때문이다. 건강 상태가 어떠하든, 우리는 연결되어 있고, 온전하고, 부인할 수 없는 소속감이 차오름을 느낀다.

의술의 하인으로서 우리의 특권이자 책임은 사람들이 진정으로 누구인지에 관해 우리가 그에 반하는 모든 증거를 넘어서, 알고 있는 것을 그들이 접촉하도록 환경을 조성하고 방법을 제공하며 그들에게 영감을 불어넣는 일이다. 우리가 이것을 우리 안에서 만져 보았기 때문이다. 사람들이 이 우물물을 단 한 방울이라도 마실 때, 열망과 강렬함이 다시 한번 깨어나 충만함으로 들어오는 작업이 다시 불붙을 수 있다. 치유 관계가 마음챙김 수련을 바탕으로 할 때, 이러한 가능성을 탐구하는 드넓은 실험실이 된다.

우리는 다시 창문을 향해서 침묵 속에 앉아 있다. 눈을 뜨고 단순히 보면서 이따금씩 호흡과 주변과 내부의 소리에 주의를 기울이지만, 대부분은 봄(seeing)이라는 형태로 우리에게 와닿는 삶에 주의를 기울이면서, 이 훌륭한 두 개의 구체가 시야의 장에 들어오는 무엇이든 받아들이도록 허용한다. 그런 다음, 쉬는 시간 없이 눈을 감고 침묵 속으로 들어가고, 내면의 풍경으로 들어가고, 얼마 후에 다시 눈을 뜨고 지금 순간 이 하루가 우리에게 주는 것을 받아들인다. 35분의 침묵이다. 이러는 동안 구석에 있던 누군가가 안절부절못하면서 울기 시작하고 자리를 바꾸더니, 나가려고 가방과 신발을 집어 든다. 그녀가 내 옆을 지나갈 때 나는 작은 목소리로 말한다. "집에 가시는 건가요?" 그녀는 뺨이 눈물에 젖은 채로 고개를 끄덕

181

인다. "제가 함께 가지요." 엘리베이터 앞에 선 그녀는 속상하고, 화나고, 불만에 차서 방 안의 향과 냄새에 강렬한 반응이 일어난다고 말한다. 그녀는 집에 가고 싶지 않지만 이런 환경에 더 있을 수가 없다.

"젠장! 향수를 뿌리고 오지 말라고 했건만."

"맞아요, 젠장." 그녀가 메아리처럼 따라한다.

우리는 하나의 전략에 동의했다. 문을 열어 놓고 그녀에게 다른 의자 하나를 가져다주기로 한 것이다. 그녀가 반은 방 안에, 반은 방 바깥에 앉아서 탁 트인 복도의 시원한 공기를 맡을 수 있다면, 아마도 끝까지 참여할 수 있을 것이다. 그녀는 기꺼이 해 보려고 한다. 문을 열어 놓으니 평소에는 소리 죽여 들리던 소아과에서 들리는 소리가 생생하게 가까이 들린다. 울음, 울부짖음, 웃음, 부드러운 흐느낌, 목소리가 작아서 잘 들리지 않는 아이와 어른의 대화가 방에 스며든다. 타일 바닥을 가로지르는 하이힐의 또각 소리와 미끄러지는 소리, 금속 목발의 쨍그랑 소리, 높은 음으로 울리는 엘리베이터 진동, 복도에서 간호사들이 이야기를 나누는 소리, 배경에 깔려 있는 전화 소리, 모든 소리가 평소에는 감춰진 우리의 공간 밖으로 지나가는 세계를 향한 우리의 말 없는 정지된 몸의 열림 속으로 수용된다.

놀라는 소리가 귀에 들어온다. "엄마, 이것 좀 보세요!"

"쉬잇!"

조금 뒤에 문이 쾅 닫힌다. 그녀는 가 버렸다. 스쳐 가는 분노의 물결이 빠르게 슬픔으로 바뀌고 순간적인 허무함이 일어난다. 나는

3부 붕대를 감은 곳을 계속해서 바라보라

나중에 그녀에게 전화하기로 다짐한다. 그녀를 떠나게 한 냄새가 아직도 난다! 그리고 나는 방을 돌아다니며 흔적을 찾는 사냥개처럼 코를 킁킁대며 냄새의 출처를 찾고 있는 나 자신을 발견한다. 누군가 "내가 미쳤다."는 것을 알아차리지 않을까 나는 속으로 궁금해하면서 신중해지기로 한다. 결국 냄새의 출처를 찾지 못한다.

우리가 지난주에 토론 시간을 충분히 갖지 않았기에, 나는 수련의 관점에서 사람들에게 무엇이 일어나고 있는지 더 알고 싶다. 그들이 실제로 수련하면서 얼마나 어렵다고 또는 쉽다고 느꼈는지. 그들이 배우고 있는 것이 그들 삶으로 스며들고 있는지 만일 그렇다면 어떤 모습인지. 무엇이 어려운지. 그들이 무엇을 발견하고 있는지. 그러나 나는 또한 그들이 서로서로 이야기하도록 공간을 만들고 싶다. 우리가 비록 한 반에서 함께 수련한다 하더라도 대부분은 집에서 혼자 수련하고 있기 때문이다. 이것은 꼭 필요하고, 특히 초기 단계에서는 어렵다. 이 이야기를 나누기에 알맞은 시간이다. 삶을 보다 명료하게 관찰하고 보고 느끼는 우리 개인의 그리고 공동의 능력이 계발되고 있다. 우리가 이것을 솔직하게 토론하는 기회를 가지는 것이 꼭 필요하다.

오랫동안 만성 섬유근육통 통증을 겪고 있는 작은 체구의 여성 티나가 먼저 시작한다. 그녀는 프로그램의 초기 몇 주간은 수련하는 것이 힘들었지만 이제는 좀 더 규칙적으로 수련하고 있다고 말한다. 그녀는 자신이 벽을 마주하고 있는 것처럼 느낀다고 말한다. 실제로 사방으로 그녀를 둘러싼 벽이 있다고 통증과 벽을 쌓고 주의를 통증에서 딴 데로 돌리려고 노력하는 과정에서 자신이 얼마나

183

많은 삶의 부분을 차단하고 '무감각해졌는지'를 느끼기 시작했다고 말한다. 그녀는 계속해서 신체의 고통과 정신의 고통 사이에 직접적인 관계가 있으며, 끊임없이 자신을 불편하게 하는 신체 조건에 대처하려는 시도에서 스스로를 자신의 감정과 삶의 원천에서 단절시켰음을 깨닫기 시작한다고 말한다.

그녀의 말은 느리고 신중하며 그녀의 곤경을 향한, 전에는 드러나지 않았던 개방성을 반영한다. 그녀는 벽에 맞서면서 코와 어깨, 등 부위에 갇히게 된 억눌림을 느끼기 시작했으며, 안전함을 느끼기 위한 방법으로 이렇게 단단한 경계를 만들었음을 알고 있다고 말한다. 이제 그녀는 그녀 스스로 만든 감옥 안에 있음을 안다.

사람들이 지지와 인정의 표시로 고개를 끄덕인다. 우리는 함께, 우리에게 안전과 안정성을 주는 것이 시간이 지나면서 너무 자주 우리를 가두는 새장이 되어 가는 방식을 인정하고 그것에 열리기 시작한다. 엘렌이 우리 모두를 대신해서 이러한 깨어남의 핵심을 눈에 보일 듯 분명하게 말한다. "저는 이 모든 것을 오랫동안 알고 있었지만 **그것과 함께하기**란 단지 아는 것보다 훨씬 어려워요."

25년 전 어떤 파티에 참석한 기억이 난다. 의도적으로 깊이를 피하는 새장에 갇힌 대화, 물질에 의존하는 고통스러운 회피의 분위기를 느낄 수 있었다. 손에 꽉 움켜쥔 술잔, 알맞은 장소에 자리 잡고 연기를 내뿜는 눈부신 가면들, 흘깃 쳐다보며 나누는 생명 없는 사교적인 인사의 분위기, 빛을 잃은 눈들이 그것을 입증한다. 나 또한 고통스럽게 참여자와 공모자를 알고 있으면서 방어하는 태도를 취하고 있었다. 이런 생명 없는 의례가 한 시간 남짓 지난 어느 순간 부엌의 단단한 테두리 안, 우리의 움츠린 대화 도중에 친구 한 명이 의제 없이 정말 개인적인 매우 솔직하고 직접적인 무언가를 말하자 파티 전체가 침묵에 휩싸인다. 마치 라디오 수신기처럼 전파를 스캔하면서 우리 모두가 비밀스럽게 그러한 반응을 바라면서 기다린 것만 같다. 그렇지 않다면 어떻게 우리가 동시에 그의 말소리를 들을 수 있었을까?

말이 말 없음으로 돌아갔을 때, 전체 분위기는 달라졌다. 사람들은 바닥에 앉아 신발을 벗고 구석에 쪼그리고 앉아 서로 함께할 가능성으로 자리 잡기 시작했다. 실제로 감동적으로 주문이 풀린 놀라움과 공동체의 소박함 안에서 우리 앞에 밤이 펼쳐지는 동안, 주의 깊게 경청하는 서로의 들음, 진실한 서로의 말과 함께할 가능성이다.

그리고 오늘도 그렇다. 로버트 블라이(Robert Bly)가 "양동이로 물을 퍼내는 일(bucket work)"이라고 부르는, 루미가 "곡괭이질과 삽질"이라고 이름 붙인 작업, 3주간 기초를 깊게 다지는 공사 후에 사람들은 변장한 옷을 벗고, 지속적인 수련이라는 거울에 비친 형상을 마주하기 시작한다.

오늘 티나는 우리 모두를 대신해서 이것을 시작했다. 그녀는 달려와서 다음 사람에게 배턴을 넘겨주었다. 사람들은 자기 비난이나 심리적인 수다, 과장된 연극이나 꾸며 냄 없이, 그들이 잠들어 있었고, 꿈에서 멀어졌고, 추위에 떨며 감각을 마비시키는 딱딱한 보호막 안에 오래 갇혀 있었다고 말한다. 이에 대한 분노가 있다. 그리고 그 이상으로 그것을 인정하는 데 깊은 비탄이 있다. 그것은 초대하지 않았지만 뜻밖에 도착했다. 그러나 거절이나 무력함의 증거는 거의 찾아볼 수 없다. 사람들은 명료하게 보는 법을, 동시에 보이는 것을 친절하고 호기심 어린, 목격하는 수용 안에 담는 법을 배우고 있다. 그렇더라도 이것은 쉬운 일이 아니다. 이러한 만남의 거듭되는 힘은 개인의 전념과 공동체의 공유된 합의라는 결의 안에서 의심의 여지없이 태어나 손에 만져질 듯 지금 여기에 있다.

이 모든 일이 일어나는 동안, 갑자기 내 눈은 반대편 벽에 높이 걸려 있는 두 개의 동그란 물체를 동시에 받아들인다. "저것들은 뭐죠? 어제는 여기 없었는데." 그리고 나는 물으면서 답을 안다! 누군가 틀림없이 좋은 의도로 방향제 두 세트를 우리 교실에 갖다 놓았다. 세실을 나가게 만든 것이다.

나는 의자 위에 올라가서, 그것들을 벽에서 떼어 낸 다음 버렸다. 시간이 지나자 공기는 맑아지기 시작하고 우리는 계속한다. 에스더는 그녀가 요즘 많이 울고 있으며 이유를 모른다고 말한다. 그런 일은 때로는 그녀가 지극히 평화로움을 느낄 때, 때로는 예측할 수 없는 상황에서 일어난다. 지난 세 번의 수업에서 그녀가 자신의 삶에 관해 이야기했을 때, 그녀는 과거에 멈춰 있었다. 하지만 오늘은 다르다. 그녀는 우리에게 그녀의 현재를 더 잘 알려 주기 위해서 과거라는 그림을 우리 위에 그리고 있으며, 여기가 그녀가 머무는 곳이다. 그녀는 "우는 것에 질려서 몇 년 동안 우는 것을 거부한 후에" 자신이 왜 우는지 또는 왜 기꺼이 이것을 그녀 삶의 일부로 받아들이는지 모른다. 그렇지만 그녀는 이유를 알아내려고 하지 않는다. 그녀는 지금은 이유를 알 필요 없이 그녀 자신에게 기꺼이 공간을 주 겠다고 말한다. 비슷하게, 데이비드는 신호가 바뀌기를 기다리거나 부엌 테이블에 있을 때, 뺨 위로 흐르는 눈물에 가슴이 벅차오르며 세상의 생생함에 충격을 받고, 그가 이제까지 얼마나 많이 놓쳤는 지 무엇이 그렇게 오랫동안 보이지 않고 있어 왔는지 궁금하다고 말한다. 지나는 티나와 마찬가지로 자신에 관해 알기 시작한 것에 깜짝 놀란다. 그녀는 서서히 진행되는 단단함이 그녀의 현실과 반 응을 만들어 내며 삶을 차지하는 것에 관해 말하기 시작한다. 그녀 는 세월이 어디로 가 버렸는지 그녀가 그 모든 시간 동안 어디 있었 는지에 관해 할 말을 잃고 당혹스럽다. 전립선암에서 회복 중인 잭 은 결코 긴장을 놓아 본 적이 없다고 말한다. 필립은 허리 통증이 그대로인데도 그가 '더 좋은' 기분을 느끼는 것이 놀랍다. 그는 이것 이 무엇 때문인지 모른다.

대화는 길고 활발하다. 사람들은 수련이라고 하는 이것의 완전 하고 단순한 명쾌함으로 고무되고 밝아져서, 그들의 단호함의 부족 과 미루는 습관에 관해서 그리고 오래된 습관과 패턴을 인식하면서 좌절을 느낀다고 표현한다. 그들은 공식 명상 수련 중에 매일 찾아 오는 지루함, 권태, 들썩임, 분주함, 공포, 주의를 딴 데로 돌려 벗어 나고 싶은 욕구가 다름 아닌 그들의 일상에서 일어나는 너무나도 익숙한 마음의 상태들임을 알기 시작한다.

이것은 지나친 허약함보다는 흥미로운 매혹을 향해 간다. 관대 한 호기심과 끌림이 자라난다. 사람들은 그들 자신을 알고자 하는 깊은 열망 그리고 어떤 병을 앓고 있든, 그 앓을 그들의 삶을 사는 것으로 향하게 하려는 깊은 열망과 접촉하기 시작한다. 무슨 이유로 이 방에 오게 되었든, 곧 수업이 끝난다. 방은 대화로 활기가 넘친다. 아무도 가려고 하지 않는다. 우리 삶과 마찬가지로 이번 주 우리가 할 작업이 앞에 있다. 우리는 불붙는다. '붕대를 감은 곳'을 들여다보면서. 앞으로 나갈 준비가 되었다!

그러나 완전히 끝나지 않는다.

내가 화장실에서 나오는 길에, 바깥 복도에 서 있던 키가 큰 60대 초반의 여성 카라가 나를 불러 세우고 이번 주에 나랑 전화 통화를 하고 싶다고 말한다. 그녀는 이유를 말하지 않는다. 우리는 다음 날 통화하기로 약속을 정한다. 우리는 오늘 아침 수업에서 강한 풍미를 가진 대화를 했다. 어쩌면 내가 너무 직설적이었는지 모른다. 나는 그녀가 불편해하는 것을 알았지만, 비록 그녀가 종종 아이 같은 홀쩍임―그녀가 인정하듯, 그 밑에 '거대한 격노'를 품고 있는―으로 물러난다 하더라도, 그녀는 힘 있는 성인이기 때문에 달리 대하기를 거부했다. 그 단호한 만남은 내가 그녀에게 그녀가 누구인지를 상기시키는 방식이다. 그것은 의도적이었다. 나는 그녀가 잠깐의 강풍 속에서 홀로 설 수 있음을 안다. 그녀 또한 안다.

다음 날 나는 그녀가 3주 전에 일어난 일로 나에게 화가 났고, 이제 그 일에 관해 나와 이야기하기로 결심했음을 알게 되었다. 비록 과학 연구에 관해 내가 말한 내용이, 그 사건이 그녀 삶에서 어떤 의미를 가지는지 사전에 알지 못했기 때문에, 적어도 내가 알기로는 그녀와 아무런 관계가 없었지만 그녀는 내가 "그녀의 버튼을 누르고 있었다."고 알려 주었다. 비록 나의 의견이 노인에 관한 긍정과

3부 붕대를 감은 곳을 계속해서 바라보라

지지를 표현했고 천천히 신중하게 인내심을 가지고 규칙적인 운동에 참여할 때 시간이 지나면서 인간의 몸이 변할 수 있다(가소성)는 것이었지만, 내가 그녀와 같은 연령대의 사람들에 관해 공개적으로 말함으로써 "불필요하게 그녀에게 모든 관심을 집중시켰다"는 것이다.

그래서 그렇게 우리는 이 논의를 하고, 그러고 나서 역시 그녀를 화나게 한, 어제에 관해 이야기한다. 그녀는 나에게 나 자신의 행동을 더 면밀하게 검토할 것을, 나의 동기, 독선, 오만을 더 골똘히 바라볼 것을 요구하면서 나 스스로를 돌아보게 했다. 이 상황이 마냥 편하지는 않다. 그래서 어떻다는 말인가! 그녀는 내가 그녀에게 요구한 것만을 나에게 요구하고 있다. 그녀는 내가 그녀와 관계 맺기로 선택한 그대로, 가장 중요하게는 그녀가 그녀 자신과 관계 맺는 법을 배우고 있는 그 방식대로 나와 관계 맺으려는 것이다. 우리가 서로에게 이렇게 할 수 있다는 것이 얼마나 놀라운가. 나는 우리가 다른 모든 참여자와 마찬가지로 우리 자신의 길에서 각자 할 일을 하면서 어깨를 나란히 하고 함께 서기 시작함을 분명히 느낀다. 나는 내가 그녀에게 주었을 상처에 대해 사과한다. 그녀는 분명하고 직접적으로 "이제 기분이 나아졌어요."라는 말로 대답한다. 잠시 침묵이 흐른 뒤, 그녀는 새로운 권한을 가지고 말한다. "사키, 지금 내 가면이 벗겨지고 있다는 것을 알아주면 좋겠어요. 나는 예전에 늘 그랬던 것처럼 언제나 친절하고 옳은 말만 하고, 유쾌하고 맞춰 주는 것이 힘들다는 것을 알아 가고 있어요. 이렇게 하는 게 맞는 걸 알아요. 그리고 겁이 나요."

그러한 앎. 이 여성의 목소리에서 느껴지는 강인함과 확신. 나는 카라가 삶과 하는 약속에서 드러나는 인간 정신의 힘에 도취되어 정신이 번쩍 든다. 대화가 끝나갈 무렵, 그녀는 나에게 고마워하고 또 한번 그녀의 위치를 더 분명히 하고 굳건히 서서 그녀가 성인으로 존중받으며 대화를 나눌 수 있어 고맙다고 말한다. 우리는 서로를 조금 더 잘 이해하면서 작별인사를 나눈다.

그러는 과정에서, 이때에 수업은 결코 진정으로 끝나지 않는다. 단지 장소가 바뀌었을 뿐이다. 마음챙김의 시각을 통해서 만나는 모든 것은 이제 그야말로 명상으로 다름 아닌 삶 그 자체로 보인다. 메리 올리버(Mary Oliver)의 「여정(The Journey)」이라는 시에 나오는 말처럼, 우리 모두는 주의 깊게 들으며 우리의 삶과 삶에 대한 전념에 반향을 일으키는 새로운 방식의 삶으로 들어가고 있다.

> …그리고 새로운 목소리가 있었다.
> 당신은 천천히 그것이 당신 자신의 것임을 알아보았다.
> 당신이 할 수 있는 단 한 가지 일을 하려는 결심으로
> 당신이 구할 수 있는 단 하나의 생명을 구하려는 결심으로
> 그 세계 안으로,
> 당신이 더 깊이 더 깊이 성큼성큼 걸어가는 동안
> 그것은 계속 당신과 함께였다.

3부 붕대를 감은 곳을 계속해서 바라보라

보
수
를
바
라
지
않
고
좋
아
서
하
는
일

세심하게 거울을 닦는 것과 같이, 마음챙김은 우리에게 순간순간 우리 삶에 꾸준하고 의도적인 주의를 기울이라고 요구한다. 가슴의 거울을 닦는 일을 천천히 시작하려는 우리의 의도는 인간 존재가 되는 것의 근본적인 활동으로 치실을 사용하거나, 세수를 하거나, 옷을 입는 것과 다르지 않다. 명상은 이러한 닦음의 핵심이고, 지속적인 수련은 다름 아닌 발전으로 이끄는 경로—우리 앞에 나타나는 무엇이든 고개를 돌리지 않고, 바라보고 함께하겠다는, 끊임없이 새로 시작되는 결정—를 택하는 것이다.

닫힌 것이 열리는, 접촉되지 않던 것이 접촉되는, 있는 그대로의 실재를 느끼는 과정은 수고로운 노동이다. 노벨 평화상 후보에 지명되었던 베트남의 선사이자 시인인 틱낫한은 이 과정을 가리켜 다음과 같이 말했다.

마음챙김은 드러내 보이는 것이고 그것이 치유한다.

'드러내 보이는' 것은 치유하고 출입구처럼 기능하면서, 우리가 삶의 실제 느낌과 윤곽 그리고 넓이를 아마도 최초로 직접 이해하기 시작하는 곳으로 들어갈 가능성을 제공한다. 깨어 있음이 우리가 물려받은 유산이라면, 우리의 마음놓침(mindless) 능력은 고도로 정제되고 세대 간에 습득된 기술이다. 우물에서 여인을 만났던 처음 네 형제와 같이 우리는 종종 자동적이고, 우리 경험의 진실과 접촉하지 않는다. 이를 고려하면 우리가 일상에서 직면하는 엄청난 범위의 괴로움은 우리가 차단하고 무감각해지고 자동조종 모드로 작동하고, 우리 자신의 것을 포함한 인간 고통의 방대함을 가장 바깥쪽 경계에서만 알아차리도록 더욱 추동할 것이다.

우리가 돌봄을 주든 받든, 우리는 지속적인 내면 교육이 부족하기 때문에 속도를 늦추어 우리의 몸, 마음, 가슴을 깊이 들여다볼 능력이 없거나 내키지 않으며 이는 강렬한 결과를 가져온다. 마음챙김은 우리가 꼭 그와 반대로 하도록 초대한다. 마음챙김은 우리가 차단하는 대신에 그 차단함을 포함하는 고통의 방대함을 의도를 가지고 직면하도록 초대하고 있다. 우리는 이 길을 걸으면서 이 용광로 안으로 발을 들여놓는 기회와 방법을 제공받는다. 비탄과 분리를, 자신의 내면에서 그리고 다른 사람과의 관계에서 느끼는 거리감을 기꺼이 조사하겠다는 의지를 가지고, 우리는 변용의 가능성에

3부 붕대를 감은 곳을 계속해서 바라보라

자신을 열어 놓는다.

　침묵과 고요함 그리고 공동체라는 도가니에서 확고하게 빚어지고 만들어지는 자기 인식의 계발은 의학과 건강 돌봄 영역에서 마음챙김의 기반이다. 풍경이 어떠하든지 삶의 충만함을 끌어안으며 우리 자신부터 시작하려는 우리의 자발성은 수련이 시작하는 곳이다. 그러한 수련이 치유 관계의 핵심이 될 때, 우리는 다른 사람 안에서 같은 자발성을 북돋아 준다. 치유가 일어나려면 이렇게 되어야만 한다.

　내가 말하는 치유란 분열과 차별 없이 우리 자신의 모든 부분을 느끼고 알아차림 안에 담으려는 자발성이다. 본질적으로, 이것은 자신에 대한 관대함과 감사의 체현이자, 우리가 처한 조건이나 상황이 어떠하든지 우리가 근본적으로 온전하다는 표현이다. 이것은 우리 자신과, 우리가 영광스럽게 돌보는 사람들에게 깊이 자양분을 공급한다. 그러한 자양분을 받는 것은 **무위**(non-doing)와 관련이 깊다. 무엇을 하거나 어딘가에 도달하려 하는 대신에 멈추어 서서, 얼마나 고통스럽고 불편하든 우리 자리에 앉는 법을 배우는 것이다. 그런 태도로 우리 삶에 다가가는 것은 사랑의 수고, 우리가 각자의 진정한 본성의 현존을 낳는 기회이다. 모든 보람 있는 일과 마찬가지로, 이것은 고통이 없지는 않지만 기쁨과 편안함, 새로운 삶의 가능성으로 가득 차 있다.

보수를 바라지 않고 좋아서 하는 일

수련

가슴을 안기

마음챙김 수련의 '드러내 보이는' 차원이 펼쳐질 때, 우리는 아마도 날 것 그대로의 가슴, 부드러움, 연약함, 꽤나 낯설고 견디기 어려울 것만 같은 넓음의 느낌을 감지하기 시작할 것이다. 이 느낌은 열린 가슴의 본질적인 부분이다. 우리가 이러한 순간으로 가져가는 많은 것들은, 우리가 직면하는 것을 다룰 수 없다거나, 우리가 무가치하고 사랑스럽지 않다는 생각과 상상으로 채색되어 있다. 이 모든 것이 다루어질 때, 마음의 격동 속으로 들어가 관통해서 말 없는, 빈(empty), 열린 가슴을 발견할 수 있다.

다음의 명상에서 나는 신체의 흉부(chest)를 주의의 초점으로 활용할 것이지만, 물론 우리가 흉부(chest)라는 신체 속을 들여다본다면, 우리가 가슴(heart)이라고 부르는 이 아는(knowing) 기관을 결코 발견하지 못할 것이다. 그렇다고 하더라도, 우리의 언어는 삶의 이 영역에 대한 언급과, 그 영역이 신체의 가슴 부위에 존재한다는 언급으로 가득하다. 이 모든 말들이 가리키고 있는 것은 다름 아닌 우리 각자가 죽느냐 사느냐의 문제일 것이다.

앉아서 또는 누워서 이 명상을 탐험할 수 있다. 눕는다면 다리를 풀어서 뻗고 팔을 편안하게 몸 옆에 둔다. 패드나 담요를 밑에 깔면 도움이 된다. 머리 밑에 작은 베개가 필요하다면 얼마든지 사용한다.

편안한 자세를 취한 다음, 주의를 숨으로 가져가서 한동안 자신이 숨의 흐름 속에 자리 잡도록 허용한다. 원한다면 여기 누워 있거나 앉아 있는 몸으로 따뜻함과 차가움, 편안함과 불안함, 가벼움과 무거움, 견고함과 투명함의 감각으로 주의를 가져간다… 바닥이나 의자 또는 쿠션과 닿는 느낌, 당신 내부와 주변의 소리에 대한 알아차림, 생각이나 감정이 지나감을 알아차린다… 여기 눕거나 앉아서 숨을 알아차린다… 바글거리는 몸의 생명을 알아차린다… 당신이 몸을 곧게 지탱하고 있는 감각이나 바닥이 몸을 받쳐 주고 있는 감각. 숨이 당신을 쉬고 있다… 활짝 열린 숨의 품에 안겨서 떠받쳐지며… 무엇을 하거나 무엇도 일어나게 할 필요 없이… 숨의 흐름 안에 살면서, 소리로, 생각으로, 감정으로 스스로를 나타내는 삶을 알아차린다.

이제 준비가 되면 주의를 가슴 중앙으로 가져가서 이 부위에서 일어나는 어떤 감각이든지 알아차린다… 가슴을… 가슴이라고 불리는 느낌의 중심을 알아차린다. 숨의 드나듦, 들이쉬고 내쉬는 움직임을 느끼고 숨의 움직임이 느릿하게 지속되는 요람의 흔들림처럼 되도록 허용한다. 알아차림 안에서 당신의 부드러운 열린 가슴을 다정하게 안아 준다. 부드럽게 흔들어 달래며… 안아 주고… 돌봄과 친절함으로 가슴을 품어 안는다… 안아 주고… 다정하게 흔들어 주며… 안전함이, 숨의 포옹과 우리를 길러 내는 요람이 당신에게 자양분을 주도록 허용한다… 당신에게 안도감과 당신 자신을 알아가는 공간을 허락한다… 당신의 따뜻함과 친절함에 익숙해지도록. 숨 쉬면서… 흔들어 달래고… 원하는 만큼… 필요로 하는 만큼… 시간을 가지고 안아 준다… 마음챙김의 치유하는 차원이 당신의 열린 가슴의 발견 안에 드러나도록 허용하면

보수를 바라지 않고 좋아서 하는 일

서… 거부하거나 판단하지 않고 모든 것을 기꺼이 수용하는 가슴 안에

서. 숨을 쉬고… 알아차리고… 가슴의 광대함에 열린 채로… 이 순간의

품격… 단순히 당신 자신이 되는 것의 우아함. 흔들어 달래며… 숨을

쉬고… 당신 가슴의 따뜻한 품에 안긴다.

3부 붕대를 감은 곳을 계속해서 바라보라

화요일에 바바라의 전화를 받았다. 한 1년 쯤 그녀를 만나지 못했다. 내가 도착했을 때 그녀의 어머니는 공격에 시달리고 세상살이에 지쳐서 조금도 변하지 않는 보초병처럼 그녀 옆에 앉아 있었다. 딸의 연약함과 진실성을 끈질기게 보호하는 늙은 암사자처럼.

바바라는 침대에 몸을 뻗고 누워 있는데 배에는 붕대를 감고 눈에 띄게 불편해 보인다. 그녀는 애써 기운을 끌어 모아 들릴 듯 말 듯한 목소리로 인사를 하려고 시도한다. 그녀는 기진맥진하고 약했다. 그녀의 눈에 두려움이 비쳤지만, 훨씬 더 분명하게 두드러지는 다른 어떤 것이 있었다. 그녀의 정신이 압도적인 의료적 역경에 직면했을 때 내가 그녀 안에서 발견했던 한 줄기 결단의 빛이 희미해졌다. 그 순간, 나는 그

197

녀 역시 이것을 알고 있음을, 바로 그 때문에 나에게 전화를 걸어 그녀의 침대 옆으로 불렀음을 알았다.

우리가 함께 얘기할 때, 그녀의 어머니는 불패의 길을 택했다. 바바라가 그녀가 처한 조건을 단호하게 한창 설명하는 동안 바바라의 어머니는 몇 초마다 끼어들어서 딸이 얼마나 아름다운지, 어떻게 이 역경을 이겨 내고, 다시 회복하고, 건강해지려고 했는지 그리고 그들이 이것을 함께하려고 했다고 말한다. 그러는 동안 바바라는 무거운 걸음으로 벌거벗은 진실의 길을 걷고 있었다. 지독히 여윈 그녀는 현재 순간 그녀 신체의 구체적인 조건, 좋지 않은 예후, 자신을 담당하는 의사에 대한 애정과 **그의** 무력감을 감지하고 있다는 것, 그리고 그녀가 경험하고 있는 신체적인 고통을 보고한다. 길을 걷는 사람처럼 좌우를 살피면서, 나는 그들 모두에 귀 기울이면서 교차로에 서서 차량의 흐름 속으로 길을 더듬어 들어갔다.

그때 바바라가 수술 전에 나의 명상 수련 안내 테이프를 들었고, 수술하는 동안 계속해서 테이프를 되감아서 틀어 달라고 수술 팀에게 부탁했으며, 회복실에서 내 목소리를 들으며 깨어났다고 말했다. 그녀는 정말로 고마워했고 바로 거기 병원 침대에 누워 클리닉 수업 동안 그리고 긴 병을 앓는 동안 그녀가 자신 안에서 접속한 모든 것을 진정으로 몸소 보여 주었다. 그녀가 테이프를 활용했기 때문이 아니라 삶에서 일어난 모든 세찬 바람을 맞으며 서 있는 그녀의 현존 때문에, 나는 존경심과 경외감, 자랑스러움을 느꼈다.

바바라가 자신의 경험을 말하는 동안, 그녀의 어머니는 동의의 뜻으로 단지 고개를 이따금 끄덕이며 아무 말도 하지 않았다. 바바

3부 붕대를 감은 곳을 계속해서 바라보라

라는 병의 예후라는 주제로 돌아와서 말을 이어 갔다. 그녀는 자신이 지난 10년간 엄청난 양의 스테로이드를 복용했기 때문에, 의사들이 그녀의 "몸 안쪽이 버터 같아서" 수술 부위의 봉합선이 아마도 견디지 못할 것이며, 그녀의 병을 어떻게 치료해야 할지 잘 모르겠다고 말했다고 했다.

"제 안은 버터 같아요."

그 말 뒤에 무엇인가가 그 순간 나를 사로잡았다. 나 자신의 내면도 버터처럼 느껴졌다. 메스꺼움, 혐오감, 도망치고 싶은 강렬한 욕구가 막대한 힘을 싣고 도착했다. 무엇이라고 확실히 말할 수 없지만, 그녀가 말한 어떤 것이 내 안의 강렬한 공포를 작동시켰다.

그녀가 이야기를 계속하는 동안, 나는 내가 이곳을 벗어나고, 희미해지고, 더 이상 여기에 있지 않음을 알고 있었다. 보이지 않는 길로 뒷걸음쳐서, 나는 결국 그녀의 방에서 도망쳐 나왔다. 복도로 살금살금 빠져나와 망명을 환영하는 계단으로 혼자 걸어가면서, 나는 부끄러웠고, 완전히 불만족스러웠고, 잠깐 동안 안도감을 느꼈다.

이 구절을 쓰고 있으면서도, 그 이후에 내가 바바라를 다시 만난 경험을 계속해서 말하고 싶은 강렬한 욕구를 알아차린다. 당신 눈에—그리고 내 눈에—보일 나 자신을 만회하기 위해서. 당신은 나를 어떻게 생각할 것인가? 이 이야기를 듣고 당신은 나에 관해 어떤 결론을 내리게 될 것인가? 어떻게 해야 내가 친절하고 진실한 사람이며, 능력 있는 돌보는 사람(caregiver)임을 당신에게 입증할 수 있겠는가? 이것은 독이다. 분리의 벽이 더 높아진다. 이런 목소리들의 현기증 나는 소용돌이에 휘말려 살면서도 이 진실을 인정하려 들지 않는 것이 그 사실 자체보다 훨씬 더 파괴적임을 나는 분명히 안다. 나의 방어는 더 세게 밀쳐 내고 더 강하게 부정한다. 이것이 개인의 '고해' 그 이상이라는 것이 들리는가? 이것은 인간 존재로서 우리의 공동의 작업이다. 우리는 이것을 학교에서 배우지 않았다.

교육과정은 언제나 우리 앞에 있다. 바로 코 아래. 그 냄새를 맡을 수 있는가?

수련

두려움과 함께하기 1

우리가 삶을 자세히 들여다보기 시작할 때, 우리는 곧 두려움이 어디에나 있음을 발견한다. 두려움을 느낄 때 우리의 일상적인 습관은 억압하든지 분리함으로써 우리 자신을 보호하는 것이다. 바바라와의 만남이 말해 주듯이 우리는 이러한 반응적인 순환에 걸려들기 쉽다. 두려움을 느끼는 것은 문제가 되지 않는다. 많은 경우 두려움은 상황에 대한 건강한 반응이다. 우리가 할 일은 두려울 때 그 두려움이 전형적으로 우리의 생각과 행동을 빚어 내는 방식을 아는 것 그리고 두려움이 다가올 때 그 존재를 부정하거나 우리의 조건화된 강렬함에 휩쓸리지 않고, 두려움과 함께할 수 있음을 천천히 배워 가는 것과 훨씬 더 깊은 관련이 있다.

한 주 동안, 삶의 많은 부분을 물들이는 두려움의 아주 작은 충격파를 알아차리는 것을 반드시 시작하라. 멈춰서 호흡을 알아차리면서 두려움에 주의를 기울이고 느낄 수 있다는 사실과 이런 수련이 상당히 이로울 수 있음을 인식한다. 숨을 활용해서 두려움을 '한꺼번에 없애거나' 당신의 내적인 리히터 척도(richter scale)에 기록되는 신체 감각과 전쟁을 벌이기보다는, 당신 자신이 지금 그대로의 느낌의 물결과 함께하도록 해야 할 일은 두려움과 친구가 되는 것뿐이다. 이러한 순간 안에서 얼마만큼 시간을 보낼지 스스로 결정한다.

수련

두려움과 함께하기 2

우리가 새로운 상황을 마주할 때, 매혹적인 미묘한 감각이나 더 자세히 보려는 욕구뿐만 아니라 두려움을 느끼는 것은 이상한 일이 아니다. 그러나 그 강렬함 때문에, 두려움은 보통 호기심에 대한 알아차림과 호기심을 향해 가는 움직임을 축소한다.

기꺼이 두려움이라는 감정을 향해 가려는 의지를 통해서 자기 신뢰의 감각을 확립하기 시작할 때, 당신은 종종 두려움 바로 옆에 호기심과 신비감이 서 있다는 사실을 알아차리기 시작할 수 있다. 거의 모든 경우, 두려움이 일어난다는 것은 우리가 새로운 영역에 도달했음을 알려 주는 신호이다. 삶은 우리 주변으로 확대되기 시작하고 있고, 우리는 삶을 떠나기보다는 그 안으로 걸어 들어갈 기회가 있다. 이러한 가능성과 함께하면서, 당신의 경험에 스며드는 비사변적이고 조사하는 매혹적인 힘을 감지할 수 있는지 보라. 이 현존의 향기를 포착할 때, 두려움이라는 감정을 조금도 부정할 필요 없이 당신 자신이 이 매력적인 특질을 향해 갈 수 있는지 보라. 이 영역에 대한 관심이 침묵 속에서 당신을 또 다른 발견으로 이끄는지 주목하라.

수련

두려움과 함께하기 3

두려움의 지형에 좀 더 익숙해짐에 따라 당신이 **내어 맡김**의 가능성과 함께할 수 있는지 보라. 당신 자신을 더욱더 느낌 자체에 열어 두고, 방어 태세를 풀고 당신 자신을 이 순간에 온전히 맡기는 능력이 당신 안에 있다는 가능성에 자신을 연다.

그러한 순간을 허락하는 당신의 능력은 마음챙김 그 자체이다. 당신이 누구인지, 두려움이 무엇인지, 당신이 그것과 어떻게 관계 맺고 있는지에 관한 견해가 천천히 영원히 달라질 것이다.

3부 붕대를 감은 곳을 계속해서 바라보라

기반 없음

　우리는 모두 견고한 기반을 찾고 있다. 하지만 자세히 보면 우리가 발 딛고 설 곳이 정말로 없음을 알게 된다. 처음에는 이렇게 느끼면서 무서워한다. 그래서 우리는 깨어 있는 거의 모든 순간에 우리의 근거지를 분명하고 굳건히 하기 위해 안정성을 구축하고, 경계와 한계를 연구하고 만들어 낸다. 얼마나 진이 빠지고 불만족스러운가. 이것은 우리가 삶을 바꾸는 사건, 의료적인 응급상황, 예상하지 못한 질병의 진단, 자녀가 삶의 위기를 직면할 때 특히 두드러진다. 이 순간들에는 근거지의 기반이 흔들린다는 우리의 일상적인 감각이 있다. 이것은 종종 클리닉에 들어오게 하는 필요조건이다.

　사람들은 불안하고 삶에 일어난 변화를 불편하게 느끼면서도 이 모든 것에 대해 무엇인가 하고 싶어서

203

온다. 그들은 종종 자신이 충격받고, 격분하고, 낙심하고, 우울하고, 무력감과 혼란스러움에 짓눌림을 느낀다고 말한다. 그렇지만 이 모든 요소들은 변용을 위한 불꽃과 점화이다. 사람들은 물리학자가 '동요된'이라고 부르는 혼란스러운 상태로 온다. 이 동요는 기반 없음 자체이다. 안정됨, 믿을 수 있음, 당연함, 알려진 것이 깨진다. 이 때문에, 이러한 순간들은 예상치 못한 깊은 발전의 촉매제가 될 수도 있다. 종종 이것은 마음챙김의 작업이 시작하는 지점이고, 주간 수업이 펼쳐지는 과정에서 볼 수 있듯이, 생명이 위태로운 상태부터 만성적인 불편함에 이르는 질병을 앓는 사람들이 불확실성을 전에 예측하지 못한 가능성을 발견하는 기반으로 활용하면서, 불확실성과 춤추는 법을 배우기 시작한다.

마찬가지로, 건강 전문가로서 우리의 또 다른 요청에 이끌려 이곳으로 완전히 들어가는 것은 우리 자신과 이 공간에 함께하는 편안함이다. 말 그대로, 열린, 무한한 공간으로 매 순간 들어가려는 자발성, 갈 길을 벗어나 낡은 습관으로 돌아가서 텅 빈 공간을 채우려는 경향성을 포착하면서 혼돈의 가장자리에서 춤추는 것이다. 어떤 것을 하기. 무엇이든! 그렇지만 마음챙김이 말하는 돕기란 종종 예상하거나 희망하는 것을 하지 않음을 뜻한다. 이것을 잘 하려면 어떤 것도 약속되어서는 안 되고, 불확실성이라는 약속, 가능성의 열린 공간을 남겨 두어야 한다.

수련

불확실성과 함께하기

견고한 기반 같은 것은 아마 없을지도 모른다. 그러한 허구의 공간을 만들어 내려고 노력하다가 아마도 삶의 많은 부분을 잃게 될 것이다. 하루 종일, 한 주 내내, 다음 해 동안 줄곧 무수한 순간에 견고함이라는 개념을 탐험할 공간을 자신에게 내어 주라. 영속성의 감각을 구축하기 위해 얼마나 많은 시간을 쓰는지 인식하라. 치유 관계 안팎에서, 당신이 알려지고 존중되어 온 세계를 구성하고 강화하려고 노력하는 무수히 많은 순간에 주의를 기울이기 시작하라. 이것이 긴장을 더하거나 줄이는가, 견고함을 더하거나 줄이는가, 기쁨을 더하거나 줄이는가? 당신이 그러한 장소를 단단히 붙잡을 때 몸에서 무엇이 일어나는지와 마음에 밀려오는 감정의 파장의 특성을 알아차린다. 당신이 상상 속의 안정 상태를 구성하는 데 시간을 덜 쓰는 대신 삶의 파도를 타는 법을 배운다면 어떤 일이 일어날지 당신 삶의 살아 있는 실험실에서 실험하라.

어쩌면 흔히 불확실성이라고 일컬어지는 삶의 방대한 그물망 안에 우리 모두에게 발견되기를 기다리고 있는 보물이 있을지도 모른다.

기반 없음

그린 라인을 타기

나는 보스턴에 살고 있었고 환자들을 개인적으로 보살펴 왔다. 그린 라인(Green Line)이 우리 동네를 거쳐 갔다. 그 당시에 자가용은 낡아 빠졌고 인기가 없었다. 보스턴에서 가장 고약한 것은 전차였다. 한 겨울에 그 열차들은 때로는 땅 위로, 때로는 땅 밑으로 다니면서 찌는 듯이 더웠다. 더위는 걷잡을 수 없었고, 어떤 때는 거의 견딜 수가 없었다. 공기가 안 통하는 답답함과 취할 것 같은 느낌을 덜어 내려고 그날 우리는 창문을 활짝 열고 탔다.

드문드문 하얗고 대부분은 더러운 거리를 지나 헌팅턴 대로를 따라 내려가 자메이카 플레인을 향해 갈 때 눈이 내리고 있었다. 지나가는 과녁에 눈뭉치를 던지며 선로 옆에서 노는 아이들의 시선과 소리가 우리를 에워쌌다.

시내 전차가 사람들로 가득 찼다. 나는 서서 머리 위 손잡이를 움켜잡고 몽환적인 음악에 맞춰 몸을 흔들며 희미하게 자기만족의 감정을 느꼈다. 마음속으로 오늘 환자에게 했던 만족스러운 치유를 생각하면서—사실은 나 자신을 축하하면서—그게 얼마나 기분 좋았는지에 휩싸여 있었다. 내가 얼마나 훌륭했는지. 무심결에 또한 다른 환자의 치유가 순조롭지 않음을 기억하자, 그에 관한 나의 걱정은 '그가' '저항하고 있음'이 틀림없다는 결론에 이른다. 그에 관해 내가 무엇을 할 것인지 생각하면서. 내가 어떻게 상황을 나아지게 할 수 있는지 궁금해하면서. 그러자 곧 무력감의 암시, 무능력에 대한 두려움으로부터 꿈틀거리며 빠져나온다.

재빨리 그에 관한 생각을 그만두고 내 생각으로 돌아온다. 내가 도움을 주는 것, 필요한 사람이 되는 것이 얼마나 기분 좋은지. 그러자 바로 그 생각이 떠오른 찰나에, 열린 창문으로 눈덩이가 날아들어와 얼굴을 때렸다. 눈덩이는 창문 옆에 앉아 있는 사람들과 내 바로 옆 복도에 서 있던 사람들을 빗겨 나면서 어렵사리 바늘구멍을 통과했다. 정신이 아뜩하고 당황스럽고 피를 흘리면서 나는 바닥으로 눈을 돌려 알려지지 않음(the Unknown)의 팔이 정확하게 가져다 놓은 중앙에 회색 돌이 박힌 빛나는 구체에 잠시 사로잡힌다.

결심하기. 사실, **결심하기**란 너무 많은 의식적인 의도를 암시한다. 즉, 흔들려짐을 말 그대로 내 얼굴이 그 속에서 문질러짐을 알고 있는 것. 당신이 돕고자 하는 이 필요성, 도움을 받고자 하는 이 필요성의 밑바닥에 도달하기 전에 더 이상의 환자는 없다.

무력함의 그늘, 무력함에 대한 두려움은 '돕기'의 동반자이다. 눈을 뜨고 있으라. 그것을 찾아라. 그것이 당신에게 많은 것을 가르쳐 줄 것이다. 나는 그것의 학생이다.

나는 무력함이 가끔은 돕는 행위의 탈을 쓰고 찾아옴을 내 안에서 알아차린다. 그러면 나는 쉽사리 행위와 계획에 빠져들고, 미친 듯이 허둥지둥하고, 나 자신과 타인에게 개념을 부과하게 된다. 두려움과 자기 불만족의 탄생, 그것은 덫이고 교묘한 형태의 조종이다. 당신은 내면에서 이것을 눈치챈 적이 있는가?

많은 시간 이러한 행동은 일상의 알아차림에서 벗어나 무의식적으로 일어난다. 그렇지만 흥미롭게도 그것은 또한 의도적이다. 이것은 이상하고도 고통스러운 역설이다. 이 역설의 진실을 받아들이기가 몹시 힘들기 때문에 우리는 그것을 반박하고 거부한다. 그렇게 해서 우리는 자신을 속인다. 설상가상으로, 우리의 부드럽고 연약한 가슴에 폭행을 가한다.

모든 것에 대한 해답을 가질 수 없다는 알지 못함

이라는 것을 가볍게 수용할 수 없기 때문에, 돕는다는 것의 덧없음 그리고 애매모호함과 상실과 끝없는 우여곡절로 가득한 인간 활동의 덧없음을 가볍게 수용할 수 없기 때문에, 우리는 가장 자연스러운 문화적으로 가장 믿을 만한 일을 한다. 우리는 이 취약함을 서부한다. 그 긴장 안에 들어앉을 의지가 없거나 그럴 능력이 없기 때문에 우리는 행동한다.

개인적으로 이러한 마음 상태를 다시 떠올리고 동료들과 터놓고 토의하면 대개의 경우 이 거부의 근원이 불확실성이라고 밝혀진다. 우리 자신에 관한 불확실성. 무엇이 우리 일이고 무엇이 아닌지에 관한 불확실성, 우리가 어떻게 인식될 것인지에 관한 불확실성. 우리 자신의 존재의 타당성에 관한 불확실성. 그래서 우리는 이 당황스럽고, 불안한 불확실성을 행동으로 채우려고 열심히 노력한다. 우리는 선한 행동이 우리의 존재를 어떻게든 확정해 주리라고 우리가 선택한 직업과 심지어는 어쩌면 바로 우리의 삶에도 타당한 이유를 만들어 주리라고 기대한다. 이 중 어떤 것도 틀리거나 나쁘지 않다. 이런 식으로 행동한다고 해서 우리가 건강 전문가나 인간 존재로서 실격당하는 것은 아니다. 만일 그렇다면 우리는 모두 사임해야 할 것이다. 그러나 그것은 우리 일의 현 위치를 알려 준다. 이 장소를 아는가? 채워지지 않는 공허와 이 빈 공간을 채우려는 욕구가 내던져지는 것을 감지할 수 있는가? 좋을 일을 하고 필요한 존재가 되려는 이 분투에 내재하는 사실상 불가능한 일과 탈진. 많은 건강 '돌봄'은 이러한 무력함의 감각을 기초로 한다.

이 불확실성, 이 무력함은 우리가 우리의 한계와 딱딱한 테두리에 부딪치는 지점을 가리킨다. 그것은 우리의 작업에서 저절로 일어나기 때문에 우리가 하는 수련의 선두에 있다. 결국 이것은 모두 우리의 이야기이다. 그러나 완결된 이야기가 아니다. 병원에서 하는 8개월간의 스트레스 감소 프로그램에 동료 사제들과 함께 참여한 로마 가톨릭 사제를 만나면서 나는 이 작업의 계속되는 특성을 분명하게 이해한다. 몇 차례에 걸쳐 금욕에 관해 깊이 있게 토론하는 동안, 그는 "나는 매일 금욕을 결심해야 합니다. 내가 젊은 신학생이던 20년 전 서원한 것으로는 부족합니다. 그때의 것은 오늘의 나에게는 소용이 없습니다. 오늘 나는 선택해야 합니다. 오늘 나는 다시 한번 결심해야 합니다."라고 말했다.

그와 마찬가지로, 오늘 우리 각자는 결심하도록 요구받는다. 이 오래되고 반응적인 습관을 우리 스스로 서서히 절제할 것을 결심하라고. 우리가 도울 수 없는 장소와 상황에 우리 자신을 여는 것에 관해서. 가장 도움이 되는 것은 아무것도 하지 않는 것일지 모른다.

이런 결심하기, 불쑥 끼어들어 상황을 좋거나 올바르게, 순조롭게 만들고 싶은 충동에 저항하려는 자발성에는 대가가 따른다. 그 대가는 홀로됨(aloneness)이고 이기심의 느린 해체이다.

수련

무력감과 함께하기

조건화의 위력—특히 우리가 '돕기를' 기대받거나 요청받는 상황에서—은 막대하게 쏟아져 나와 우리 삶에 존재한다. 나는 최소한 잠깐 동안이라도 행동하지 않으면서 그 대신 해답, 구원의 응답, 계획을 갖지 않는 것의 피할 수 없어 보이는 긴장감 안에 자리 잡으려는 나의 자발적 의지가 이러한 강력한 충동을 다룰 수 있도록 도와준다는 사실을 이 순간 알아차린다.

내가 이런 식으로 실제로 나 자신에게 작업할 수 있을 때, 나는 가끔 비록 서투름이나 무능함 또는 체념의 감각이 그것의 순간적인 생명을 가지고 있을지 몰라도, 더 넓은 광대함의 장(field)이 스스로 나타남을 알아차린다. 이 '광대함'은 무(nothingness)도 아니고 해리성 탈출도 아니며, 감정의 교차하는 물줄기가 막힘없고 안정된 힘으로 흐르는 곳에서 느껴지는 고요함과 열림의 감각에 가깝다.

당신의 삶에서 다음번에 무력함의 감각이 일어나면 행위하지 않음을 실험해 보는 것이 이로울지 모른다. 그 자리에 그대로 멈춰서 이러한 마음의 물결이 우리를 덮쳐서 씻어 내도록 허용하는 자발적 의지 안에 가슴의 관대함이 있다. 나는 종종 기꺼이 나 자신과 변하지 않는 상황을 인내하면서 어떤 의도이든 내려놓고 이러한 격변과 함께하고자 할 때, 적절한 행동이 스스로 일어남을 발견한다. 이런 순간에 호흡과 고요히 침묵 안에 있으려는 당신의 자발성은 가장 가치 있는 닻이고 동맹군이다.

3부 붕대를 감은 곳을 계속해서 바라보라

다섯 번째 주

틀림없이 가속도가 붙었다. 손에 만져질 듯한 이 현실이 나를 수업으로 끌어당기고 있다. 카라와 이야 기한 것 말고도 이번 주에 수업 참여자와 몇 차례 전 화로 대화를 했고 한 번은 직접 만났다. 각각의 만남 은 지난주 수업이라는 빵 발효기에서 마치 빵 반죽처 럼 일어났다. 천연 효모가 가득한 빵 발효기는 어둡 고 축축하고 따뜻하다. 빵 굽는 사람이 가끔씩 덜 부 푼 반죽을 부풀리기 위해 효모를 넣으면, 반죽은 오 븐 속 열기 안에서 때가 되면 건강에 좋고 영양이 풍 부한 음식으로 변화한다.

문이 두 개 달린 커다란 철제 발효기 중 하나를 열 면, 다양한 단계에서 숙성되어 가는 부풀어 오른 빵 반죽을 본다. 이것은 수업에 참여하는 우리 모두에게 똑같다. 전화 통화를 하면서 알게 된 것은 분투하고 낙심하는 사람들이 있는가 하면, 이런 노력을 하는 가운데 더 큰 내적 안정감을 느끼고 이번 주에 특별히 힘든 상황에서 '수련을 활용하는' 가능성을 말하는 사람들이 있다는 것이다.

어떤 사람은 전화해서 지난 수업의 영향—'작업'의 강렬함—과 "스트레스 완화 프로그램에 들어가면서 상상했던 이상으로 나 자신에 관해 더 많이 알게 되는" 놀라움을 말한다. 그보다 훨씬 더 많은 사람들이 그들의 좌절감, 몇몇 같은 반 참여자의 경험과 비교하여 평가할 때 그들이 '성공'하지 못했다는 느낌을 전화로 이야기했다.

선형적 사고의 영향으로 무력감이 더 커지면서, 그들은 이제 겨우 과정의 반을 지나왔을 뿐이지만 "남은 4주를 결코 잘 해내지 못할" 거라고 확신하고 있다. 그들은 도중에 그만두어야 할지 정말 시작했어야만 했는지, 그런 어려운 상황을 다루어 볼 가능성이 있는지, 그들과 같은 어려움을 겪으면서 '도움되는 이것'을 발견한 누군가의 이야기를 내가 들은 적이 있는지 궁금해한다. 이런 대화는 전체 과정에서 이맘때쯤 종종 일어난다.

지난주 수업에 이어서 나는 사람들이 어디에 있는지, 그들이 삶에 관해 무엇을 말해야 하는지, 그들이 어떻게 마음챙김의 눈으로 상황을 '보고', 천천히 그것과 직접 관계 맺기 시작하는지에 큰 감동을 받았기 때문에 그들의 노력에 감사를 표현하는 편지를 모두에게 썼다. 같은 편지를 받은 클리닉 인턴이 몹시 놀란 몸짓을 하면서 내가 네 번째 수업이 끝날 때마다 쓰는 그 편지가 '표준'이냐고 물었다. 대답하자면 아니다.

지난주 네 번째 수업의 내용과 깊이가 한 주 내내 내게서 떠나지

3부 붕대를 감은 곳을 계속해서 바라보라

않았다. 오늘 수업의 계획은 참여자들의 진실성과 노력이 모여드는 강물과 함께 사는 것에서 나왔다. 말해진 것, 말해지지 않은 것 그리고 이 모든 것의 흐름이 한 주 동안 내 안에서 꿈틀거렸다. 프로그램의 이 시점에, 우리는 첫 수업에서 나눠 준 오디오 테이프의 명상 안내 지침을 활용해서 바디 스캔 명상과 요가를 번갈아 하루에 45분간 수련하고 있다. 그에 더하여 사람들은 앉기 명상을 수련하고 있는데, 두 번째 주 동안 하루 10분으로 시작해서 서서히 테이프의 안내 없이 25분에서 30분까지 시간을 늘린다. 오늘 그들은 한쪽 면은 45분의 '앉기' 명상 안내 다른 쪽 면에 45분의 서서 하는 요가 안내가 담긴 새로운 테이프를 받을 것이다.

새로운 테이프의 구성을 소개하는 방법으로 우리는 35분간 앉기 명상을 한다. 그리고 나서 우리가 계속 앉아 있는 동안 나는 그들에게 시 한 편을 듣도록 청한다. 그것은 시인 루미가 그의 소중한 친구에게 말로 들려준 것을 13세기에 후삼 첼레비(Husam Chelebi)가 글로 옮긴 것이다. 미국 시인 콜먼 바크스(Coleman Barks)가 번역하고 「여인숙(The Guest-Home)」이라고 제목을 달았다. 오늘날에도 이 시는 건강하게 살아 있다. 참여자의 반응에서 그것이 살아 있다는 증거가 스스로 드러난다.

나는 오늘 그것을 큰 소리로 읊는다. 왜냐하면 그들에게, 나에게 그리고 아마도 당신에게도, 마음챙김 수련의 안내를 따라갈 때 보이고 직접 다루어질 수 있는 삶의 본질적인 측면이 이 시에 녹아들어 있기 때문이다.

원한다면 당신 자신에게 큰 소리로 읽어 주라.

인간이란 존재는 여인숙과 같다.

매일 아침 새로운 손님이 도착한다.

기쁨, 절망, 슬픔

그리고 약간의 순간적 깨어 있음 등이

예기치 않은 방문객처럼 찾아온다.

그 모두를 환영하고 맞아들이라.

설령 그들이 슬픔의 군중이거나

그대의 집을 난폭하게 쓸어가 버리고

가구들을 몽땅 내가더라도

그렇다 해도 각각의 손님들을 존중하라.

그들은 어떤 새로운 기쁨을 주기 위해

그대를 청소하는 것인지도 모르니까

어두운 생각, 부끄러움, 후회

그들을 문에서 웃으며 맞으라.

그리고 그들을 집 안으로 초대하라.

누가 들어오든 감사하게 여기라.

모든 손님은 저 멀리에서 보낸 안내자들이니까.

내가 시를 세 번 큰 소리로 암송하고 우리는 앉기 명상을 15분 더

3부 붕대를 감은 곳을 계속해서 바라보라

한다. 앉기 명상이 끝나 갈 때, 나는 사람들에게 다음 질문에 소리 내어 답해 보라고 청한다. 당신이 지금 배우고 있는 한 가지는 무엇인가? 나는 그들에게 질문이 일으키는 내면의 반향에 주의 깊게 귀 기울이면서 그들 자신이 질문을 받아들이도록 허용하고 그런 다음에야 그렇게 하기로 선택한다면, 그들이 발견하고 있는 것을 말로 표현하라고 제안한다.

수련의 맥락이라는 틀 안에서 이것은 모두에게 집에 꼭 붙어 있으라고 요구한다. 경험을 검열하거나 있는 그대로가 아닌 다른 무엇으로 만들 필요 없이 그들 삶의 벌거벗은(bare) 직접성에 가까이 있으라고. 몇 주에 걸쳐 사람들은 이렇게 말하는 방식에 조금씩 익숙해졌다. 그 방식이 정확함과 명료함을 향해 가면서 그 결과로, 개별적인 이해와 집합적인 공명(resonance)이 가능해진다.

누구도 강요당하지 않았지만 기꺼이 자신의 진실을 말하려는 의지는 자기 이해의 필수적인 요소이다. 마찬가지로, 그것은 원 안에 있는 모든 사람이 착수하고 의도적으로 일구어 가는 집단 작업을 공동으로 한다는 느낌을 북돋우고 비추어 주기 때문에 승가(sangha)나 공동체의 발전에 결정적이다.

사람들은 할 말이 많다. 두세 차례 말하는 사람들이 많다. 말없이 있는 사람은 찾아볼 수 없다. 사람들은 습관적인 패턴을 가진 경험과 새로운 방식으로 관계 맺는 법을 배우는 것에 대해 말한다. 너나 할 것 없이, 일상생활에서 마음챙김 하기를 배우는 것에 대해 틀에 박힌 상황에서 틀을 벗어나 행동하는 자신을 발견한 경험에 대해 말한다. 어떤 사람은 가족이 자신을 잘 이해하지 못한다고 말한다. 또 어떤 사람은 자기 자신을 어떻게 이해해야 할지 모르겠다고 말한다.

많은 사람이 더 고요하고, 더 편안하고, 불편한 상황에서 더 유연해졌다고 말한다. 오랫동안 가슴에 무겁게 얹혀 있던 것을 삼키려는 자발성으로 표현되는 자기주장의 감각을 새로이 발견했다고 보고하는 사람도 있다. 지난 두 주의 수업에서 표현된 괴로움과 오늘 말하는 것은 눈에 띄게 다르다. 이 대화는 오랜 시간 이어진다.

존은 「여인숙」이 '강력하다'고 말한다. 그 시를 듣는 것이 특히 끊임없는 변화의 감각과 언제나 '새로운 도착'이 있다는 느낌과 관계 맺는 새로운 방식을 배운다는 관점에서, '명상'을 이해하는 데 도움이 되었다고 말한다. 그는 이어서 자신이 이미 "각 손님을 존중하며 대접하는"—그것이 생각, 감정, 몸의 감각, 또는 예상치 못한 상황이든—실험을 시작했으며, 그 시가 이 과정을 계속하고 자신을 더 친절하게 대하려는 그의 전념을 더 깊어지게 했다고 말한다.

그가 이렇게 말하자 다른 이야기들이 빗발치듯 쏟아지기 시작한다. 몇몇 사람들이 시의 복사본을 달라고 요청한다. 다른 사람들은 시를 듣기 전과 후의 앉기 명상 경험과 그 시가 그들이 자신을 열고 검열하지 않으며 판단하지 않는 태도로 알아차림의 장에 들어오는 무엇이든 그 안에 담도록 허용하는 '방법'을 이해하는 데 어떻게 도움을 주었는지 말한다.

프란신은 지난 두 주의 수업에서 대부분 울기 직전의 상태였다. 이번 주에 그녀가 조용히 흐느끼기 시작했고 이 배려하는 공간에서 그녀의 젖은 뺨이 붉어지고 반짝였다. 그녀는 아들의 죽음이라는

3부 붕대를 감은 곳을 계속해서 바라보라

힘들고 극심한 상실을 직면하고 있다. 그 이후로 그녀는 끈질긴 우울, 불안 그리고 공황에 시달리면서 계속해서 다섯 자녀를 키우고 있다. 그녀가 내 쪽을 바라본다. 우리는 눈이 마주치고 나는 오늘 그녀가 말할 것을 안다.

그녀가 입을 열어 말을 만들고 입술을 움직이지만 소리가 나지 않는다. 그녀는 다시 한번 고개를 위아래로 끄덕이면서 조금 애쓰면서 마침내 말한다. "당신은 어떻게 문에서 웃으며 그들을 만나나요? 어떻게 그들을 초대해 들이나요? 저는 웃을 수 없어요. 몹시 슬프고, 비통함과 죄책감으로 가득 차 있어요." 방 안의 모든 사람이 그녀를 향해 몸을 돌린다. 다 같이 숨을 들이마신다. 다 같이 숨을 내쉴 때 한숨소리가 들린다.

그녀의 질문이라는 따뜻한 화살이 나를 뚫고 들어왔고 나는 그녀의 물음이 이의를 제기하는 것이 아님을 안다. 어떠한 증명도 요구되지 않는다. 그보다는 알고 싶은 이 현실의 과도한 짐에서 그녀 자신을 풀어 주고 싶은 깊은 갈망이 있다. 이것은 우리 모두에게 다르지 않다. 그렇기 때문에 나는 잠깐 동안 움직임 없이 말없이 존재한다. 이것은 좋은 일이다. 여기, 이 순간에, 그녀의 질문을 받아들이는 것 외에는 다른 여지가 없다. 이렇게 할 때 그 질문을 실제로 **느낄** 공간이 나에게 허락된다. 예기치 못한 일의 도착을 맞이하여 내 안에서 일어나고 풀려난 모든 살아 있음을 단순히 감지한 후 천천히 한데 모을 수 있는 공간. 꼭 「여인숙」에서 말한 것처럼, 그리고 우리가 지난 4주간 함께 해 오고 있는 작업이 '그들에게' 삶에서 무슨 일이 일어나든지 그것이 이미 여기 존재하므로 그들 자신을 열어 환영하라고 격려하고 촉구하듯이 프란신의 질문은 예상치 못한 두드림으로 내 문 앞에 도착한다. 바로 지금, 마음의 모든 개념을 넘어서 '손님'이 도착했고, 나는 '그들 모두를 환영하고 대접하기'의 가능성으로 초대받는다.

그녀가 이미 우리 모두에게 아들의 죽음에 관해 편안하게 얘기했기 때문에 나는 프란신의 질문에 답할 때 그에 관해 솔직하게 말한다. 나는 그녀에게 이 시가 그녀가 아들에 관한 기억이 떠오를 때나 비통함과 고통의 경험을 직면할 때 문자 그대로 '웃을' 수 있어야 한다고 말하는 것은 결코 아님을 넌지시 말한다. 정확히 말하면, 이 시는 우리에게 비통함과 고통을 관대하게 맞이할 가능성을 살피라고 권고하면서, 우리가 맞닥뜨리는 것이 무엇이든 그것을 대하는 내적인 태도를 제안하고 있을 것이다. 우리가 역경을 만날 때 보통은 이렇게 하지 않는다. 가장 흔히 우리는 저항하고, 후퇴하고, 바쁘게 지낸다. "바쁘게 지내면 나를 압도하고 죽일 듯한 고통을 느끼지 않을 수 있어요."라고 말한 것을 보면 그녀는 우리가 공통으로 무엇을 좋아하는지 잘 알고 있다. 이를 감안하면 그녀는 내가 제안하고 있는 가능성을 이해할 것 같다.

비록 아이의 죽음이 내 경험의 일부가 아니라 하더라도 나는 삶에서 많은 상실에 부딪쳤고 어떤 것은 내 아이와 관련이 있었다. 처음에 이러한 상실은 견딜 수 없고 치유될 수 없는 듯 보인다. 나는 프란신이 그녀가 고통과 비탄을 다룰 능력이 전혀 없다고 믿으면서 상상의 막대한 두려움을 설득력 있게 만들어 냈음을 감지한다. 나는 이것이 사실이라고 믿지 않는다.

나는 아들의 죽음이 일어난 방식이 완전히 그녀의 통제를 벗어난 일이었다고 그녀에게 상기시킨다. 이를 고려할 때, 그리고 지난 4주간 우리가 마음챙김 수련이라는 매개체를 통해서 삶의 핵심으로 들어가는 여행을 함께하고 있음을 고려할 때, 이번 주에 그녀가 이러한 감정의 파도의 진동과 리듬 안에 "함께하는"—조금이라도 실제로 느끼는—작업을 시작할 수 있을지 모른다.

우리는 그녀가 압도적으로 느껴지는 것에 제어할 수 있는 선에서 다가가 볼 가능성을 이야기한다. 아마도 바다에서 수영을 하고 싶은데 물의 온도가 어떨지 몰라 물가를 따라 걷는 것처럼, 그녀는 비탄과 불안이라는 물에 새끼발가락을 담가 괜찮은지 시험해 볼 수 있다. 물가를 거닐면서 이 감정의 바다의 한복판에 몸 전체를 던져 뛰어들 필요는 없다.

이런 식으로 그녀는 자신만의 속도로 삶의 고통스러운 측면과 관계를 맺기 시작할 수도 있다. 오늘은 아마도 1~2초쯤. 다음 주는 아마 30초. 어쩌면 이렇게 하다가 루미가 말한 "웃으면서"를 기꺼이 해 볼 마음이 들 수도 있다. 그러한 **자발성**은 그녀만의 표현에 따르면 "작은 희망이나 평화"를 가져다주는 도망치는 방식이 아니라, 두려움과 비탄, 죄책감의 도착을 대하는 체화되고 실제적인 방법이다.

그녀는 말없이 듣고 다시 한번 고개를 끄덕인다. 반 친구들은 지혜롭게도 그녀에게 말없이 귀 기울이는 현존을 선물로 준다. 우리 모두에게 정말 필요하지만 가슴이 마비되거나 충고하기 좋아하는 우리 세계에서 대개는 전달되지 않는 선물이다.

이제 곧 갈 시간이다. 어떤 사람은 다른 약속이 있어 자리를 뜬다. 많은 사람들이 짧게 몇 마디 하거나 프란신 가까이 옹기종기 모여 있다. 그들은 충고하지 않는다. 대부분은 다른 모두가 마음에 품은 질문을 그녀가 용기를 내어 기꺼이 해 주어서 그녀에게 고마워할 뿐이다. 프란신과 나는 복도에서 잠시 함께 이야기를 나눈다. 그녀가 손을 뻗어 내 손을 잡으며 "고마워요."라고 말한다. 나는 얼마든지 괜찮다고 말하며 그녀의 노력에 감사하고 그녀가 주중에 통화를 원한다면 시간을 낼 수 있음을 다시 알려 준다. 그녀는 "좋아요."라고 말한다. 우리는 둘 다 동시에 말한다. "다음 주에 봐요."

3부 붕대를 감은 곳을 계속해서 바라보라

고속도로를 45분 달려서 1번 장기 주차장으로 잠깐 운전해 들어가 셔틀 버스가 기다리는 터미널로 안내받는다. 20분 후 시카고로 향한다. 음식, 음료, 잡지를 준다. 탄다. 내린다. 기름을 넣는다. 다시 탄다. 착륙. 정오에 샌프란시스코에 도착한다. 25분 후 새 렌트카가 기다리고 있는 곳에 내린다. 기름을 채운다. 버클리(Berkeley)로 향한다. 감동이다! 처음부터 끝까지 친절하고 매끄러운 운영, 잿빛 이스트 코스트에서 화창하고 푸른 언덕이 즐비한 베이 에리어(Bay Area)로 마법처럼 나를 데려다준 배려 깊은 서비스에 매혹된다. 이 모두가 소중한 나라는 느낌이 일어나도록 돕는다. '그들이' '나를' 위해서 이렇게 해 주었다고 느껴지는 감각.

101 도로를 타고 북쪽을 향해 간다. 3개 차선 도로

가 막힘없이 뚫린다. 새로 공사하는 곳을 지난다. 유칼립투스와 마른 덤불숲을 지난다. 눈 깜짝할 사이 시속 60km에서 0km로 떨어진다. 꽉 막힌 차들이 시야를 가득 채우며 지옥처럼 길게 늘어서 있다. 등을 한 대 세게 맞은 것처럼 그 효과는 날카롭고, 즉각적이고, 직접적이다. 정신이 번쩍 든다. 갑자기 배꼽을 잡게 하는 거의 통제가 불가능한 웃음이 터져 나오고 곧 이어 뜻밖에 흘러내리는 눈물에, 나는 귀청이 터질 듯 갑작스러운 침묵에 잠긴다. 마법이 풀린. 과대광고에서 구출된. 중요성이라는 환상.

　교통. 위대한 동점 골은 우리 모두를 강제적으로 고요해지게 하고 결국에는 상황을 내 마음대로 할 수 없다는 벌거벗은 진실을 무시할 수 없게 만든다. 이것은 샌프란시스코 주민이나 여행객이든, 차가 낡았든 새것이든 상관없이, 그날 우리 모두에게 똑같다. 우리의 목적지가 어디든 상관없이.

3부 붕대를 감은 곳을 계속해서 바라보라

금요일에 조니가 연락을 해 왔다. 그녀는 클리닉 비서인 노마에게 자신이 최근에 지역 병원 정신건강과의 입원 병동에서 퇴원했다고 말했다. 우리 클리닉을 알려 준 그녀의 주치의는 환자에 대한 배려 깊고 진심 어린 편지를 써서 그녀가 프로그램에 참여하도록 허락해 달라고 우리에게 청했다. 나는 다음 주 초에 그녀를 만날 약속을 잡았다.

그녀는 도착해서 일련의 서식을 작성해야 했다. 이 것은 보통 15분 정도 걸린다. 40분 후 조니는 아직도 하고 있었다. 나는 대기실에서 그녀를 만났는데, 그녀는 허둥지둥하고 있었다. 문제가 어려워서가 아니라 지난 몇 주간 그녀가 크나큰 변화를 겪었기에 지난달의 신체 증상과 심리 상태를 묻는 질문에 답한다면, 지금 자신의 상태가 잘못 전해질 것이라고 느꼈

225

기 때문이다.

이 상황에 대응하기 위해서 그녀는 서식의 빈 공간에 설명과 의견을 빼곡히 써 넣었다. 그녀의 자기감(sense of self)의 과거와 현재 사이의 불일치와 차이를 어떻게 해서든 명확하게 하고 해결히기 위함이었다.

대기하는 곳에서 우리가 대화를 나눴을 때, 그녀가 처음으로 꺼낸 말은 "저는 이 인터뷰가 제 상태가 지금 어떤지와 프로그램이 어떤지에 관해 누군가와 이야기하는 시간일 거라고 생각했어요." 나는 그녀에게 이 시간에 정말로 인터뷰를 할 것이라고 약속했고, 그렇지만 인터뷰 전에 그녀가 질문지에 답하는 것이 우리에게 도움이 된다고 말했다. 나는 그녀를 내 사무실로 맞아 들였고 우리는 대화를 시작했다.

그녀는 노트북을 가져왔는데 때때로 자신에 관한 생각과 감정 그리고 왜 클리닉에 참여하고 싶은지를 나에게 읽어 주었다. 그녀가 프로그램 참여를 구체적으로 생각해 왔음이 분명했다. 사실 그녀는 지나치게 상세하게 설명했다. 어디 사는지와 어떻게 지내는지에 관한 질문을 받고 그녀는 자신이 사는 도시에 관해 말하면서 주소의 도로명과 수업 참여를 위해 메디컬 센터에 오도록 주선해 준 그녀의 좋은 친구가 사는 도시와 그 도로명까지 대답했다.

우리는 그녀가 오늘 자신의 상태를 어떻게 느끼는지뿐만 아니라 그녀가 병원에서 지냈던 시간과 무엇 때문에 입원하게 되었는지도 얘기했다. 계속해서 그녀는 지나치게 상세하게 설명했다. 길게 느껴지기 시작하는 시간 동안 내가 그녀의 상황을 듣고 그에 관해 이야기한 후, 그녀는 조용히 말했다. "저는 정말로 여기 클리닉에 관한 정보를 얻으려고 왔어요. 프로그램이 어떤지와 제가 지금 참여하고 싶은지 보려고요." 그 말을 듣고 나는 짜증이 올라옴과 그 짜증이 불어나고 있음을 깨달았다. 나는 자세를 고쳐 앉았다.

주의의 초점이 그녀에게서 나 자신으로 옮겨 왔다. 점점 더 안달이 나고 퉁명스러워지면서 마침내 내가 자기 중요성에 휩쓸리고 있음을 깨달았다. **내** 시간이 '낭비되고' 있다고 느꼈다. **나는** 더 중요한할 일이 있다고. 요컨대, 여기서 프로그램의 세부 내용을 설명하고 싶지 않았고 어차피 수업을 아예 안 들을 수도 있는 누군가가 고통스러울 정도로 상세하고 장황하게 이야기하는 것을 듣고 싶지 않았다. 나는 사로잡혔다. 어떤 상황인지 감이 오는가?

이러한 감정에 관한 생각이 더 명료해지면서, 나는 그 감정이 조니와 상관이 없다는 것, 인터뷰 시간이 길어서가 아니라는 것 그리고 모든 것은 **나로부터** 나왔다는 것을 알았다. 내가 그 짜증을 만들어 내고 있었다. 충돌. 분리. 조니는 빙 돌려 말했고, 불안했고 전적으로 진실했다. 그녀는 자신이 너무 많이 말하고 있지 않은지 물었다. 긴장할 때면 언제나 그렇다고 했다. 나는 그렇다고 말하고 싶었지만 그러지 않았다. 그렇지만 그녀의 질문은 한 방에 나를 정신 차리게 했다. 그 질문 덕분에 나는 멈추었고, 조니가 클리닉에 참여하기로 선택할지 여부와 관계없이 그녀를 한 인간으로 보기 시작했다. 결과적으로, 나는 그녀의 입장에 설 수 있었고 내가 만일 그녀라면 초조할 것이고 게다가 나의 태도가 그녀의 불안을 악화시킬 뿐임을 알 수 있었다.

자기 중요성 2: 인플레이션의 소용돌이

이상하게도 내 안에서 이런 변화가 일어나자, 조니가 메모장을 내려놓고 나를 바라보며 말했다. "있잖아요, 사키 박사님, 이제까지 제 모든 삶은 잃어버린 조각들이 많은 조각 퍼즐 같았어요. 이제 그 조각들을 찾았으니 퍼즐을 맞추고 저 자신을 위한 삶을 만들 준비가 되었어요." 나는 **우리의** 모든 잃어버린 부분 뒤에 존재하는 근원적인 견고함과 온전함뿐만 아니라 나 자신의 잃어버린 조각들 또한 느낄 수밖에 없었다.

조니가 자신의 완전성과 행복에 접촉할 기회를 갖지 못할 이유가 없었다. 조니가 진정으로 누구인지 접촉하지 못하고서 나의 의제, 나의 기대, 나의 제한된 지각에 근거해서 그녀에 관해 결론 내리기는 얼마나 쉬울 것인가. 그러한 접촉은 연대와 연결의 순간에 찾아올 뿐이다.

조니는 내가 지도하는 화요일 저녁 수업에 등록했고 우리는 수업 전후에 이야기를 계속했다. 지난번 저녁에 그녀가 나에게 와서 "제가 좋아지고 있어요. 더 이상 말을 너무 많이 하지 않아요."라고 했다. 우리는 함께 서서 미소 지었다. 나는 그녀가 잘 되는 것이 기뻤고 내가 나 자신을 그렇게 심각하게 받아들이지 않기를 다행이었다. 그랬다면 큰 실수였을 것이다.

부끄러움의 상자

HIV 양성. 에이즈 발병. 부끄러움은 눈을 마주치지 못한다. 경의나 존경심에서 그러는 것이 아니다. 불편할 뿐이다. 바로 어제 일어난 일이다. 안나는 나에게 그녀의 삶, 자녀들, 집안 내력인 마약 중독, 법정 이야기를 했다. 주 정부의 구금. 그녀 자신의 '**회복하려는**' 몸부림. 미래에 다가오는 알지 못함을 가능한 충만하게 살고 싶은 그녀의 바람에 대해서 말했다.

우리 모두는 미래를 예측할 수 없고 무상함(impermanence)을 아는 것은 우리가 태어날 때부터 공통으로 가지는 권리이다. 하지만 그녀는 측은하게 여기거나 고생이라고 생각하지 않으면서 이것을 알고 전송한다. 그녀는 오늘 배달원이 되어 나에게 온다. 그녀 얼굴에 미소가 떠오른다. 활짝 웃는 것은 아니다. 그녀는 무엇인가를 안다. 그것이 드러난다. 지금 아무

것도 할 일이 없다. 우리가 함께 자유롭게 이야기하도록 허용하는 것은 저 작은 미소 안에 다 있다. 그 미소가 다시 한번 가식과 품위 너머에 솔직하고 부끄러움 없는 사람 사이의 교류의 본질을 나에게 일깨운다.

수련

부끄러움에 주의를 기울이기

부끄러움은 서로 다른 몇 개의 상자에 담겨서 오는 것 같다. 상자 하나에는 우리 자신의 내적 기준에 미치지 못함이 드러난다는 개인적인 감각에서 일어나는 자의식의 느낌이 들어 있다. 이 경우, 부끄러움의 느낌은 유용한 내면의 기준점이 되어 세상에서 우리 존재의 방식을 더 깨어 있도록 빚고 다듬을 수 있게 이끌어 줄 것이다. 또 다른 상자는 더 자주 배달되는데, 갈피를 잡을 수 없는 자의식의 감각과 관련이 있다. 그 감각은 단순히 인간 존재의 완벽한 이미지에 미치지 못하게 보이는 것과 연결되어 있다. 사람들과의 관계에서, 이 두 번째 부끄러움은 종종 단절의 감각에 불을 지핀다. 왜냐하면 다른 사람과 함께 있을 때 우리가 단순히 우리 자신이 되는 것이 너무나 어렵기 때문이다. 안나와 앉아 있으면서 나는 얼마간 두 번째 '상자'를 들고 있었다. 그녀는 내가 그것을 내려놓도록 도와주었다. 그녀의 순전한 무방비 상태는 나에게 충격을 배달했다. 나는 어떻게 그녀와 함께해야 할지 잘 모르는 순간적인 감각에 놀라서 그녀를 가리는 동시에 나 자신을 가릴 준비를 하고 싶었다.

그런 다음, 나 자신이 단지 있는 그대로의 그녀와 함께하도록 단순히 허용할 수 있음을 깨달았다.

두 번째 부끄러움의 상자에 관해 당신 자신에게 물어볼 만한 몇 가지 질문이 있다.

부끄러움의 근원은 무엇인가?

무엇 때문에 다른 사람 앞에서 단지 나 자신이 될 수 없는가?

어찌 되었건, 우리 모두는 무엇에 관해 그토록 부끄러움을 느끼는가?

그들은 수련의 실제가 매일, 매 순간, 끝없는 다양
함으로 도착한다고 말한다. 그렇지만 이러한 흐름 안
에서—대개는 과거 역사의 축적된 진흙을 수반하
는— 특별한 순간이 나타나는 것이다. 그 순간은 우
리를 존재의 충만함으로 휩쓸어 가서 낯선 해안가에
데려다 놓는다. 축축하고 잠깐 동안 숨을 쉴 수 없지
만 상호 의존하고 서로 침투하는 모든 존재의 본성은
의심의 여지가 없어진다.

이것들이 속속들이 시사한다. 맹렬하고 다정하게
전해 오는 충격이 우리를 우리의 완전성이라는 엄연
한 진실에 깨어나게 한다. 우리 각자가 인간됨이라는
끝없는 흐름에서 나온 각각의 얼굴을 하고 있다는 것
을 상기시킨다.

당신이 혐오하는 일을 앞으로 할 수 있는 일의 목

록에서 삭제해 버리고 결코 다시 하지 않으리라 생각하는 것이 어떤지 아는가? 바로 어제 저녁 나는 그러한 순간들에 발을 들여놓았다. 내가 그것을 알기 전, 나는 아내에게 나를 완전히 충격에 빠뜨리고 내 발길을 멈추게 한 언어의 타격(tongue-borne blow)에 관해 이야기했다. 그것은 너무 강력하고 직접적이며 꾸밈이 없어 부정할 수 없었다. 변명의 여지가 없었다. 타당한 이유를 댈 수 없었다. 나중에 그에 관해 말하려고 노력하기란 불가능했다. 시도했지만 헛수고였다. 오늘 아침 말없이 앉아 있는 동안 그 경험의 모든 힘이 자리 잡았다.

사과 이면에, 죄책감 이면에, **이것 또한 나는 할 수 있어**라는 현실이 미해결 과제로 내 가슴에 남아 있다. 그렇지만 이것에 대해 처음 행동의 단단함만큼 놀라운 부드러움이 있다.

무엇인가 일시적으로 훼손된 상태이다. 실제로 더 정확하게는 **풀이 죽어 있다**고 해야 할 것이다. 이것은 무엇인가? 내가 누구라는 또는 누구였다고 생각했던 근본적인 측면의 위상이 낮아졌다. 회한이 있지만 부재의 본질이 훨씬 더 현존하고 구석구석 배어 있다. '저' 모든 사람들과 내가 다르다는 구별이 사라졌다. 내가 '나'라고 부르는 이 껍질 안에 살고 있으면서 인정하지 않겠다는 마음의 특질 또는 '그러한' 사람들 모두에게서 오는 구별들이 사라졌다. 이것은 분리를 원하고 특별해지거나 다른 사람들과 다르기를 원하는 내 안의 어떤 것에 다시금 일침을 가하며 나를 자유로이 풀어 준다.

이것에 관해 쓰는 것 자체가 보다 미묘하게 그 자신을 주장하는 특별함인지 궁금하다. 답을 알기란 어렵다. 그렇지만 내 안에서 콸 콸 솟아오르는 대답에 귀를 기울여 보면 숨김없고 서투른 그리고 진실한 무엇인가 이 페이지로 걸어 나오고 있다. 그 모든 것을 본, 참을성 있게 어두운 가장자리에서 기다려 온 어떤 내면의 지혜로운 자가 이제 나에게 거의 견딜 수 없는 사랑의 미소를 돌려보내고 있다. 그러는 동안 햇빛을 차지한 영웅, 무리에서 떨어져 나와 평소 자신을 앞서 걷는 자가 자리에 앉는다. 그는 지금 움직임 없이 편안하고 그녀의 반사하는 얼굴에 비추인 빛에 잠시 동안 사로잡혀 침묵 속에서 이 옛것을 지켜보고 있다. 눈 깜박임 사이에 전쟁광, 학대자—모든 투사된 '타인'—, 그들의 희생자와 연결되는 나 자신을 발견한다. 심한 타격을 스스로 보내고 받는다. 그리고 나는 다시 한 번 내가 분리된 존재가 아님을 안다. 이로부터 부드러움이 일어나서 나는 답변 없이 초대받아 가족 안 내 자리에 앉는다. 고통이 있고 그 고통에 자신을 내맡김이 있다. 그것은 조용한 기쁨, 인간됨과 화해하는 것이다.

3부 붕대를 감은 곳을 계속해서 바라보라

원 안으로 들어가기

미완성은 우리가 자신을 펼치는 방식이다. 틀림없이, 우리는 이러한 재결성에 가지각색으로 저항한다. 안락함이 우리를 유혹한다. 평범한 것, 예상과 예측이 가능한 것을 향한 욕망은 곧 우리 스스로 짓는 감옥이 된다. 자기 동정, 분노, 조작, 속임수, 거짓된 무력감—순전한 단순성의 강렬한 빛 가운데 서 있으면서 순간을 모면하려는 모든 시도와 전략적인 술책—이 일어날 때, 나는 나 자신의 삶에서 이것을 알고 또한 모든 것을 너무나 잘 알아본다.

똑같은 과정이 치유 관계에서도 항상 일어나고 있다. 우리는 다른 사람이 있을 때면 언제나 자신 쪽으로 기운다. 우리가 자신을 보호한다는 사실을 인정하는 것은 비난이 아니라 이 현실을 직시할 가능성으로 들어가는 입구이다. 우리가 일하는 방식조차도 특히 일이 '효과적'으로 될 때, 우리는 주의를 기울이지 않고서 반만 깬 의식으로 눈 먼 보호를 제공하기 쉽다. 비록 우리가 돌보는 사람들이 이를 눈치채지 못할지라도 우리는 멀찍이 물러나는 태도를 취하는 익숙하고 낡은 방식에 쉽게 길들여질 수 있다. 다음이 좋은 예이다.

우리 클리닉의 전문가 인턴십 프로그램에 몇 년 전 아주 멀리서 온 참여자가 있었는데, 그는 자신이 읽고 들은 것을 직접 경험하기 위해 3개월 동안 삶을 완전히 재배열했다. 다른 모두와 마찬가지로, 그는 마음챙김 수련과 MBSR 지도의 의미에 대해 자신만의 견해를 가지고 있었다. 수업을 시작하고 몇 주가 지나 그가 대화 시간을 요청해서 나에게 말했다. "당신은 배우이자, 연예인입니다. 당신은 **마음챙김에 관해** 말하고 있지만, 교실에서 일어나는 상황에서 자주 다른 사람들을 마음챙김으로 '대하고' 있지 않습니다. 당신의 이야기는 사람들과 현존하는 데 방해가 됩니다." 나는 화가 났고, 기분이 상했고, 방어 태세를 취했다. 나는 그의 의견에 동의하지 않았고 그의 비난을 섣부르고 부정확한 것이라고 묵살했다. 나는 동료들에게 그의 의견을 이야기했고, 그가 이것이 정말로 우리의 공통적인 결점이라고 어떤 식으로든 우리 모두에게 말했음을 알게 되었다. 그 사실을 알게 되자, 그 비난이 단지 그의 환각이라고 단정 짓기가 훨씬 더 쉬웠다. 그러나 이렇게 끝나지는 않았다.

몇 달이 걸리긴 했지만 그가 말한 것은 마침내 내 피부 밑으로 내 귀 안으로 들어왔다. 그의 의견은 비록 완전히 정확하지 않을지라도, 예상치 못한 방식으로 정곡을 찔렀고 내 갑옷에 작은 틈을 만들었다. 유리창에 난 눈에 띄지 않던 흠집이 시간이 흐르면서 갈라져 금이 번지기 시작하듯. 내 이야기가 정말로 더 가까운 접촉을 방해했을까? 내 안의 배우가 그 순간의 실제성을 회피하면서 나를 중앙 무대에 올려놓고 '연기'했을까? 답을 찾는 방법으로, 나는 다음 지도 주기 동안 어떤 이야기도 하지 않겠다고 결심했다. 두 번의 지도 주기 동안 계속 그렇게 실천했다.

이야기 자체가 문제가 아님을 곧 알게 되었다. 진짜 문제—그의 비난의 가장 정확한 요소—는 가끔씩 그 이야기들이 부탁받지 않은 두 가지 일을 했다는 것이다. 첫째, 그것들이 자신만의 생명을 가지고 있으면서 우리를 이 순간 밖의 다른 세계로 끌어들였기 때문에, 때때로 나와 참여자들 사이에 미묘한 장벽을 세웠다. 그 순간은 보통은 '재미있었지만' 분명 핵심에서 벗어나 있었다. 둘째, 훨씬 더 중요한 것은, 내가 나 자신의 내적인 '깜박임'—가끔씩 특정 순간에 반응적으로 이야기를 생각해 내는 미묘한 떨림—을 인식하기 시작했다는 것이다. 대개 그 순간은 알 수 없는, 답할 수 없는, 다음 수가 없는 벌거벗은 현재라는 매서움 속에서 다른 사람과 함께 오랜 시간 머물기를 꺼리는 나 자신을 발견할 때였다.

새로운 주제로 옮겨 가려는 이 깊은 욕구는 늘 우리에게서 삶을 앗아간다. 이 욱신거리는 간지러움에 흔쾌히 주의를 기울이면 막대한 이해가 생겨난다. 이야기를 하거나, 비유를 사용하거나, 격려하거나, 나아가거나, 해결책을 바라거나, 우리의 지식을 활용해서 조치를 취해서는 안 된다는 뜻이 아니다. 그러나 우리 관계에서 가장 큰 치유는 기간이 길든 짧든 있는 그대로의 실재와 함께함이라는 기반에서 일어나는 경우가 많다. 이것은 오래된 배움 끝없이 되풀이되는 교훈이다.

치유는 항상 우리에게 원 안으로 들어오라고 요구하고 있다. 지금 순간보다 앞서가거나 그 안에 존재함을 방해하는 무엇을 하도록 허락하지 않는다. 우리가 들어와서 기다릴 때, 적절한 행동이 스스로를 알리기 마련이다. 모든 것이 더 분명해진다. 우리 자신과 타인 그리고 상황들이 그저 있는 대로 보인다.

깨진 것은 무엇인가

인간은 날 때부터 부드럽고 유연하다.
그러나 죽은 자는 뻣뻣하고 딱딱하다.
식물은 날 때부터 연하고 잘 휘어진다.
그러나 죽은 것은 바싹 말라 잘 부러진다.
이와 같이 누구든지 뻣뻣하고 유연함이 없는 자는
죽음의 신봉자이다.
누구든지 부드럽고 유연한 자는
삶의 신봉자이다.
뻣뻣하고 딱딱하면 부러질 것이다.
부드럽고 유연하면 승리할 것이다.

노자
『도덕경』 76장 중에서

우리 인간은 대부분 딱딱해지고 보호막을 입는다. 그 밖에 다른 수가 있겠는가? 삶의 타격으로 상처 입은 우리는 마음을 열고 삶에 대한 저항을 내려놓는 기술을 배우는 집중적인 훈련이나 근본적인 문화적

239

지원을 받지 못했다. 마음을 단단히 먹고 세상을 걸어가는 것 말고, 우리에게 어떤 다른 선택이 있는가? 우리는 한 걸음 내딛을 때마다 옆구리를 보호하고, 어깨너머로 살피느라 남몰래 진이 빠진다. 우리 각자는 이런 식으로 걸으면서 막대한 대가를 지불한다. 세상과의 연결을 잃는다. 삶은 우리가 살아가는 무엇이 아니라 행위하고 헤쳐 나가는 무엇이 된다. 이러한 사유에는 엄청난 슬픔이 있다. 우리 각자는 자신만의 방식으로 이것을 안다.

이제는 무차별적인 무감각에 둘러싸여 우리는 돌처럼 딱딱해져서 단절과 고립을 느낀다. 친구, 가족, 동료와는 가까이 있어도 멀게 느끼며 지내고 좀처럼 달을 볼 수도, 돔 모양의 하늘을 느낄 수도, 마음껏 웃을 수도, 이유를 설명하지 않고 울 수도 없다. 그렇다, 우리는 계속해서 우리 삶을 산다. 우리는 걷고 이야기하고 단풍을 흘깃 보지만 건성으로 그렇게 할 뿐이다. 우리는 삶의 많은 시간을 얇은 베일에 뒤덮인 것처럼 산다. 우리 내면에 낀 성에, 피부를 뚫고 배어 나오는 냉랭함이 우리 자신과 세상 사이에 차오르면, 우리는 음울하고 죽어 있고 갇혀 있다고 느낀다. 평생을 이런 식으로 살 수도 있다. 이 성에, 이 음산한 단단함은 미묘하고 유혹적이다. 그것이 삶을 더 쉽게, 견딜 만하게, 안전하게 만들어 주는 듯 보이기 때문에 우리는 갖가지 방식으로 그에 길들여진다.

믿기 힘들겠지만 가슴의 범위 안에서 이러한 뻣뻣함 이면에 우리 모두는 헤쳐 나갈 길을 찾기를 소망한다. 녹임. 해빙. 밥 짓기. 모든 것이 부드럽게 하는 이 작업을 가리킨다. 이것은 수동성, 포기, 그 자리에서 삶에 굴복하는 것과는 전혀 관계가 없다. 그보다는

3부 붕대를 감은 곳을 계속해서 바라보라

삶을 있는 그대로 만나는 것과 관련이 있다. 그것인 그대로. 풍부하게. 확신을 가지고. 가슴이 펼쳐져서 그 자신의 목소리로 말하도록 허용하면서. 당신의 것인 그 목소리! 얼어붙은 가슴속 오랫동안 감추어진 그 목소리. 고통과 기쁨의 현존 안에 여전히 전율하는 그것.

우리는 이러한 부드러움을 두려워한다. 그것이 우리의 힘, 분석적으로 생각하고, 냉정하고, 곧장 행동하는 능력을 위태롭게 한다고 여기기 때문이다. 어쩌면 우리는 약하고, 전문가답지 못하고, 물렁하게 보이고 싶지 않은 것이다. 그러나 이런 일은 정말로 일어나지 않는다. 명료한 사고는 부서지지 않는다. 사랑은 깨지지 않는다. 천천히 쪼개져 열리는 것은 자유로운 사랑의 물줄기를 막는 우리의 개인적인 동일시의 감각이다. 즉, 우리가 **자기**라고 부르는 것 그래서 **타인**을 만들어 내는 것이다. 자기를 갖는 것은 문제가 되지 않는다. 분명히 우리 각자는 이 펼쳐지는 우주의 한 독특한 측면을 몸소 표현한다. 문제는 '나' 자신이 독립적인 타인으로부터 분리된 존재라고 상상하는 데 있을 뿐이다.

이 분리의 감각은 쉽게 녹아 없어지지 않는다. 그것은 평생에 걸친 작업으로, 우리 자신을 향한 배려 깊고 단호한 인내심, 의심없는 우정, 끈기, 딱딱함과 열기와 삶의 빛을 기꺼이 깊이 느끼려는 의지 그리고 그렇게 할 방법을 요구한다. 그 방법이란 말 그대로, 판단하지 않는 알아차림과 평정심, 연민심의 거울에서 펼쳐지는 전체적인 춤—딱딱함과 부드러움, 분리와 친밀의 상호작용—을 지탱하는 수단이다.

고통받고 있고 그렇기 때문에 우리가 허용한다면, 우리 자신의

깨진 것은 무엇인가

삶에서 원치 않거나 밝혀지지 않은 요소를 우리에게 되비춰 주는 타인과 함께하는 것은 이런 방식으로 수련할 큰 기회이다. 얼마 전에 나는 다시 한번 의과대학 신입생 집단과 함께 그들의 첫 번째 맨눈해부학 경험에 관해 이야기했다. 그들은 첫 학기의 반을 지나왔고, 직접 그린 만화로 슬라이드 발표를 하면서 시체 해부의 경험에서 느낀 감정을 비추어 보는 의학 인문학 과정 수업을 방금 마치고 왔다.

발표의 시점이 한참 빗나갔다고 느끼는 사람들이 가장 소리 높여 불만을 토로했다. 본질적으로 그들은 8주 동안 해부하면서 밑바닥에 깔린 감정의 흐름에 휩쓸리지 않겠다고 마음을 단단히 먹었고, 해부학 수업이 끝날 때까지 이런 강인함을 지속하기를 원했다. 그들은 학기 중간에 감정을 떠안게 되어 화가 나고 속이 상했다. 논쟁의 쟁점은 이것으로 압축되었다.

"지금 이 모든 감정을 다루어야 한다면 어떻게 배우고 분석적으로 생각할 수 있겠어요?" "한때 사람이었던 시체를 대하면서 느끼는 강렬한 감정을 다루어야 한다면 어떻게 기술적인 세부 사항들을 익힐 수 있죠?" "이런 종류의 감정을 느낀다면 생각하고 배우는 제 능력이 떨어지기만 할 거예요."

다른 학생들은 훨씬 더 작은 소리로 그렇기 때문에 시기가 꼭 맞았다고 하면서 그에 반대한다. 나는 그들이 처음으로 환자와 상당히 자주 접촉하기 시작하는 장기 의대생 지도의사 프로그램(Long-Term Preceptor Program)에 관해 물었다. 나는 교실에서 배운 내용과 임상 의학이 맞닿는 틈으로 바로 옮겨 가고 싶었다. **살아 있는** 인간

3부 붕대를 감은 곳을 계속해서 바라보라

을 직접 만나면서 분석적인 사고와 감정이 결합되는, 그들의 첫 번째 임상 만남에 관해 듣고 싶었다.

한 남자가 말했다. "의사가 환자 앞에서 울면 안 된다고 생각해요. 제 지도의사가 담당했던 아이가 어쩔 수 없이 다른 보건 기관으로 옮겨야 했을 때, 그분이 아이와 아이의 가족을 껴안고 울었는데 충격적이었죠." 나는 이 순간 안에 그들과 함께 살아 있음에 매료되는 동시에 우울했다. 수업이 끝날 즈음, 내 옆에 앉은 여학생이 자랑스럽게 외쳤다. "그만 분리해요! 그냥 다른 부분 해요! 나중에 이 모든 걸 다 배우고 나서 느낄게요!"

우리는 결론에 이르지 못했다. 상황의 불확실함에 동요된다. 수술로 갈라서 열어 놓은, 이 죽은 몸의 한 치의 오차도 없는 정확성. 나는 궁금증에 휩싸여 오랫동안 방에 남아 있었다. 누가 누구를 해부했던 것인지 궁금하다. 교육이란 무엇인지 궁금하다. 그들이 앞으로 만날 환자들이 궁금하다. 그들이 느끼는 압도감이 궁금하다. 그들이 궁금하다. 머리와 가슴 사이, 과학과 인문의학 사이에 거대한 문화적 균열이 궁금하다. 그러나 가장 궁금한 것은 우리 모두 안에 무엇이, 우리가 그 모든 것을 감당할 만큼 광대하지 않으며 견고하지 않고, 회복력이 없으며 온전하지 않다고 끈질기게 상상하느냐이다.

간단히 말해서, 그것은 우리 안에서 느끼는 분리감이다. 그것은 보호받아야 마땅한 **자기**처럼 느껴진다. 이것은 얼어붙은 딱딱함이다. 우리는 보호를 필요로 하는 이 '나'에 관한 탐구로 들어갈 시간도 방법도 없이 이 딱딱함의 가장자리에 곧장 올라섰다. 이 '나'는 감정이 명료한 사고의 힘을 떨어뜨릴 것이라고 상상한다. 이 '나'는 애매모호함, 불확실성, 삶과 돌봄에 내장된 혼돈에 휩싸여 겁에 질려 있다. 이것은 단지 훈련을 받는 의사들의 불편함만이 아니다. 이것은 우리 공통의 불만감, 우리의 길을 안전하고 좁고 재미없는 새장에 가둬 넣으면서 삶의 충만함이 가까이 오지 못하게 막는 증후군이다. 우리가 기꺼이 의도를 가질 때 깨지는 것은 이것이다. 제한된 정체성이 천천히 녹아 내리면서 우리가 온전함을 회복하기 시작하는 곳은 여기이다.

얼음은 그것의 자리가 있다. 그렇지만 연못이 겨울에서 풀려나면 모든 것이 자유를 얻는다. 수면은 다시 한번 아침 바람에 흔들린다. 곤충은 이 흐르는 삶으로 나와서 집을 짓고, 먹고, 다른 생명의 먹이가 된다. 식물은 잘 자라고, 물새와 수달은 이 유연함 속에서 노닌다. 물은 둑을 에워싼 땅을 가로질러 뻗어나가고 세계의 총체성이 이 부드럽고 흐르는 몸에 반영된다.

마찬가지로 맛좋은 수프는 한때 별개의 재료들이 함께 어우러져서 새로운 풍미와 향기를 내뿜기 때문에 좋을 뿐이다. 당근이나 콩 또는 소고기는 자신을 잃지 않았다. 우리는 여전히 그것들을 알고, 여전히 재료 각각의 본연의 맛을 느낀다. 그러나 재료들이 부드러움에 자신을 내어 줌으로써 그 이상의 무엇인가 일어났다. 그 행위에서 각각의 재료는 그 삶의 정수(精髓)를 다른 것과 공유하기 시작한다. 우리가 이 혼합된 정수를 먹을 때 그들의 삶은 우리의 삶이된다. 이런 식으로 삶은 스스로를 유지하고 성취하며 더없이 풍요로워진다.

　깨지고 부서져 열린다고 해서 무너지거나 항복해야 하는 것은 아니다. 그보다는, 서로 다른 재료들과 같이 우리는 천천히 용해되도록, 삶이라는 솥으로 들어가서 끓여지고 연해지도록 초대받는다. 이렇게 하면서 우리는 자신을 알게 된다. 두려움과 함께 걷고, 일어나는 친절함을 느끼고, 지나치게 보호하지 않으며 세상에서 보다 충만하게 살기 시작한다. 우리가 이것이 일어나도록 허용할 때, 부담은 가벼워지고 행복의 감각이 일어난다. 우리가 가슴을 열고 참여할 수 있음을 깨닫기 때문에 이 세상을 기꺼이 돕고자 하는 의도가 꽃피어난다.

깨진 것은 무엇인가

4부

빛이 당신에게 들어오는 곳

신의 기쁨이 이름 없는 상자에서 이름 없는 상자로,
이 방에서 저 방으로 움직인다.
빗물처럼, 화단에 내린다.
장미처럼, 땅에서 올라온다.
이제 그것은 한 접시의 쌀과 생선 같다.
이제 포도 덩굴에 뒤덮인 절벽,
이제 안장을 얹은 말.
이들 안에 기쁨이 숨어 있다.
언젠가 기쁨이 그것들을 깨서 열 때까지.

•

루미(Rumi)
「이름 없는 상자(Unmarked Boxes)」중에서

찢기지 않은 것은
무엇도 홀로이거나 온전할 수 없기에

윌리엄 버틀러 예이츠(W. B. Yeats)
「미치광이 제인, 주교와 대화하다(Crazy Jane Talks with the
Bishop)」 중에서

깨지고 부서졌다고 느낀 적이 없는가? 어떤 여자, 어떤 남자가 이 피할 수 없는 현실을 부인하면서 말 그대로의 의미에서 인간 존재가 되기를 바랄 수 있을까? 삶의 한복판에서 이해할 수 없고 종종 두려운 일들이 원치 않을 때 예고도 없이 우리 앞에 찾아온다. 사랑하는 사람의 갑작스러운 죽음이나 실직, 단단히 차단된 장벽을 뚫는 위력적인 이야기, 우리 자신의 곤경이라는 진실과 공명해서 일어나는 내면의 파도,

또 하나의 상상할 수 없는 전쟁의 공포와 인간의 고통에 관한 이야기가 초대받지 않고 정기적으로 찾아온다. 그리고 정곡을 찌르듯이 갑작스러운 몸의 부상은 우리의 연약함과 의존성을 상기시키고, 어떤 진단을 받게 되면 한순간에 우리 삶이 영영 다르게 펼쳐지기도 한다.

이 순간들은 겉보기에는 전체인 것 같은, 우리가 '나를'이라고 부르는 안락한 응집을 산산조각 내는 위력이 있다. 과거의 기억—과거로, 익숙함의 감각으로 돌아가고 싶은 바람—으로 올이 풀려 나가는 삶만 남은 채, 우리가 결코 돌아갈 수 없음을 너무 잘 알고 있으면서도 부인한다. 어쩌면 그래도 감지할지 모른다. 비록 희미하게나마—이 깨어짐의 우아함과 열림을 통해—늦겨울의 정원처럼 아직 피어나지 않았지만 우리 존재의 모판에서 씨앗을 잉태한 삶의 가능성을 우리가 이 안에 품고 있다는 것을.

우리 각자는 이런 순간을 겪었다. 우리의 일상적인 반응은 그것들을 밀쳐 내거나 그 존재를 부정하는 것이다. 우리는 자주 두려움과 마비, 분노, 혼돈에 압도당한다. 아주 간단히 우리는 이 모두에서 가능한 한 빨리 멀어지고 싶어한다. 이것은 아주 인간적이다. 우리가 감당하는 방법이다. 지극히 정상이다.

돌봄 전문가로서 우리는 삶이 깨어졌거나 삶이 막을 수 없이 갈라지고 흩어진다고 느끼는 사람들과 종종 함께한다. 그들과 우리 사이에서 생겨난 삶은 우리에게 그 느낌과 함께 앉고, 현존하라고 거듭해서 요구한다. 그러나 그들의 그리고 우리의 고통에 직면해서 어떻게 이것이 가능한가? 방법이 있는가? 책망하면서 객관적인 태도로 거리를 두거나, 열광적으로 문제를 '고치려' 시도하거나, 해야 할 일로 돌아오거나, 딱딱하고 무감각해지는 것 외에 어떤 원칙을 따를 수 있는가?

다른 사람과 자신의 고통에 직면해서 현존할 수 있음을 알려 주는 이야기를 공유하려고 한다. 나는 몇 년간 연극에 열중했다. 최종 리허설 중에, 보스턴 무대 바닥 위 높이 쌓인 커다란 나무 벽돌 더미 맨 위에 걸터앉은 나는 예상치 못하게 압도적인 두려움에 사로잡혔다. 나의 연기 지도자는 린다 푸트남이라는 이름의 재능 있고 통찰력 있는 여성이었는데 그녀는 나의 두려움을 보고 말했다, "사키, 금요일 밤 오프닝 공연 중에 그 느낌이 나타나면, 그것을 향해 서서 그것과 함께하고, 그것을 활용하고, 그것을 당신 몸으로 표현하세요. 우선 관객을 마주보고 다리를 넓게 벌리세요. 그렇게 해도 충분하지 않다면, 양팔을 머리 위로 들어 올려서 겨드랑이를 드러내세요."

이것을 당신 몸에서 느낄 수 있는가, 비록 당신이 글로 읽고 있지만 그녀가 제안한 것을 접촉할 수 있는가? 린다는 강렬한 공포의 한복판에서 내가 그것에 마음을 열고, 훨씬 더 연약하고, 더 많이 자신을 노출하는 가능성을 말하고 있었다. 두려움 안에 거주하는 그리고 그 두려움을 알아차림 안에 품는 단순한 행동이 가능할 뿐 아니라 그 행동이 현재 순간에 필요한 것과 반대되는, 두려움이 불러일으킨 고립과 방어, 마비를 녹아서 없어지게 할지도 모른다고 주장하고 있었다. 그리고 그것이 수많은 사람 앞에서 일어날 수도 있다고. 그녀가 옳았다.

마음챙김 수련을 계속할 때, 우리는 혼돈과 불확실성, 예상치 못

폐허 속에서 발견한 빛

한 일을 겪는 와중에도 깨어 있음과 안정성을 유지하는 우리의 능력을 인정하고—문자 그대로 기억하고—있는 것이다. 이것은 꼭 필요한 기술 본질적인 규율이다. 매번 우리는 자리에 앉아 우리 자신을 곧게 세우고, 지나치게 애쓰지 않으며 이 숨, 이 순간, 이 생각들, 이 느낌에 우리 자신을 활짝 열어 현존하고 깨어 있는 우리의 능력을 몸소 드러내 보이고 있다. 이렇게 해서 우리의 본성—이야기 뒤에 마음의 스쳐 가는 활동 뒤에 있는 진실—과 다시 연결된다. 나는 그날 밤 보스턴에서 두려움을 다룰 수 있음을 분명히 깨달았다. 이것은 두려움을 없애거나 두렵지 않다고 속으로 확언을 되풀이하는 것과는 관계가 없다. 그보다는 두려움 바로 옆자리에 그것을 부정하거나 떨쳐 버리거나 그것에 휩쓸리지 않으면서 두려움과 **함께 할** 능력이 있음을 깨닫는 것이다.

두려움은 공연 첫날 저녁에 다시 찾아왔다. 나는 그 순간들로 뛰어들어 통과할 수 있었던 것을 기억한다. 처음에 뱃속에서 치밀어 오르는 텅 빈 느낌, 축축한 입안, 의도를 가지고 내적 전환을 일으켜 관중을 향해 서자 가슴 속에 불안한 욱신거림이 안정감 있는 말과 행동으로 쏟아져 나오며 나를 다음 순간으로 데려갔다.

우리가 앉을 때, 문자 그대로 판단하지 않는 알아차림과 함께 자리에 앉으면서, 우리는 굳건히 서 있으면서도 경험 안으로 경험과 함께 충만하게 흐르는 우리의 능력을 발견하기 시작한다. 모든 것이 끊임없이 변화하고 일시적인 동시에 생생하고 살아 있음을 보기 시작한다. 자신을 더 친절하게 대하고 자신을 더 분명하게 봄으로써, 결국에 다른 사람도 그와 같이 보고 대하기 시작한다. 자기와 타인 사이에 세워진 장벽이 흐릿해진다. 우리는 덜 분투하고 더욱 삶의 주인이 되어 우리 자신이 있는 그대로의 실재에 더 충만하게 살아 있도록 허용하면서 존재의 깨어짐과 온전함—우리 인간의 본성—에 접촉한다.

우리가 숨을 쉬거나 앉아 있으면 골칫거리를 없앨 수 있다는 뜻이 아니다. 명상은 마술적 사고를 위한 또 다른 기회나 부정을 강화하는 정교한 방법이나, 우리 앞에 있는 것을 마주하여 눈가림하는 수단을 의미하지 않는다. 명상은 그에 반대되는 힘으로 균형을 잡아 주는 것으로서, 깨어 있음을 향한 우리의 전념과 의도, 우리 자신 그리고 타인과 정직하게 관계 맺겠다는 우리의 자발적인 의지를 뜻한다. 이런 식으로 마음챙김은 치유한다.

수련에는 예리하고 가차 없는 특성과 동시에 자비로움이 있다. 조작이나 분투, 자기 판단 없이 현존하는 우리의 능력이 커지면서 베일에 가려 있던 마음챙김 수련이 천천히 모습을 드러내고, 우리 몸과 마음이 천천히 커져 가는 기쁨과 완전성으로 삶이 어떠하든 그 충만함을 수용하도록 허용한다.

돌봄 전문가로서 우리는 종종 겉모습—우리 앞에 있는 사람의 황폐한 모습—에 눈이 먼다. 마음이 폭포처럼 쏟아지기 시작한다. 가끔씩 우리는 무력감에 사로잡히고 '이제 무엇을 하지?' 할 수 있는 게 아무것도 없어'라는 생각에 쫓긴다. 수련의 정신에서, 만일 우리가 이 순간에 고통스러우면 고통스러운 그대로 자신을 열기 시작한다면, 우리 자신을 피해 도망치려는 욕구에 엄청난 에너지가 묶여 있음을 발견할지 모른다.

폐허 속에서 발견한 빛

수련이 우리에게 요구하는 것은 존재하는 것을 부드럽게 받아들이고 그렇게 함으로써 자신을 피해 숨어 버리거나 온전하고, 유능하며 다정하게 보이려고 헛되이 노력하다가 자신의 커다란 부분과 끊어지는 피곤한 게임을 그만 끝내라는 것이다. 바쁜 하루의 한 가운데 혼자 있든 다른 사람과 함께든 의도적으로 속도를 늦추거나 멈추는 매 순간, 그것은 단지 있는 그대로의 삶의 신비와 기쁨에 자신을 열고, 놓아 주고, 함께하는 우리의 본질적인 능력을 기억하는 행위이다.

우리 자신을 위해 이렇게 하기 시작하면 타인과 함께 존재할 수 있는 능력이 향상된다. 이것은 얻어진다기보다는 시간이 흐르면서 기억되고 실현되는 것이다. 우리가 타인과 함께 이 열린 공간으로 들어갈 때, 엄청난 가능성이 있다. 우리는 펼쳐지는 우주, 당당한 잠재력, 우리 앞에 앉아 있는 놀라운 가능성을 보기 시작한다. 마찬가지로, 우리의 돌봄을 구하는 사람들은 육체적 통증과 질병, 죽음의 유령이 지배하는 폐허 가운데서 광채를 거의 잊힌 불꽃을 발견하기 시작한다. 사람들은 상황의 통제와 구속에서 전보다 자유로워질 가능성에 깨어나기 시작한다.

이 움직임이 일어나기 시작할 때, 우리는 다시 한번 우리 자신으로 되돌아온다. 우리의 추정, 우리의 기억, 우리가 타인과 자신을 대하는 방식은 생각하는 마음에 덜 휘둘리는 알아차림 안으로 들어가고, 우리가 누구이고 무엇을 할 수 있는지에 관한 개념이 다시 한번 깨진다. 이것은 상호 간의 기적이다. 상호 변형이 일어나는 순간. 깊은 기쁨이다!

4부 빛이 당신에게 들어오는 곳

비록 여기 바람이

지독하게 휘몰아치나,

이 폐허가 된 집

지붕 판자 사이로

달빛 한 줄기도 새어 들어오네.

이즈미 시키부(Izumi Shikibu)

『검은 달(The Ink Dark Moon)』 중에서

폐허 속에서 발견한 빛

연대하는 수행 공동체

나는 1968년에 처음으로 빵 한 덩이를 손수 구웠다. 그것은 뻑뻑하고 벽돌 모양이었고 거의 먹을 수 없었지만, 그때 무엇인가 나를 사로잡았고 나는 작은 빵가게 몇 군데에서 일하게 되었다. 내 삶에서 몇 번, 특히나 치열한 변화와 전환을 뚫고 지나가는 동안 나는 빵 굽는 일로 돌아갔다. 빵집의 분위기는 열기, 습기, 끝도 없이 문지르고 박박 닦기 그리고 주의 깊음이 지배한다. 싱크대, 솥, 후라이팬, 조리대 그리고 도구들은 모두 끊임없는 주의를 요한다. 반죽 그릇과 커다랗게 부풀어 오른 반죽 덩어리들과 제분기는 계속해서 관리해 주어야 한다. 빵 굽기는 반복과 정확성으로 가득 찬 삶이다. 타이밍이 결정적이지만 시계 바늘이 알려 주는 시간이 다가 아니며 빵 반죽을 보고 느끼고 냄새 맡아 가며 굽는 시간을 조절해야

256

한다.

나에게, 빵 굽기는 언제나 나를 겸손하게 하고 해방감을 주는 일이다. 겸손하다는 것은 조금만 부주의해도 밀가루가 너무 굵거나 고와지거나, 덩어리 모양이 보기 흉해지거나, 파이 반죽이 너무 달거나 덜 달게 되고, 너무 질겨지거나, 정성껏 만든 음식의 마지막 아름다움이 건성으로 붙인 이름표 따위로 전락하기 때문이다. 열기와 오븐으로 돌아갈 때마다 나는 평판 좋은 전문가의 자리에서 내려온다.

땀 흘리는 세계로, 매일같이 팔뚝과 손가락을 불에 데는 곳으로 돌아가서, 앞치마를 두른 채 내가 전에 일했던 깔끔한 세계에서 알던 사람들을 마주치면 나는 어딘가로 옮겨지는데, 옮겨질 때마다 첫 느낌은 내가 등급에 미치지 못한다는 등급이 떨어졌다는 불안함이다. 이런 식으로 빵 굽는 일은 언제나 나를 그늘진 세계로 안내하고 동시에 내 삶의 날 재료들을 가지고 작업할 넓은 공간을 나에게 준다.

손으로 하는 일은 내 앞에 성취할 일이 있다는 직접적인 단순함으로, 겉으로나 안으로나 언제나 자유를 준다. 어떤 관점에서 보면, 나는 줄곧 빵 굽는 일을 배우고 있었다고 할 수 있다. 그와 동등하게 정확한 관점에서 나는 구워지는 법을 배우고 있었다. 열기와 습기 안에 머무르고, 생반죽을 잘 익은 영양분으로 변화시키고, 변화되는 연금술의 신비에 나 자신을 내던지면서.

몇 년에 걸쳐 나는 제분에서 배합을 거쳐 만들고 포장하며 구워진 빵을 판매하는 전체 과정에 참여했다. 내가 그 과정의 각각의 측면을 배우긴 했지만 분명 내가 잘 하는 분야와 다른 사람들의 도움과 전문성이 필요한 분야가 있었다. 공동의 노력 안에서 타인과 함께 일하면서 내가 맡은 일을 이해하고 끝까지 해내는 것이 가장 유익하고 변화를 가져왔다. 겉으로 보기에 가장 명시적이고 쉽게 이해할 수 있는 우리 노력의 목표는 빵과 파이를 굽는 일이었다. 하지만 매 순간 공동 작업의 가장 멋진 결과는 서로를 변화시켰다는 것이다. 실습과 공통으로 가진 의도에 힘입어 우리는 서로 다른 일꾼의 집합에서 비전을 공유하고 현실에서 이루어 내는 동료 공동체로 변화했다. 이것은 결코 쉬운 일이 아니었다. 우리는 끊임없이 서로의 신경을 건드렸다. 빵집은 도가니였다. 표면적으로 뜨겁고, 그 안에 무엇인가 담고 있고, 압력으로 꽉 차 있다. 또한 내면으로도 뜨겁고, 그 안에 무엇인가 담고 있고, 압력으로 꽉 차 있다. 이 뜨겁고 담아내는 공간은 신화와 동화에서 종종 '부엌 일'이라고 불린다.

같은 목적으로 클리닉에서 우리는 매 주 지도자 모임을 가진다. 비록 지도자로서 우리 각자는 임상 교육 환경에서 피할 수 없이 일어나는 두려움과 무력감, 불안정, 애매모호함의 숨은 흐름을 개별적으로 직면해야 하지만, 그렇게 하는 우리의 능력은 우리가 흔쾌히 협력해서 이러한 이슈들을 이해하고 다루기 시작하면서 더없이 풍부해진다. 그 숨은 흐름들은 보편적이기 때문에 흐름의 힘이 존재한다고 해서 특별히 문제되지 않는다. 문제는 우리가 이러한 주제들을 직접 만날 능력이 없거나 만나려고 하지 않을 때 생긴다.

지도자 모임은 우리가 이 작업을 함께하는 시간이다. 서로에게 도전 의식을 북돋우고 서로를 지지한다. 가끔은 확인하고 어떤 때는 반박하고 대부분은 더 깊은 탐구에 참여한다. 탐구의 의도는 우리가 명료하게 보고 보이는 능력을 강화함으로써, 분리와 거짓된 안전감을 녹이려는 것이다. 이렇게 해서 우리 각자는 타인을 도우면서도 자신의 무게를 지탱한다. 함께 존재하는 이런 방식을 우리는 **연대하는 수행 공동체**라고 부른다. 이런 식으로 함께 일하는 것은 클리닉의 우리 모두에게, 더 큰 의미에서 우리가 '의학, 건강 돌봄, 사회 속의 마음챙김센터'라고 부르는 공동체 안의 우리 모두에게 필수적이다.

빵 굽는 일과 마찬가지로, 마음챙김 수련은 개인 각자의 규율과 전념을 요구한다. 그렇지만 우리는 홀로 떨어져 독립된 섬처럼 살지 않기 때문에 언제나 관계 안에 산다. 수련이라는 매체를 통해 타인과 관계 맺는 것은 우리 생명을 위한 자양물과 영감이 솟아오르는 힘 있는 원천이 될 수 있다. 원하고 원치 않는 우리 삶의 모든 재료들을 반죽 조리대로 기꺼이 가져오려는 우리의 의지는 그만한 가치가 있다. 우리 동료들이 그렇게 하려는 우리의 노력을 지지하고 그에 참여할 때, 우리의 노력은 삶과 일을 전적으로 변화시키는 잠재력을 가진다.

마음챙김 수련이라는 맥락의 틀 안에서 혼자 하는 노력과 공동의 사업이 결합할 때 클리닉에 참여하는 환자들에게 유익한 것처럼, 일과 수련의 합류는 남을 돕는 일을 하는 전문가에게 중대하다. 우리가 주의 깊지 않으면 우리가 습득하는 전문 지식이 더 쌓이면서 쉽사리 감옥으로 변한다. 모든 삶과 경험이 마음챙김 수련을 포함하는 우리의 이론이라는 깔때기를 통과해 걸러질 수 있다. 이런 일이 일어날 때 우리는 눈이 멀고 어떤 점에서는 사라져간다. 비록 우리가 전문가로서 좋은 평판을 유지하거나 스스로를 높이 평가할 수는 있겠지만, 가공되지 않고 관심받지 못한 영혼의 영역에 자리 잡은 변용의 에너지에서 우리가 점점 더 멀어진다면, 우리 삶의 신선함과 창의적인 기질이 사그라지기 시작한다.

환자와 동료, 친구, 가족의 비판이 때때로 고통스럽도록 듣기 힘들지만 그것은 우리를 열어서 우리 자신의 알아차림 없음을 직면하게 한다. 이러한 비판적인 통찰을 기꺼이 구하고 받아들이려는 의지는 우리 삶의 면면을 이해하고 재소유하며 우리를 정직하게 하는 길이 될 수 있다. 클리닉에서 우리는 이것을 우리가 함께 져야 할 책임의 일부로 여긴다. 이것은 단순한 동료 기반의 집단 심리치료가 아니다.

우리는 단지 심리적인 통찰을 찾는 것이 아니다. 오히려 우리는 서로에게 펼쳐지는 여정을 돕겠다는 약속을 실천하려고 시도하는 중이다. 우리는 서로의 수업에 참여하고, 서로의 명상 테이프를 듣고, 북돋고, 만나고, 부딪치고, 비평하고, 우리 각자의 강점과 약점을 논한다. 이런 식으로 함께 일하겠다는 결정은 우리의 심리적인 교묘함뿐만 아니라 아는 것으로 그 밖의 모든 것을 설명해 버리려는 능력의 기반을 허물기 위해서이다.

가장 본질적으로 이렇게 일하는 방식은 우리를 확실함의 세계에서 멀리 떨어진 알지 못함의 세계로 데려가기 위함이다. 전문가가 되는 것과 알지 못함은 모순인 것 같지만 전혀 그렇지 않다.

그것의 정수는 삶이 어떠해야 한다는 당신의 바람에 매달리는
집착이 자기 고문의 과정에 불과함을 당신 스스로 보게 하는 것
이다. 그것을 놓아 버려라. 방어막을 내리고 당신 자신을 활짝
열어 자신이 있는 그대로의 삶과, 삶 속의 모든 것과 사랑에 빠
지도록 허용하라.

나의 워크숍에 참여했던 사람이 내게 보낸 글

두려움, 무력감, 통증, 분노, 부끄러움, 비탄, 자기
집착, 죄책감, 불확실성, 애매모호함은 우리가 공통
으로 물려받은 경험의 일부이지만 그것들 자체는 문
제가 아니다. 그것들은 단지 감정이다. 감정은 종종
우리가 느끼는 분리감과 고립된 자아감(selfhood)이
라는 모판에 뿌리박고 있다. 어쩌면 그렇게 존재하는
감정들의 주된 할 일은 우리를 근본적인 사유에 이르
게 해서, 이 세계를 살아가는 습관적인 방식에 끝내

261

탈진하게 하는 것일지 모른다.

우리가 기꺼이 자신에게 정직하고자 한다면, 우리가 그림자, 어두운 곳, 정서적 고통이라고 부르는 많은 것들이 앞서 언급한 자기 집착에서 일어남을 인정해야 한다. 광활하고 끝이 없는 가슴의 영역에서 이러한 자기 집착의 감각은 전혀 존재하지 않는다. 그렇지만 우리 대부분은 삶에서 의식이 깨어 있는 매 순간 자기 집착의 마음 상태의 지배를 받는다. 어쩌면 분리되고 단단하게 구분 지어진 '나 자신'이라는 느낌이 환히 빛나는 가슴 내부에서 그 힘을 잃는다는 사실이 이러한 지배적인 충동에 효과적으로 대응하는 열쇠일지 모른다.

세상이 우리가 원하는 대로 되어야 한다는 생각을 꽉 움켜쥐고서 지금 이대로의 실제를 밀쳐 내는 것이 우리 모두를 미치게 하고, 근본적으로 우리 자신과 다른 모든 이가 겪는 고통의 주된 근원일 수 있음을 우리가 탐색할 수 있을까? 자기기만과 약삭빠름을 걷어 내려고 노력하는 과정에서, 우리는 자기 집착과 분리감의 단단한 덩어리와, 세상을 우리가 원하는 틀에 끼워 맞추려는 욕망이 우리 삶의 거의 모든 부분을 물들이고, 암묵적이고 점점 더 교묘하고 파괴적인 방식으로 우리 관계의 모양새를 결정지음을 보기 시작할 것이다. 어쩌면 우리가 고통을 없애려고 하기보다 고통의 근원을 이해하고 의도적으로 고통을 떠안고 우리가 고통을 다룰 수 있음을 배우는 것이 도움이 될지 모른다.

내 스승 중 한 분은 언제나 힌두 전통의 위대한 성자인 시바(Shiva)의 이미지를 좋아했다. 때때로 시바는 목에 뱀을 두르고 춤추는 모습으로 묘사된다. 이 스승은 그 이미지를 해석하기를 당신의 '적'이 누구이고 어디에 있는지 모르는 것보다 아는 것이 더 나으며, 나아가 시바는 뱀과 그것이 의미하는 모든 생명 에너지를 죽이기보다는 그 거칠고 파괴적인 충동을 조련하는 데 더 관심이 있다는 것이다.

비슷하게, 그는 우리가 수련하는 목적은 자기 집착의 경향성이라는 '뱀'이 우리를 조금씩 물게 해서, 우리가 제자리를 찾고 고통의 근원의 본질을 이해하며 그렇게 해서 자신을 애지중지하는 자아가 품은 치명적인 독에 맞서는 항체가 생기도록 하기 위함이라고 주장한다.

우리 모두가 삶에서 아주 잠시라도 자기 보호와 자기 집착이 떨어져 나간 순간을 떠올릴 수 있을 것이라고 나는 생각한다. 어쩌면 이것은 우리가 사랑에 빠질 때, 고통받고 있는 누군가를 깊이 염려할 때, 다른 방법으로 우리 자신을 '잃어버릴' 때 그리고 깊은 연결과 열림의 감각에 이끌려 들어갈 때 일어났을지 모른다. 이런 순간에 분리와 자기 애정의 감각은 그저 녹아 없어진다. 우리는 만족스럽고 평화로우며 우리 자신을 남에게 내어 줄 수 있다고 느낀다.

물론, 이에 관해 쓰는 것이 다 좋기는 한데 우리가 그렇게 하기로 선택한다면 삶에서 이를 '어떻게' 실현할지 다루는 과제가 남는다. 연민에 찬 우리의 가슴으로 깨어나기는 자기 집착이라는 특성을 치료하는 약이다. 우리가 더 이상 무장하고 고립되고 독립적인 자아의 제한적인 감각에 완전히 지배당하지 않기 때문에, 가슴의 부드러움과 광채는 우리에게 내재된 타인을 소중히 여기고 돌보는 능력

자기 집착의 무거운 짐 내려놓기

을 표현한다. 이어지는 일련의 명상 수련은 연민과 따뜻한 마음의 계발을 육성하기 위한 것이지 운에 맡기거나 말만 앞세우는 것이 아니다. 당신은 일상의 삶에서 이 명상을 수련하기 시작할 수 있다. 내가 전문가는 아니지만 당신의 동료 나그네로서 또한 가슴의 학생으로서 그 수련들을 여기에 싣는다.

수련

연민심 계발하기

1. 보호된 가슴 알아차리기

다음번에 당신이 상처받거나 비참하다고 느끼거나 마음이 닫힐 때, 잠깐 시간을 내어 호흡과 가슴 부위의 느낌—긴장감, 딱딱하게 오그라드는 감각—을 알아차리며 머물러 보라. 당신이 이러한 느낌 안에 살기 시작하면서 겉보기에 견고한 그것들의 내부에 얼마나 많은 부드러움과 투명함이 존재하는지 알아차려 보라.

2. 따뜻한 가슴 깨우기

얼마 동안 숨에 대한 알아차림 안에 자리 잡은 후, 당신이 누군가에게 사랑과 돌봄을 받는다고 느꼈던 사건을 기억해 보라. 비록 오래전 일이라 하더라도, 다른 사람이 당신에게 주었던 사랑의 특질과 깊이를 느끼는 기회를 당신 자신에게 준다. 이 따뜻한 현존 안에 머물러 가슴

4부 빛이 당신에게 들어오는 곳

이 그러한 사랑에 응답하여 부드러워지기 시작함을 느낀다. 당신이 이런 식으로 어떤 사람에게 사랑받는 느낌을 가져 본 적이 없다면, 어쩌면 반려 동물에게서 느꼈을지도 모른다. 이 현존에 얼마 동안 머물 수 있는 공간을 당신 자신에게 준다.

3. 자애 보내기

당신이 사랑을 받아들이면 가슴의 생명과 좀 더 친숙해지면서 이 느낌을 다른 사람과 나누기 시작할 수 있다. 가슴이 사랑을 담는 그릇에서 사랑의 전달자로 변하도록 허용한다. 당신이 사랑하는 누군가를 마음의 눈과 생각 안에 품고서, 당신 가슴의 사랑이 그 또는 그녀를 향해 흐르게 둔다. 억지로 할 필요는 없다. 가슴이 다른 사람을 품어 안으려는 자연스러운 경향성을 단지 느끼는 것으로 충분하다. 이 느낌이 깊어지고 확장하면서 당신이 가족, 친지, 친구, 환자 또는 고객, 당신이 사는 동네, 당신이 일하는 장소에 돌봄과 자애를 보낼 수 있음을 알아차린다. 시간이 지나면서, 당신은 낯선 사람과 아마도 당신이 강렬한 반감이나 적대감을 느끼는 사람까지도 충분히 포함할 수 있음을 알아차린다.

이것은 남은 생애 동안 끝없이 되풀이해서 할 수 있는 '수련'의 한 형태이다. 수련의 의도는 우리를 따뜻하고 환한 가슴으로 더 가까이 데려가기 위함이며, 누군가를 혐오하거나 증오하는 강렬한 감정이 일어날 때 더 큰 죄책감이나 자기 비난을 일으키려 함이 아니다. 혐오하고 증오하는 감정을 인식하고 시간을 갖고 그러한 감정들과 작업하려는 의도 자체가 당신의 자비로운 자각의 반영이다.

자기 집착의 무거운 짐 내려놓기

4. 다른 사람의 입장이 되어 보기

우리는 종종 자신과 타인이 구별되고 다르다는 감각을 일차 시각으로 삼아 그것을 통해 세계를 바라본다. 이 수련에서 우리는 다른 누군가의 경험에 발을 내딛어 볼 수 있다. 돌봄을 주는 사람으로서, 우리가 '환자'의 경험에 가까이 가는 능력은 마음챙김 수련의 특별히 다채로운 형태이다. 이 수련은 마음의 상상 또는 개념적인 측면을 활용해서 상호연결의 감각을 배양하기 시작한다.

환자나 내담자와 함께 앉아 그들의 이야기와 증상에 귀 기울일 때, 당신이 같은 상황에 처해 있다면 어떨지 느껴 보라. 이 질병 때문에 그토록 당연하게 여겼던 걷기나 운전하기, 저녁 먹으러 나가기와 같은 활동을 전처럼 할 수 없다면 어떨 것인가? 그로 인해 당신 정서의 전체 분위기와 자기에 대한 감각은 어떻게 달라질까? 그들이 말하는 경험에 가까이 가려고 계속해서 전념하면서 호흡의 특질, 몸의 감각, 생각과 감정의 흐름을 알아차린다. 이 과정에 대한 당신의 의도와 헌신이 당신이 듣는 방식, 묻는 질문, 다른 사람의 고통을 느끼는 능력, 공감과 연민의 펼쳐짐에 어떻게 영향을 미치기 시작하는지 알아차린다.

당신이 '실재'에 대해 만든 암묵적인 가정에 각별한 주의를 기울이라. 당신은 아마도 환자와 의사가 지각하는 '현실'이 서로 상당히 다른 경우가 많음을 알게 될 것이다. 이것을 알고 나서 평소 암암리에 존재하는 환자와 의사 사이의 이해의 격차를 줄이려고 시도한다면 치유 관계의 전체 맥락이 달라질 수 있다. 이것이 당신이 수년간 받았던 정규교육에서는 아마도 들어보지 못했을 '수련'임을 다시 한번 기억하라. 이 수련을 잊지 않고 마음에 깊이 새기면 당신이 해내야만 하거나 완벽

해야 한다고 느끼는 얼마간의 불편감이 사라지는 데 도움이 될 것이다.

5. 신발은 단 한 켤레뿐

당신이 다른 사람과 함께 있을 때, 환자를 진료하든, 집에서 가족과 함께든, 또는 친구와 함께든, 알아차림을 통해서 당신이 공통으로 지닌 인간 본성의 말해지지 않은 현실을 접촉할 수 있음을 알아차려라. 삶의 내용물과 이야기의 다양한 세부 사항 이면에서 근본적으로 당신과 '타인'은 그렇게 분리되어 있지 않다. 분리의 뒤에서 우리가 훨씬 더 큰 무엇을 공유하고 있다는 것을 아는가? 당신이 이러한 공유된 현실의 실재와 함께 머문다면 어떤 일이 일어날까? 처음에는 이 느낌이 존재하고 확장하도록 허용하기가 상당히 두려울 수 있다. 그러나 시간이 지나면 그 느낌은 어려움의 한복판에서조차 기쁨의 근원이 될 수 있다.

우리가 다른 사람이 말해야 하는 모든 것에 의견을 덧붙이지 않고 할 수 있는 한 깊이 경청할 때, 우리는 종종 이 영역으로 안내받는다. 서로의 눈을 들여다보며 상대방의 현존을 나눠 가지기만 해도 이론과 개념화 이면의 결속을 인식하기에 충분할 때가 많다.

6. TV 보기, 뉴스 읽기

20년 전 나는 몬태나에서 온 한 남자를 만났는데, 그는 TV 뉴스를 보고 신문을 읽는 이유가 그렇게 하면 가슴의 연민심이 깨어나기 때문이라고 했다. 그는 뉴스 자체에는 특별히 관심이 없었지만 이 두 가지 형태의 미디어가 사람, 동물, 땅, 바다, 숲, 전 지구의 나라들을 향한 돌봄과 연결의 감각을 키우는 풍부한 원천임을 알게 되었다.

자기 집착의 무거운 짐 내려놓기

그가 계속해서 말하기를, 거실에 앉아 세계의 어떤 지역에서 일어나는 잔혹 행위에 관한 뉴스를 보거나 읽으면서 고통스러울 것이고, 외면하고 싶은 충동을 느낄 것이고, 결국에는 그 모든 존재와의 연결감을 느낄 것이라고 했다. 그는 TV에서 보았거나 신문에서 읽었던 모두에게 따뜻함과 자애를 보낼 것이다. 그는 단지 평범한 직업을 가진 50대 후반의 평범한 남자였다. 커다란 벨트 버클에 가늘고 짧은 넥타이, 카우보이 모자, 부츠를 신었다. 그는 뽐내거나 위선을 떨거나 경건한 체하지 않고 이 이야기를 했다.

매일 마주하는 상황의 한 가운데서 그 자신이 깊이 느끼고, 자기를 의식하지 않으면서 마음 아파하고 열리도록 기꺼이 허용하면서, 이 친구는 오아시스를 만들기 위해 현대의 '황무지'를 활용했다. 우리는 한 시간에 못 미치는 시간 동안 서로의 현존 안에 있었고, 그 이후로 그를 만나거나 그의 소식을 듣지 못했지만 그가 한 말은 결코 잊지 않고 있다. 그 가르침은 세월이 흘러도 변치 않는다.

7. 빛나는 가슴 안에 앉기

당신이 다른 인간 존재와 관계를 맺는 동안 실제로 당신의 가슴 내부에 '앉을 수' 있음을 알게 되었으리라 생각한다. 그것은 마치 가슴이 그 자체의 감각의 조합을 가지고 있음을 발견하기 시작하는 것과 같다. 그 조합은 명백하게 보이는 현상 이면의 세계에 당신이 접근하도록 허락한다. 가슴은 받는 자와 전하는 자 둘 다이다. 우리는 보이지 않지만 종종 느껴지는 인간 존재의 두 가지 차원 모두를 계발하고 활용하는 법을 배우고 있다.

당신이 실제로 다른 사람과 함께할 수 있고 가슴에서 흘러나오는 돌봄과 친절의 말없는 물줄기를 의식적으로 보낼 수 있음을 인식하라. 어떤 명상 전통에서는 이 사랑의 물줄기를 초록이나 황금빛으로 시각화한다. 이것을 시각화하든 단순히 이 능력이 내부에서 솟아올라 다른 사람에게로 흘러나간다고 느끼든 별 차이는 없다. 이 흐름에 관해 말하거나 다른 사람을 조종하거나, '치유'하거나 바꾸려고 노력할 필요가 없다. 마음이 움직이고 말없이 그런 방식으로 응답하는 것으로 충분하다.

자기 집착의 무거운 짐 내려놓기

"탄력 있는 가장자리." 수업 참여자들이 자신에 관한 감각을 새로이 발견한 후 그것을 묘사하는 말이다. 그들에게 탄력 있는 가장자리란 "나는 되풀이되는 상황의 한 가운데에서 새롭게 존재하고 대처하는 방식을 시도하고 있고 그것이 가능하다!"를 뜻한다. 참여자들은 격려의 말을 듣지 않고도 "떨어져 나가는 층들(layers)"을, "좀 더 나 자신이 됨"을, 이렇게 의도적으로 노력하는 동안 일어나는 "부서지기 쉬움"의 느낌을, "삶의 굴곡의 파도를 타는" 그들의 능력을 더 잘 알게 되었음을 솔직하게 말한다.

우리는 5분 동안 앉기 수련으로 수업을 시작하고 나서 30분 동안 서서 하는 요가로 넘어간다. 요가 수련 도중 어느 순간 우리는 느리게 지속하면서 반복해서 움직이는 동작을 수련한다. 어느 즈음에 나는 "자

270

세는 결코 끝나지 않습니다."라고 말하고, 우리는 단순히 계속한다… 나중에 데니스가 말한다. "결코 끝나지 않음은 정말 저를 답답하게 하고 도전적이게 해요. 저는 일을 끝내고, 완성하고 싶어요. 제가 느끼는 스트레스의 많은 부분이 이런 바람, 그러니까 일을 끝내고 처리하고 완성하려고 세게 몰아붙이는 것과 관련이 있는데, 삶은 대부분 그 바람대로 되지 않음을 깨닫게 돼요."

요가는 가르침을 전하는 강력한 도구이다. 삶의 많은 부분을 은유한다. 가장자리를 탐색하고, 외견상 몸의 경계 영역으로 들어가고, 부드럽고도 끈기 있게 이 영역을 탐색하는 능력은 우리를 도전하게 하고, 단순히 신체 운동을 넘어서 존재의 훨씬 더 큰 차원을 가리킨다.

사람들은 결국 이것을 발견하게 되고 자기 자신이 요리한 실재를 맛보게 된다. 이것들이 참여자들이 말한 그들이 직접 경험한 탄력 있는 경계이다. 우리는 요가를 끝내고 30분간의 말없는 앉기 명상으로 넘어간다. 창밖을 내다보지 않는다. 아무런 말없이. 단지 '앉아 있다.'

나는 지난 두 주 동안 정규 과제와 함께 우리가 끊임없이 경험을 붙들거나 밀쳐 내는 방식에 면밀히 주의를 기울이라고 참여자들에게 요구했다. 이 과제는 우리가 네 번째 수업에서 했던 논의에서 비롯되었다. 나는 단지 내가 그렇게 말하기 때문에 이것이 사실이라고 믿기보다는 그들이 각자 이것을 일상의 수련의 일부로 삼아, 그들 자신의 경험으로부터 실제로 그러한지 이해해야만 한다고 분명히 말했다.

앉기 명상이 끝날 때, 한 남자가 자신이 사람, 상황, 내적인 사건을 붙잡고 밀쳐 내는 실제에 빠져 있는 순간이 압도적으로 많아서 '충격적'이라고 말한다. 많은 사람이 고개를 끄덕이며 동의한다. 이 '충격'이 주의를 환기하는 역할을 하면서 우리가 수련에 관한 대화에서 빗나가지 않고 더 깊이 들어가도록 밀어 준다.

어떤 사람은 자신이 '멈춰서' 자신이 습관적으로 반응하는 패턴을 알아차리고 무엇이 일어나고 있는지 실제로 '보려고' 시도하기 시작했다고 말한다. 면밀하게 보고 난 다음 '선택하는' 법을 배웠기 때문이다. 어떤 경우에는 평소와 다른 방식으로 대응할 수 있었다고 한다. 사건과 마음의 순간과 관계 맺는 방식이 이전과 똑같다고 말하는 사람들도 있다. 그들은 이 활동이 '평탄하지 않다.'고 확실하게 말한다. 평탄하지 않다는 것은 그 과정 자체가 수많은 잊어버림과 기억함, 즉 알아차림 안에서 일탈을 포함하기 때문이다. 그리고 오래되고 원치 않고 그렇지만 익숙한 습관과 패턴을 마주할 때, 평소에는 알아차리기도 전에 똑같이 낡은 방식으로 맞닥뜨리곤 했다면 이제는 상당한 시간 응시해야 한다는 뜻이다.

그들이 깊게 새겨진 오래된 조건화에서 깨어나기 위해 굳세게 전념하고 있음이 분명하다. 어떤 사람은 자신의 의학적 증상과 일상의 삶의 질에서 나타난 긍정적인 변화에 야단스러운 반응을 보인다. 또 어떤 사람은 자신을 다른 참여자와 비교하면서 '진보'가 부족하다고 여기고 좌절한다. 나는 그들에게 두 가지를 일깨워 준다. 첫째로, 우리가 이 방법들을 수련한 지 그리 오래되지 않았고, 그렇기 때문에 우리는 그 모든 것을 '수련'이라고 부른다는 것이다. 그리고 둘째로, 그들이 배우면서 자신 안에서 다루고 있는 것이 내가 나 자신 안에서 다루고 있는 것과 똑같다는 것이다. 그들이 느끼는 고립의 감각, 즉 어려운 상황에 처했다는 느낌이 우리가 같은 경험을 한다는 인식 안으로 사라지는 것 같다. 우리가 현실을 공유한다는 사실을 깨달으면서 '나의 것'이라고만 느꼈던 것이 천천히 해체되고 있다.

또 다른 사람은 '엔진', 살아 있지만 전에는 무자각의 경계에서 감지되지 못한 강력하게 몰아붙이는 충동의 발견에 관해 이야기한다. 이제 자신이 볼 수 있는 경계가 확장됨에 따라 이러한 충동이 아주 미묘하게 보이며 충동이 점점 더 탄력적이고, 말랑해지고, 그렇기 때문에 모습을 드러낸다고 말한다. 나는 사람들이 새로운 발견에 대처하는 방식에 감동한다.

그들 대부분은 의기소침하거나 이런 사고에 패배했다는 느낌에서 도전 의식을 느끼고 그것을 다룰 수 있다는 느낌으로 옮겨 갔다. 그들은 점점 더 자신감을 가지고 자신을 신뢰하고 있다. 그렇다고 해서 그 작업이 쉽지는 않다. 그러나 무엇을 맞닥뜨리든 그것이 다룰 만하고 그것에 접근할 수 있다고 느끼기 시작한다. 그들이 그렇게 말한다. 프란신은 5주만에 처음으로 눈시울이 붉어지거나 불안해서 꼼지락거리지 않았다. 그녀는 차분하고 곧게 앉아 있다. 그녀는 이따금씩 미소를 지으며 토론에 참여한다.

대화는 다른 방향을 향한다. 진이 삶의 얼마나 많은 부분이 자신도 모르게 사라졌는지를 생각하면 일종의 슬픔을 느낀다고 말한다. 그는 비록 그가 삶의 새로운 장을 시작했지만 오랜 세월을 잃어버렸음을 '애도하고' 있는 듯이 느낀다는 것을 안다. 다른 사람들이 동의한다. 누군가 말하기를, "20년 전에 이걸 했다면 좋았을 텐데요." 어린 자녀가 있는 한 여성이 말하기를, "제 아이들이 학교에서 이걸 배워야만 해요."

우리 모두가 삶이라는 배의 조타수에 손을 올려놓고 새로운 방식으로 항해하면서 조금씩은 '삶을 되찾기'를 맛보고 있다. 발달 심리학자들이 말하는 '고차 반응(higher-order responses)'을 선택하도록 학습할 가능성을 직면하고 있다. 우리 모두가 다양한 일상의 상황뿐만 아니라 드물게 강렬한 감정이 일어나는 순간에도 더 효과적인 대응을 선택하는 가능성을 알아가는 중이다. 이것이 어떻게 스스로 펼쳐져서 계속될 것인지는 우리 각자에 따라 다르다. 그렇다고 하더라도, 우리가 활발한 가능성을 구체적인 현실로 변용하는 방법을 배우고 있기 때문에, 숨어 있던 잠재력은 실제가 되어 가고 있다.

나는 수업 때마다 시와 인용구, 이야기와 읽을거리로 가득 찬 서류철을 가지고 간다. 보통은 무엇을 활용할지 미리 계획하지 않고 그 모든 것이 순간에서 나타나도록 허용한다. 오늘 참여자들이 두둑이 수업에 지니고 온 것과 우리가 이야기 나눴던 모든 것은 메리 올리버의 시 「여름날(The Summer Day)」에 표현된 가능성을 반영한다. 나는 그들에게 그 시를 듣고 싶은지 묻는다. 그들이 그렇다고 답한다.

4부 빛이 당신에게 들어오는 곳

누가 이 세상을 만들었나?

누가 백조를, 흑곰을 만들었나?

누가 메뚜기를 만들었나?

내 말은 바로 이 메뚜기 말이다.

풀숲에서 갑자기 휙 뛰어나온 이 메뚜기

내 손에서 지금 설탕을 먹고 있는 이 메뚜기

위아래가 아닌 좌우로 턱을 움직이고 있는 이 메뚜기

커다랗고 정교한 두 눈으로 주변을 응시하고 있는

이 메뚜기

이 메뚜기를 누가 만들었나?

이제 메뚜기는 가녀린 앞다리를 들어 얼굴을 닦네.

이제 또 날개를 휙 하더니 저 멀리로 날아가 버리네.

나는 기도가 무엇인지 모른다네.

내가 아는 것은 어떻게 관심을 기울여야 하는지

어떻게 풀 속으로 떨어져야 하는지

어떻게 풀 안에서 무릎을 꿇어야 하는지

어떻게 빈둥거리고 축복을 받아야 하는지

어떻게 들판을 거닐어야 하는지

이런 것이라네.

이것들은 내가 하루 종일 하고 있는 일.

내게 말해 주오. 이것 말고 내가 무엇을 해야 하는지.

결국 모든 것은 죽게 마련,

그것도 곧 내게 말해 주오, 당신의 이 하나뿐인,

여섯 번째 주

있는 그대로의 소중한 삶으로

당신이 계획하고 있는 것은 무엇인지

마지막 두 줄이 매혹적이고 유혹적으로 뚫고 들어온다. 단호하게 우리 각자를 부르면서 피부 아래로 스며들어 우리의 깊은 곳을 어루만진다. 모든 사람이 그득한 고요함 속에 앉아 그들의 '이 하나뿐인 있는 그대로의 소중한 삶'과 우리가 주의를 기울이는 법을 배울 때, 우리 모두에게 열려 있는 가능성을 궁금해한다.

며칠 후면 하루 종일 하는 침묵 집중 수련의 날이다. 오늘 수업이 거의 끝나자, 모두가 집중 수련 날에 무엇을 하는지 알고 싶어 한다. 나는 최선을 다해 상세하게 설명하지만 그들이 그 실제를 알려면 직접 마주쳐야 할 것임을 깨닫는다. 그들은 다가올 일을 두려워하면서도 준비되어 있다. 우리는 각자의 길에서 우리 노력의 여세를 몰고 있다. '붕대를 감은 곳'을 깊이 들여다보는 사람들은 들어오는 빛을 발견하고 있다.

치유의 길

1976년 나의 수피 선생님은 매섭고도 매와 같은 날 것 그대로의 태도로 내 눈을 똑바로 바라보며 말했다. "치유자가 되려면 당신은 기꺼이 환자의 병을 자신의 것으로 떠안아야 합니다." 나는 무장 해제되어 완전히 발가벗겨진 듯 느꼈지만 이상하게도 안겨 있는 느낌을 받았다. 잠잠해졌지만 징이 울린 듯 마음이 먹먹했다. 이끌려 나왔지만 내가 이 일을 감당할 수 없다고 확신했다. 그러자 조용히 앉아 있던 그는 마치 멀리 있으면서도 전적으로 가까이 있는 무언가에 귀를 기울이듯이 머리를 살짝 왼쪽으로 기울였다. 그의 얼굴은 깊고 부드러운 앎 속으로 누그러졌고, 그가 막대한 연민심으로 나를 향해 말했다. "우리 모두는 99.9% 여기서 탈락합니다." 나는 그 즉시, 의심의 여지없이 그가 그 비율에 그 자신도 포함시켰으며 모든 훌륭한 스승이 그러하듯이 그가 단지 나와 함께 문턱까지 와 주었으며, 나 스스로 문턱을 넘어가거나 물러날 자유를 주었음을 알았다. 본질적으로 그는 이것이 너의 길이라면 필요한 것은 이것이라고 말하고 있었다. 오랫동안 나는 입구 근처에서 춤추듯 서성였다. 나는 이제 더 이상 나아가지 않을 수 없음을 알게 된 조금은 평범한 순간이 되어서야 비로소 문턱을 넘어 들어갔다. 강제로 떠밀린 건 결코 아니었지만 선택의 여지가 없었다.

그 순간 그는 나를 이 길의 진정한 본성으로 초대하고 있었다. 이 길이 특별히 낭만적이지 않을 것이고, 쉽지 않을 것이고, 가장 중요하게는 이것이 나의 일인 것만큼이나 그의 '일'임을 내가 알도록 도와주었다. 마치 이해했다는 듯 내가 고개를 끄덕인 것을 기억한다. 어쩌면 나의 존재 어딘가에서 실제로 이해했을지 모른다. 이제 23년이 지나, 그가 정말로 무엇을 말하고자 했는지 이해하기 시작했다. 이 길을 걷기 위해서, 이 일을 하기 위해서, 치유 관계에 전적으로 참여하기 위해서, 내가 나라고 생각하는 '나'는 떠나야 한다고, 사라지고, 없어지고, 푹 익어져야 한다고 그는 나에게 확실하게 상기시키고 있었다. 그의 말은 내가 '치유자'되기나 분리의 환상에서 비롯한 일에 집착할 여지를 남기지 않았다. 나는 몇 년에 걸쳐 다양한 창의적인 도피, 진짜 일을 일시적으로 가리기 위해 자아(ego)가 행하는 일들(affairs)이 무엇인지 알아냈다. 사실 대부분의 불륜(affairs)과 마찬가지로, 이것들은 채워지지 않는 텅 빈 허기로 나에게 아픔을 남기며 본질적인 만족감을 주지 못했다(그리고 계속해서 그럴 것이다).

그렇지만 다른 사람의 병을 당신 자신의 것으로 떠안으라는 것은 무슨 뜻인가? 나는 내가 돌보는 사람들이 겪고 있는 신체적 질병이나 감정적 트라우마를 겪은 적이 없다. 나는 나에게 있어 '떠안음'이란 살과 피와 뼈의 직접성 뒤에서 그들의 고통스러운 삶 속으로 들어가 그들과 관계 맺고자 하는 자발적 의지와 훨씬 더 관련이 있음을 알게 되었다. 누군가는 이것을 영혼이라고 부를 것이다. 우리 인간이 합류하는 곳은 여기, 이러저러한 '조건' 이면이다.

내 가슴은 다른 사람이 겪는 곤경의 순전한 강렬함으로 깨졌다. 당신 가슴 또한 그랬으리라 확신한다. 때때로 여기에서 떠안음의 느낌이 조금도 계산한 흔적 없이 생각을 넘어선 가슴—마음(Heart-Mind)의 광대함에서 자연스럽게 일어났다. 그런 순간에 '떠안을' 무엇도 없고 '떠안는' 누군가도 없다. 그렇지만 틀림없는 향기가 있고 분리가 사라지고 친밀하고 보편적인 느낌이 있다. 세계가 멈춘다. 지나가는 현재의 감각이 사라진다. 이런 일이 클리닉 수업에 참여하는 서른 명의 사람들의 현존 안에서 일어날 때, 친밀함이 우리 모두를 감싼다. 우리는 때때로 말없이 있으면서 그 순간의 신비로움 속으로 휩쓸려 들어간다. 이런 때에 우리 모두는 '서로서로에게 떠안겨' 있다.

이런 순간이 최근에 정말로 찾아왔다. 교실에 들어서려는데 한 남자가 눈에 띄게 혼란을 주체하지 못하며 나에게 다가왔고 즉시 나는 교실에서 (말 그대로) 끌려 나왔다. 벽의 반대편에서는 사람들이 수업이 시작하기를 기다리는 것을 알면서도 한동안 그의 말을 들었다. 그 남자는 가슴속에 있는 말을 나에게 털어놓았다. 프로그램을 계속할 수 있을지 확신이 없지만 노력해 보고 싶다고 말했고, 그가 직장에서 담당하는 일이 바뀌었고, 가정이 위기에 처해 있기 때문에 다른 반으로 옮길 수 있는지 물었다. 간단히 그렇게 하라는 대답에 그는 안심했고 기분이 좋아졌다.

복도에 있던 그가 밝고 기운 넘치는 토론이 한창인 교실로 들어와 문 가까이 앉는 순간, 내 뒤에서 젊은 여성이 높은 음으로 들썩이며 한탄하는 소리가 들렸다. 캐시는 그녀의 고통과 무력감이 모두에게 숨김없이 들리도록 눈물을 쏟았다. 그녀는 우리를 향해 자신의 비탄을 가장 사적이고 고통스러운 증상, 두려움, 분노, 괴로움, 혼란, 예후를 그리고 궁극적으로 자신의 몸과 의사에게 배신당했다는 감각을 큰 소리로 외친다. 나는 고요하게 들으면서 그녀 곁으로 다가가 잠시 기다린 후 그녀에게 어깨를 안아 주어도 되는지 물었다. 고개를 끄덕이며 그녀는 내 다른 쪽 손을 꽉 쥐었다. 그녀의 몸은 내 가슴에 기대어 바닷물의 리듬처럼 떨리고 있었다. 함께 말없이 배려와 선의의 원에 둘러싸여 우리는 모든 것을 멈추고 앉았다. 숨기려고 해서가 아니라 이 인간 존재의 날것 그대로의 부드러운 진실성을 소중하게 지키려는 의도에서 우리는 조용한 목소리로 서로에게 귓속말을 했다. 나중에 다른 것들을 위한 시간이 있을 것이다.

수업이 끝나고 나서, 참여자—관찰자로 클리닉 수업에 참가한 건강 전문가를 위한 실습 미팅 중에 대화는 빠르게 이 사건을 향해 갔다. 인턴들이 이 접촉의 순간에 그리고 이후에 매우 다양한 반응을 보였으나, 단 하나 예외가 있다면 귓속말에 대한 만장일치 의견이었다. 그들은 말했다.

"왜 귓속말을 했나요?"
"저는 정말 무력감을 느꼈어요."
"저는 무엇을 해야 할지 몰랐어요."
"귓속말 때문에 무력감이 더 심해졌어요."
"소외감을 느꼈어요."
"그녀에게 뭐라고 말했나요?"
"왜 귓속말을 했나요?"

대부분의 인턴들이 그들이 매인 평상시의 언어와 장황한 추리의 밧줄에서 풀려나자 상당히 불편해했다. 캐시의 속삭이는 가슴이 내 가슴 안에서 아직도 메아리침을 느끼며 그들에 질문에 대한 단 하나의 합당한 대답, 그녀가 겪는 날것의 부드러운 고통의 선물을 존중하는 유일한 방법은 침묵인 것 같았다.

———

수련

자기와 타인을 맞바꾸기

스물일곱 살 때, 나는 수피들에게 자기와 타인을 맞바꾸기 수련을 처음 배웠다. 나는 몇 년간 그 수련을 했다. 나는 천천히 배우는 학생이라서 49세가 된 지금 그때 했던 노력의 더 깊은 영향을 막 맛보기 시작하고 있다. 내가 알기로는 수피들 사이에서 이 수련을 일컫는 전문적인 용어는 없다. 티베트 불교도들은 이것을 '통렌(tonglen)'이라고 부른다. 핵심 전제는 간단하면서도, 처음에는 우리의 일상적인 자기 안전감을 위협한다.

1. 고통의 생생한 실제뿐만 아니라 있는 그대로의 것과 직접 관계 맺을 수 있는 가슴의 열린 광활함에 접촉한다.
2. 원치 않는 모든 것을 당신 자신에게로 끌어당긴다.
3. 당신이 돕고자 하는 사람(또는 동물)의 아픔과 고통을 가슴속 도가니 안으로 가져온다.
4. 친절과 돌봄을 그 사람에게 또는 그 상황으로 보낸다.
5. 그러한 의도나 느낌을 모든 존재에게로 확장한다.

이 수련의 복잡한 변형들이 있지만 본질적으로는 모두 고통을 가져오고 생명과 부활을 돌려주는 방법들이다.

우리 삶의 대부분이 자신의 행복과 안전을 보장하는 것에만 파묻혀 있기 때문에, 마음은 즐거움에 다가가고 고통을 밀쳐 내는 방법을 지나치게 많이 발전시켰다. 이런 마음의 경향성을 클리닉 수업에서 다룰 때, 우리는 사람들에게 스트레스의 뿌리를 깊이 들여다보라고 요구하고, 우리가 삶에서 유쾌함을 붙잡고 불쾌함을 밀쳐 내는 데 얼마나 많은 시간을 쓰고 있는지 면밀히 주의를 기울인다. 이 일을 들여다보려는 신중한 의도와 수련에 힘입어 매우 자주 사람들은 완전히 무의식적이고 반응적인 이러한 습관에 관해 알게 되고, 어떻게 그 습관이 계속해서 우리 삶을 결정짓는지 알고는 크게 놀란다.

자기와 타인을 맞바꾸기는 가슴-마음을 훈련시켜 자기 집착을 움켜쥔 손을 풀게 하고, 우리 각자가 내면에 점점 더 숙련된 방식으로 자신 및 타인과 관계 맺고 참여하는 능력을 품고 있음을 직접 아는 효과적인 방법이다. 그러한 가능성의 탐험을 우리 자신에서부터 시작하는 것이 가장 좋다. 그렇지 않으면, '다른 모든 사람'은 도움이 필요하지만 나는 아니라고 단정 짓는 덫에 빠지기 쉽다. 이 도움이 필요하다고 믿는 덫에 빠지기 쉽다. 삶의 진실에 자신을 내어 맡기기란 결코 쉬운 일이 아니다. 우리가 누구인지와 우리 삶에서 실제로 무슨 일이 일어나고 있는지를 존중하는 데서부터 출발해야 한다. 이런 식으로 우리는 고통받는 모든 존재가 공유하는 인간 본질에 직접 합류하면서 자신과의 연결을 유지한다.

이렇게 우리가 기꺼이 마음을 열고자 할 때, 우리는 무거움이나 고통의 격렬한 감각을 느낄 뿐 아니라 꽤 자주 그 느낌은 확연하게 느껴지는 넓음이나 열림의 감각을 수반한다. 가벼움이라는, 이 세계에 존재하면서 더 넓고 더 부드러운 가슴으로 기능할 능력이 있다. 우리의 광대함을 발견하기 시작한다. 더 이상 끈질기게 갑옷을 두르고 문을 걸어 닫을 필요가 없어지면서 우리는 실제로 자기 집착의 해묵은 습관을 반전시키고 있다. 우리 자신의 고통과 어려움을 너무 세게 움켜쥐지 않으면서 접촉하는 법을 배울 때 우리는 자신을 포기하기 시작할 수 있다. 그러한 급진적인 접근은 우리가 느끼는 고통과 분리의 감각을 만들어내는 전체 작용 원리를 역전시킬 수 있다. 마찬가지로, 우리가 정서적인 가난 속에 살도록 훈련받았기 때문에 우리의 기쁨이나 행복, 쾌활함과 풍요로움의 느낌을 타인에게 내주는 것은 우리의 모든 집착과 우리에게 가장 소중한 것을 움켜쥐고 비축해 두려는 경향성을 느슨하게 함으로써 이 반전을 지속시킨다.

1. 자신을 함께 주고받기

몸으로 들어오고 나가는 숨의 주기와 리듬을 단순히 느끼면서 시작한다. 이렇게 할 때 당신은 이 수련의 다양한 단계를 숨의 직접성과 결합할 수 있을 것이다. 앉거나 누운 자세로, 자신이 삶에서 어렵거나 고통스러운 측면과 접촉하도록 허용한다. 이제 가슴 중앙에 거대한 구멍이나 입구가 있다고 상상하고 당신의 모든 고통과 괴로움을 그 구멍 안으로 끌어들인다. 고통과 괴로움을 무겁고 희뿌연 물질의 형태로 상상하는 것이 때때로 도움이 될 수 있다.

그런 다음, 들숨에 이 고통을 남김없이 들이마시고 내쉬면서 그 고통이 가슴의 용광로에서 불태워져 당신 존재를 관통하여 번지는 환한 빛으로 변한다고 상상한다. 받아들이기 힘든 삶의 모든 요소를 당신 가슴으로 들여와서 가슴이 그 타고난 열림의 능력으로 응답하도록 허용한 후, 당신 자신을 건강과 기쁨과 평화로 가득 채우는 것이 이 수련의 핵심이다.

숨의 주기에 주의를 기울인다. 고통을 들이마시고 안도감을 내쉰다. 어두움과 무거움을 들이마시고 가벼움을 내쉰다. 뱀독을 마신 시바의 이야기와 같이, 원치 않는 것을 들이쉬고 상쾌함과 가벼움을 내쉰다. 이런 방식으로 한동안 수련하고 나면 들이마시고 내쉬는 범위가 가슴 부위를 넘어 확장하도록 허용해, 몸 전체를 통과해서 원치 않는 것을 들이마시고, 몸 전체를 통과해서 안도감을 내쉰다.

2. 타인과 자신을 맞바꾸기

당신 자신의 고통을 떠안는 수련을 한동안 한 후, 타인의 고통을 떠안고 빛과 생명으로 돌려주는 수련을 시작할 수 있다. 들숨과 날숨의 흐름을 타면서 수련의 다양한 단계들이 호흡과 조화를 이루면 현존의 감각과 변화 과정이 좀 더 체화될 것이다.

이 수련의 의도는 누군가를 조종하려는 것이 아니라 다른 사람의 고통을 당신 자신이 가지는 것이다. 이러한 의도를 일으키면서, 마시는 숨에 다른 사람의 고통을 당신 자신 안으로 받아들인다. 어쩌면 그것은 누군가의 신체적 고통이나 우울 또는 고립감일지 모른다. 이 모든 것이 어둡고 흐릿한 그대로 느껴지도록 허용하면서 고통을 덜어 주고 타인에게 안도감을 주려는 의도를 가지고, 내쉬는 숨을 환하고 투명한 빛, 기쁨, 평화, 또는 당신이 느끼기에 그들에게 가장 도움이 될 만한 무엇으로 내보낸다.

3. 모든 존재를 포함하기

이제까지 자신과 특정한 타인을 대상으로 수련한 것처럼, 행복과 안도감을 원하는 우리의 소망을 모든 존재로 확장할 수 있다. 여기서의 발상은 우리 자신의 경험과 충분히 깊게 접촉해서, 우리 경험이 우리와 세계를 연결하는 다리가 되게 하는 것이다. 결국에는, 모든 인간이 격노와 결핍, 비탄과 고난에 잠식당하는 느낌이 어떤지 알고 있다. 우리

치유의 길

자신의 어려움을 더 잘 알아차리게 된다고 해서 그 자체로 자아도취에 빠지는 것이 아니며, 그보다는 다른 사람의 상황 그리고 종국에는 모든 존재와의 연대에 더 쉽게 연결감을 느끼게 된다.

타인과 자기를 맞바꾸기를 수련할 때, 고통이 덜어지기를 바라는 당신의 소망이 지구상에서 특정한 방식으로 고통받는 모두를 포함하도록 허용한다. 처음에는 이것이 달콤하거나, 감상적이거나, 불가능하게 들릴지 모른다. 그렇다고 하더라도, 편안함과 행복을 바라는 당신의 의도를 모든 존재에게 확장할 공간을 자신에게 허용할 때, 정복과 패배, 자기와 타인이라는 기계 전체가 무너지기 시작한다. 비록 제한된 자아 감각은 그 영역과 어떻게 관계 맺는지 잘 알지 못하지만, 아마도 당신은 자아 감각의 고정되고 날이 선 경계가 녹아내림을 발견할 것이다.

당신은 다른 사람의 고통이 줄었다는 구체적인 신호를 전혀 보지 못할 것이다. 이것은 중요하지 않다. 이런 식으로 하려는 우리의 자발적인 의지야말로 일생에 걸친 조건화뿐만 아니라 세대 간에 대물림해 온 우리 자신과 세상과 관계하는 방식을 개조하는 행위이다. 실제로 그것은 배운 것을 일부러 잊어버리는 방법이다. 우리 마음과 가슴을 천천히 변형시키고 그렇게 함으로써 연민에 찬 행동의 기반을 만드는 점진적인 자기 재학습이다.

서약과 겸손

오늘 루실이 이번 주에는 화를 내지 않았다고 그녀 자신과 수업의 다른 학생들에게 발표했다. 그녀는 밝은 색 꽃무늬 원피스를 입고 조용히 굳건하게 처음으로 바닥에 앉아서, 눈이 휘둥그레져서 눈에 띄게 놀라움에 찬 표정으로 모두를 둘러보고 말했다. "제가 기억하기에 이번 주가 인생에서 화를 내지 않았던 첫 번째 주예요. 저는 희망이라는 선물을 받았어요." 그런 다음, 잠깐의 침묵이 흐르고, 그녀는 선언했다. "이 스트레스 완화 수업 때문에 제가 죽겠어요. 살면서 해 본 일 중 가장 어려우니까요."

아무도 루실에게 희망을 주지 않았다. 그녀는 자신 안에서 희망을 발견하고 있다. 나는 장난스럽게 이 수업 과정이 "그녀를 죽인다."는 평가에도 불구하고, 그녀가 아주 건강하게 살아 있다고 지적했다. 그녀는 잠시 멈추었다가 굳게 확신하며 조용히 말했다. "이제 시작이고, 앞으로 갈 길이 멀어요." 그녀 말이 맞았고, 그녀는 자신이 삶을 다른 방식으로 살겠다는 서약을 했다고 그녀만의 방식으로 인정했다.

서약: 신이나 성인(聖人)에게 하는 엄숙한 약속
서약하다: 종교 집단에 들어가기 위해 서약하다

이 두 가지 정의는 **서약**이라는 단어에 대한 우리의 일상적인 느낌과 그 사용에 잘 들어맞는다. 우리는 일상에서 하는 약속이 다름 아닌 서약일 가능성을 좀처럼 고려하지 않는다. 우리는 삶이 기쁠 때나 슬플 때나 누군가를 소중히 하고, 함께 살고, 돕겠다고 약속하는 혼인 서약에 익숙하다. 우리는 의사가 생명을 존중하고 해를 끼치지 않겠다고 약속하는 서약인 히포크라테스 선서나 마이모니데스(1135-1204; 스페인 태생의 유대인 철학자, 의사, 율법학자-역자 주) 선서를 한다는 것을 안다. 그리고 성직자와 수도승이 서약을 하는 것도 알고 있다. 그러나 우리는 얼마나 자주 자진해서 치유 관계로 들어가는 것이 다름 아닌 서약이라고 생각하는가? 우리가 목적과 방향이 있는 삶을 살고자 한다면 서약의 원리가 필수적이다. 서약은 마음챙김이라 불리는 이 존재의 방식을 표현한다.

우리가 타인을 돕겠다고 "네!"라고 말할 때, 실제로는 이렇게 말하고 있는 것이다. 이것이 나의 길, 즉 나를 돌보듯이 세상을 돌보는 행동을 일상에서 실현하는 방식이다. 또한 자기를 돌보는 것이 타인을 돌보는 것이고, 타인을 돌보는 것이 자기를 돌보는 것이라는 깨달음을 인식하고 확신에 찬 행동으로 표현하는 길이다. 그렇게 사는 삶은 방향과 전념 그리고 자기(self)를 '나'라는 단단히 싸여 좁게 정의된 독립체를 넘어서는 무엇이라고 아는 확장된 존재감을 필요로 한다. 어쩌면 미친 소리로 들릴지 모른다. 아마 우리는 삶을 이런 식으로 살려고 시도할 만큼 미치지 않았고 부드럽지도 않을 것이다. 그렇게 산다면 우리는 깨지고 열릴 것이다. 그렇다 하더라도, 우리가 깨져 열리지 않으면, 진정으로 깊이 도울 수 없다.

사고와 객관화는 정보와 개인 정체성의 절대적 원천이다. 그 이면으로 들어가면 분리할 수 없음이라는 실재에 도달한다. 이 실재 안으로 들어가는 문은 언제나 우리 앞에 있다. 말하지 않았으면 좋았을 누군가를 상처 주는 말을 했을 때, 그것이 우리 또한 갉아먹지 않는가? 우리가 하는 말은 결코 한 방향으로만 상처를 주지 않는다. 마찬가지로, 우리의 부정직과 기꺼이 진실하려는 의지는 겉보기에 분리된, 시공간 속 우리가 일시적으로 자리한 위치 너머로 우리를 연결시키는 자명한 반향이다.

서약하기에는 감상적인 것이 없다. 그것은 돌봄과 주의의 영역을 표시한다. 그것은 결코 최고조에 도달하지 않으며 항상 진행 중인 시작이다. 그것은 힘든 작업이고 떼어 놓을 수 없는 '그렇다!'와 '아니다!'의 조합을 포함한다. 좁은 의미의 돌봄의 영역을 확장하고 의도적으로 그 영역을 넘어 나아가려는 우리의 자발성에 관해서는, 그렇다! 조건화된 사고와 사회가 걸러 내고 문화가 쌓아 올린 온갖 종류의 현실의 테두리를 넘어 우리 삶을 살겠다는 우리의 단호한 전념에서 답한다면, 아니다! 비록 서약에는 종종 성대한 의식과 공

서약과 겸손

개된 선언이 따르지만, 그것은 침묵 속의 단호한 결단이고 이 결단에서 삶이 조용하고 분명하게 펼쳐지고 형성된다. 서약 없이는 방향이 없다. 그처럼 간단하다. 완전히 도취시키는 삶과 마음의 가속도는 우리가 알기도 전에 우리를 휩쓸어 간다.

우리는 모두 바닥짐(ballast)처럼 우리가 신뢰하고 도움을 청하러 돌아갈 수 있는 무엇, 마치 항해하는 선박의 견고한 용골처럼 바다에서 우리를 받쳐 주고, 예측할 수 없는 바다를 항해할 수 있게 하는 무엇인가 필요하다. 수련은 바닥짐과 같이 수면 아래 흐르는 흔들림 없는 현존이다. 그러나 그것이 좋은 생각처럼 들린다는 듯이 '그렇다!'라고 말만 해서는 충분하지 않다. 우리는 '그렇다!'의 삶을 살아야만 한다. 이것은 우리가 할 일이고 그 일은 쉽지 않다. 명상 수행은 그 자체로 서약의 표현이고 일상에서 서약의 의도를 계발하고 실천하는 방법이다. 매 순간 내려놓으며, 매 순간 스스로에게 사로잡힌 생각이 만드는 분리되고 조각난 소음을 넘어가면서, 우리 존재의 궁극적 진실은 서약을 표현한다. 복잡한 의미가 깔린 수피들의 말로는, 우리 각자가 영원 이전—시간 이전—에 다양성의 세계에서 삶의 합일성과 불가분성을 드러내고, 표현하고, 형성하겠다는 서약을 했다고 한다. 치유 영역에서 수피 스승 하즈라트 이나야트 칸은 이 존재의 길을 **치유자 가슴속 어머니 자질의 깨어남**이라고 불렀다. 그는 세상을 향한 우리의 돌봄이 아이의 행복을 바라는 어머니의 돌봄, 어떠한 보상이나 대가를 바라지 않고 단지 아이가 고통스럽지 않기만을 바라는 어머니의 돌봄과 같다고 주장했다.

이것은 우리가 모든 것—사람, 상황, 사건과의 모든 마주침—을 다름 아닌 바로 우리 자신의 삶으로 본다는 뜻이다. 이렇게 해서 우리 자신의 삶을 보살피는 것은 세계를 보살피는 것이다. 이것은 수련을 요구하는 수행의 본질적인 요소이다. 호흡으로 돌아가는 매 순간과 이 순간과 이 사람, 이 불편감과 불확실함에 기꺼이 열리겠다는, 그리고 이 표지들이 세워진 황량한 벌판으로 흔쾌히 나가겠다는 우리의 의지를 일깨우는 매 순간이 서약의 살아 있는 표현이다.

이 서약대로 살기란 불가능하다.

나는 이 서약의 진실에 얼굴을 문지르면서 항상 실패하고 있다. 그것은 은총! 그렇지 않다면, 나는 가장 터무니없는 상상의 산물을 넘어서 미쳤거나 사기꾼이 될 것이다. 겸손해지는 것은 화해하는 행동이다. 정직과 자백의 길은 어두운 수치심이 아니라 승인과 자기 용서로 가득 차 있다. 서약과 겸손함의 품에 안긴 이 순간들은 우리를 고개 숙이고 패배했다고 느끼게 하는 대신 우리가 다시 시작하도록 허용한다. 가볍게, 극적인 사건 없이, 지나친 부담감의 엄숙한 응어리 없이, 우리가 계속하도록 세상에서 우리가 할 일이 펼쳐질 적절한 장소를 만들고 강화하고 유지될 수 있는 것이 수련—불가능을 상대하는 방법—이다.

이것은 생기를 불어넣는다. 나는 우리가 탈진이라고 부르는 것이 상당 부분 도움을 주려는 의도와 구체적이고 인식할 수 있고 잘 통제된 결과를 바라는 욕망과 관련이 있다고 믿는다. 그런 욕망이 충족되기란 불가능하고, 분명 중독적으로 가속이 붙거나 우울함에 빠져들게 된다. 우리는 모든 일을 완벽하게 운명 지어진 방식으로

서약과 겸손

알거나 일어나게 할 수 없다. 그러기에는 삶이 너무 연민에 차 있고, 너무 제멋대로이고, 너무 자유롭다. 우리가 할 일은 **존재하는** 것, 그리고 이 고요함에서 행하는 것이다. 장기간에 걸쳐 세상에서 우리의 할 일을 지속하도록 허락하는 내면의 태도, 내면의 자세를 계발하는 것이다.

수업이 끝난 후 1년은 루실을 만나거나 소식을 듣지 못했다. 그러다가 그녀의 전화가 왔다. 루실이 처음 클리닉에 오게 된 이유는 잠재적으로 장애로 발전할 수 있는 몸 상태 때문이었다. 그런데 같은 이유로 오랫동안 일했던 직장을 이제 떠나게 되었다고 한다. 그녀는 이 건강 문제를 고치려고 노력했음에도 그것이 프로그램 내내 지속되었다는 내용의 편지를 자신의 의료 기록에 덧붙여 써 달라고 부탁했다. 우리는 그녀가 처한 상황에 관해 이야기했고, 나는 그녀가 그토록 사랑하는 일을 어쩔 수 없이 그만두게 되어 마음이 아팠다. 그녀는 자신감에 차 있었다. 그녀 존재를 지탱하는 바닥짐이 뚜렷이 보였다. 거짓 희망을 갖거나 변명하거나 합리화하지 않았고, 그녀 자신을 설명할 필요가 없었다. 그녀가 개방적으로 받아들일 능력이 없다는 것을 후회하지 않았다. 그녀는 깊은 상실감을 느낀다고 했고 자신이 일할 수 있기를 바라고 믿었기 때문에, 이런 결정을 하기까지 그리고 건강 상태 때문에 일할 능력이 얼마나 떨어졌는지 진실을 직면하기까지 몇 달이 걸렸다고 말했다.

그녀는 절실하게 필요한 휴식의 시간을 좀 가질 것이며, 새로운 것을 배워 다양한 직업 선택을 탐험하고 천천히 "여기서부터 시작"할 계획이라고 말했다. 그녀는 MBSR 수업에서 자신을 발견했고 지

4부 빛이 당신에게 들어오는 곳

속적으로 수련했기 때문에 이 힘겨운 시간을 살아 낼 수 있었다고
했다.

나는 상황이 다르다면 얼마나 좋을까 바라면서 '내가' 좀 더 나아
지게 할 수 있었다면 이런 일이 일어나지 않았을 거라는 희미한 실
망감을 느꼈다. 그녀가 이것을 감지했음이 틀림없다. 아주 단호하
게, "사키, 나는 정말 괜찮아요. 나는 내 삶을 살고 있고 의미 있다고
느껴요. 그리고 교육 과정에서 내가 얻은 것을 활용하고 있어요. 사
실, 이 상황에 이런 식으로 대처할 수 있는 건 내가 작년에 배운 것
들 덕분이에요."라고 말했기 때문이다.

수치심 없이. 꾸며 내지 않고. 루실은 내가 그녀에게 주었다고 그
녀가 말한 것을 나에게 되돌려 주었다. 나는 그녀의 용기에 겸손해
졌다. 예상치 못하게도 그녀의 서약이 나를 회복시켜 나 자신의 서
약으로 되돌아가게 했다.

오라, 누구든지 오라!
방랑자든, 숭배자든, 이별하는 연인이든.
상관없다.

우리가 가진 것은
절망한 사막의 무리가 아니다.

오라,
오라, 당신이 천 개의 맹세를

어겼다 해도,

오라,

다시 한번 오라,

오라!

젤랄루딘 루미의 묘비 글

또 다른 종류의 무력감이 있는데 그것의 근원은 두려움도 수동성도 아니다. 이것은 맹렬하고 강렬하다. 이것은 종종 우리가 처한 현실을 바꾸기 위해서 아무 것도 할 수 없다는 깨달음에서 일어나는 항복으로 가득하다. 이런 종류의 무력감은 분투를 그만두라고 슬픔과 신비로움으로 견딜 수 없어 보이는 진실의 광대함으로 들어가라고 요구한다.

종종 내가 이런 상황에 누군가와 함께 있을 때, 나는 이것을 길고 말 없는 포옹처럼 경험한다. 때때로 나의 두려움과 불안함이 방해하면 우리는 떨어진다. 내가 두려움 너머로 걸어 나올 수 있을 때, 그것은 포옹이 되고 "나는 이해합니다."가 아니라 "내 가슴이 지금 상황에 현존하면서 아파합니다. 이런 일이 어떻게 또는 왜 일어나는지 모르고, 비록 우리가 처한 상황은 다르지만 우리의 다름 뒤 어딘가에서는 이것이 또한 내가 겪는 상황임을 압니다."라고 말한다.

도움이 되고자 하는 갈망이 바람에 나부끼는 깃발처럼 펼쳐지는 것은 이런 순간들이다. 도움의 실천은 이러한 갈망의 강렬함—"도우려는" 우리의 타고난 충동에 항복하는 것—이 하는 것이지, 우리가 하는 것이 아니다. 이 갈망을 추구하고, 사실은 이 갈망이 추구되고, 이 갈망을 끌어안기 위해서 우리는 항복해야 한다. 이것은 힘들다. 규율을 따라야 한다. 단호해야 한다. 그렇게 하기 위해서 강인한 신체, 활짝 열린 가슴, 알지 못함을 기꺼이 받아들이는 호기심 어린 의지가 필요해진다.

이 무력감은 돕는다. 그것은 다시 시작하게 하고, 깊은 평화를 주고, 은총으로 가득하다. 행위가 존재 안에 있다. 일이 우리에 의해서가 아니라 우리를 통해서 행해진다. 우리 자신의 길에서 내려와 다른 사람과 정말로 함께 존재하려면 고도의 기량이 필요하다. 의술의 하인으로서 이것이 우리가 할 **일**이다. 이것은 평생에 걸친 여행이다. 돕고 싶어 하는 자는 누구인가? 기여하고 쓰이기 바라는 우리 안의 그것은 무엇인가? 나는 추호도 의심하지 않고 내가 이 길을 선택하지 않았다고 확신한다. 이 길이 나를 **선택**했다. 이 말이 이상하게 들리는가? 이 문장을 읽을 때 당신 안에서 어색하거나 공명하는 익숙함이 있는가? 그것이 더 쉽다는 뜻은 아니다. 그러나 몇 년에 걸쳐 나는 조금 줄어든 '나를' 경험하기 시작했다. 더 적은 오만함, 더 적은 어색함, 더 적은 공상적 감정, 더 큰 편안함과 경외감 그리고 이 활동 안의 생명을 느낀다.

도우려는 충동은 인간애보다 역사가 더 깊다. 나는 이것을 학습하는 것이 예전에 훨씬 더 쉬웠고, 훨씬 더 일상의 한 부분이었다고 생각한다. 부족 사회에서는 대가족을 이루고 생애 주기의 모든 단계에 있는 사람들과 함께 살면서 다치고 늙고 죽어 가는 사람들을 보고 돌보았는데, 그러한 생활양식은 남을 돕는 것에 관해 충분히 가르쳐 주고 있었다. 할머니나 큰 삼촌을 돌보는 것은 그냥 삶의 일부였다. 이렇게 해서 어쩌면 사람들은 돌봄의 원 안에 그들의 위치—어디에서 기여할지, 어떻게 기여할지, 어디에서 그들의 능력이 멈추는지—를 발견했을지 모른다. 다른 인간을 위한 도움과 돌봄은 죽음과 전환에 이르러 끝이 났다. 이것의 진실을 받아들일 수 있는가? 생각하는 마음은 그런 터무니없는 말에 격분한다. 우리는 모두 돕도록 '훈련'받았다. 나는 훈련의 중요성을 부정하지 않는다. 그것은 원의 일부이다. 그렇지만 이 훈련은 거의 피할 수 없이 우리의 지각을 왜곡하고, 우리의 시야를 좁게 하고, 우리를 행위(doing)로 몰아붙인다. 이 행위는 종종 꼭 필요하지만 항상 불완전하다. 행위는 **무위**(non-doing)와 균형을 이루어야 한다.

지금 이대로의 실재에 자리 잡으면서. 근본적으로 우리가 통제권을 가질 수 없음을 깨달으면서. 삶은 부서지기 쉽다. 장담할 수 없다. 우리는 최선을 다하고 나서 삶의 신비로움 안에서 쉬라는 요청을 받는다. 이런 앎은 냉소주의나 마비가 아니라 궁극적으로 기쁨의 원인이 될 수 있다. 자유를 주기 때문이다. 이 안에 극명한 단순성이 있다.

이렇게 통제권을 상실하고 분투에서 풀려나는 데는 대가가 있다. 그것은 자아에게, 즉 자신이 강력하고 통제할 수 있으며 다른 사람들과 분리된 존재라는 자기감에게 엄청난 타격이다. 그 상실은 우리의 단호한 개성의 감각, 우리가 누구이고 무엇인지 또는 우리가 무엇을 알고 무엇을 해낼 수 있는지에 관한 오만함을 무너뜨린다. 그렇지만 이 상실에 열린다면 사람 사이의 깊은 연결의 가능성이 생겨난다. 처음에는 상실을 받아들이기 어렵다. 시간이 지나면 당신을 구해 줘서 고맙다고 여기게 될 것이다. 여름날 오후에 잔디에 누워 지구가 당신을 품에 안도록 허용하는 것과 같다.

> 천하에 물보다 부드럽고 순한 것이 없지만
> 굳세고 강한 것을 녹이는 데는 그보다 뛰어난 것이 없다.
>
> 부드러움이 딱딱함을 이긴다.
> 온화함이 뻣뻣함을 이긴다.
> 누구나 이것이 진실임을 알지만, 아무도 실천에 옮기지 않는다.
>
> 그러므로 성인은 슬픔의 한복판에서 평화롭다.
> 사악함이 그의 가슴에 들어가지 못한다.
> 그는 돕기를 포기했기 때문에 모두에게 가장 위대한 도움이다.
> 옳은 말은 역설처럼 들린다.

노자, 『도덕경』 78장 중에서

동료 지도자들과 나는 "가르치는 것은 수련에서 나
온다."라는 말을 자주 한다. 그렇지만 이 말이 실제로
뜻하는 바는 무엇일까? 이 질문은 정직하고 자유로운
탐구를 필요로 한다. 이 질문을 당신과 함께 탐험하
고 싶다. 그렇게 하기 위해서 한 가지 방법을 간략하
게 설명하겠다. 먼저, 최근 나의 앉기 명상 수련을 체
계적으로 분류해서 지극히 주관적으로 당신에게 공
유할 것이다. (이것이 명상 중에 일어나야 한다거나 일어
나면 안 된다는 사례는 아니다.) 그런 다음, 내가 수업에
서 만난 환자와의 경험과 연관시킬 것이다. 그리고
마지막으로, 이 경험들을 한데 엮어 일관성 있는 전
체가 되게끔 시도할 것이다. 앉기 명상을 하면서, 나
는 네 가지 움직임을 알아차렸다.

1

몸이 자리를 잡는다. 오른쪽 무릎에서 뻣뻣함이 느껴지다가, 익숙한 편안함과 안정감 속으로 천천히 사라진다. 생각들이 빽빽한 물고기 떼처럼 물살을 거슬러 알아차림 안으로 헤엄쳐 들어온다. 마음이 흐릿하다. 군데군데 물의 흐름이 어지럽다. 소용돌이, 급류, 작은 여울이 흐른다. 마음이 훑어보고 있다. 별개의 생각들이 다발과 꾸러미로 묶인 채 순식간에 흘러가서 거의 한 덩어리 같다. 그것들은 뚜렷한 각운이나 운율 없이 백색 소음처럼 특별히 흥미롭지도 특별히 불쾌하지도 않다. 고요함이 천천히 펼쳐지는 동안 이런 경험이 한동안 지속된다.

2

봄(seeing)이 말 그대로 가슴(chest) 부위 깊이까지 들어간다. 거대한 눈(eye)처럼 가슴(chest)이 넓게 열렸다. 나는 이것이 가슴(heart)이라고 안다. 이 봄은 광대하다. 물고기 떼가 갈라진다. 이 물체들 사이로 더 많은 물과 더 열린 바다가 차오른다. 생각들은 좀 더 구분된다. 흐름의 속도가 느려진다. 봄이 더 명료하다. 흐름이 질서정연하기도 하고 무작위로도 일어난다. 마음의 물결의 유형과 양에 관해서는 무작위성이 더 분명하다. 과정—이 물결들이 흐름 안에 나타나는 방식—에 있어서는 질서정연함이 더 뚜렷하다. 모든 것이 느려지고 있다. 가슴(heart)의 눈(eye)이 이 모든 것을 선별하지 않고 받아들이고 있다. 공간이 넓다. 감정들이 크게 출렁이고 강렬하다. 크고 느린 물결과 그보다 느리지만 더 세찬 조류와 비슷하다.

4부 빛이 당신에게 들어오는 곳

3

가슴의 광활함이 확장한다. 열린 공간이 더 커진다. 불안이 올라온다. 최근 들어 오늘과 꼭 같은 방식으로 불안을 알아차린 적은 없다. 가슴의 경계가 그 광활함 그대로 사라지고 있다. 가슴속 앉아 있는 감각이 부분적이고 안정적이고 익숙한 지형에서 희미해져서, 전체가 더욱 한눈에 들어오는 경계 없는 영역으로 사라진다. 마음이 경계 없음(borderlessness)을 마주하고 망설인다. 이것은 불안의 원천, 입 밖에 내지 않은 느낌이다. '나'는 어떻게 될 것인가? 이 불안과 불안과 함께 밀어닥치는 생각들을 지켜보고 느끼면서, 나도 모르게 손이 움직이고 갑자기 다리를 바꾸고 싶은 욕구가 일어남을 알아차린다. 마음이 더 이상 여기 있기를 원치 않으면서 깜빡이고 실룩거리고 망설이고 위축되고 있다.

두려움이 도착했다. 끈기 있게 '함께 존재'하기, 즉 이 느낌들과 접촉하고 깊은 접촉을 확립할 것을 기억한다. 마음의 파도를 향해 서니 불안이 더 강렬해진다. 그러면서 불편한 감각들의 덩어리가 느껴진다. 생각, 감정, 배 부위의 근육 긴장들이다. 이 두려움은 길을 잃을 것에 대한 두려움이다. 이 딱딱함을 접촉하고 관통하면서 계속해서 주시하니 육중한 감각의 덩어리가 없어진다. 이 두려움이 액체가 되어 흐르면서 천천히 녹아 없어진다.

4

뒤쪽 층계에서 들려오는 개 짖는 소리, 바닥을 걸어오는 발걸음 소리, 변기 물 내리는 소리가 이제 '안에' 있다. 실제로는 안도 없고 밖도 없다. 불안이 느낌의 상태로서 존재하지만 더 이상 압도적이지 않다. 두려움을 포함해서 일시적이고 순간적인 마음의 파도가 일렁인다. '괜찮아.' … '그쯤 해 둬.'와 같은 생각이 오늘은 큰 소동없이 지나간다. 늘 이렇지는 않다. 얼어붙은 호수에 비친 달빛처럼 서늘하고 선명한, 열린 공간이 있다.

신디가 수업 한 시간 전쯤 전화해서 수업에 못 온다고 했다. 허리 통증이 너무 심한데다 운전을 너무 오래 해야 하고 너무 어둡고 비내리는 밤이다. 오늘 저녁 우리는 45분의 앉기 명상으로 수업을 시작했다. 내가 눈을 뜨고 방을 바라보았을 때, 신디가 구석에 있었다. 나는 신디를 보고 놀랍고도 기뻤다.

오늘 저녁 비통함이 이 방에 도착했다. 프로그램의 중간 지점에서 흔히 있는 일이다. 비통함은 봄(seeing)의 영역에 딸려 오는데 제발로 들어오는 일은 거의 없다. 이런 일은 종종 집중 수련으로 속도가 붙는다. 사람들은 에두르지 않고, 노골적으로 말한다. 격노, 고립, 단절, 우울, 두려움, 신체적인 통증의 이야기들이 밀려 들어온다. 우리는 함께 이 격동 속으로, 삶이 합쳐지는 이 순간 속으로 깊이 들어간다. 대단한 자발성이 있고, 그것이 끊임없이 나를 놀라움에 빠뜨린다. 지속적인 주의력에서 이런 경험이 자연스럽게 일어남을 나는 안다. 어떤 수업 참여자는 이것을 "태어나서 처음으로 삶에 제대로 연결된" 느낌이라고 묘사했다. 그것은 때때로 강렬한 전류처럼 나방을 끌어당기는 촛불의 유혹처럼 직접적이고 뜨겁다.

사람들은 경험되는 삶을 더 이상 거부하지 못하고 낙담하기 시작한다. 각각의 이야기가 서로 안의 비슷한 감정을 건드리며 방은 공감하는 장이 된다. 신디는 흐느끼면서 말하기 시작한다. "제 삶은 너무 비참해요. 오늘 아침에 침대에서 나올 수 없었어요. 아침에 일어나고 싶지 않아요." 우리는 대각선으로 방을 가로질러 서로를 바라본다. 침묵이 내려앉는다. 익숙하다. 폭풍 전 고요함, 삶과 죽음의 순간에 도달하는 텅 빈, 열린, 가득한 침묵이다. 잠시 후에 나는 신디에게 묻는다. "옆에 앉아도 괜찮을까요?"

"네, 좋아요."

나는 수업 참가자들에게 신디에게 얼마간 시간을 줄 것이라고 말한다. 신디는 동그랗게 말아서 중간을 커다란 초록 리본으로 묶은 초록색 요가 매트를 무릎 위에 놓고 앉아 있었다. 나는 방을 가로질러 신디 옆에 너무 가깝지 않게 앉는다. 정확하게 무엇을 해야 할지 무엇을 말해야 할지 모른다. 나는 이 자리를 잘 안다. 그것은 모든 것을 있는 그대로 비추고 허용하겠다는 자발성과 열림을 요구한다. 힘든 일이다.

나의 임무는 신디의 경험을 듣고 존중하는 것이며 그러는 동안 나 자신의 경험에 대해서도 똑같이 한다. 생각을 동반하는 빠르고 순간적인 수축이 일어나며 마음이 깜빡거림을 알아차린다. '이제 뭘 하지?'… '지금 뭐라고 말하지?' 이제 막 방문 아래로 이동해 온 깊은 틈을 내려다보는 것과 같은 불안정감이 파문처럼 번진다. 어떤 때는 이 반응들에 자리를 빼앗기지만 오늘 밤은 아니다. 그 대신 나는 참을성 있게 지켜본다.

우리 둘 다 열린 공간에 서 있다. 붙잡을 곳이 없다. 매번 대화가 침묵 속으로 사라진다. 우리 중 한 사람이 발 디딜 곳을, 이야기가 펼쳐지는 지점으로 한 걸음 더 가까이 다가가기 위해 잠시 서 있을 곳을 찾아낸다. 오십 개의 눈들이 우리를 보고 있다. 나는 신디와 함께하면서 때때로 다른 참여자들이 어떤지를 살핀다.

"두렵다고 그랬지요?"

"네. 내가 보고 느끼는 것 때문에 두려워요."

그녀가 조용히 운다. 나는 손을 뻗어 말없이 그녀에게 손을 청한다. 그녀가 기꺼이 손을 내 준다.

"비참한 기분이라고 하셨는데. '비참하다'는 게 어떤 건지 좀 더 말해 주실 수 있나요?"

"저를 둘러싼 관계가 마음에 안 들어요… 아이들이 걱정이에요. 좀 더 통제할 수 있다면 좋겠어요. 몸이 아파요."

공간이 길게 열린다.

"전화로 못 오신다고 들었는데, 여기 오신 걸 보고 놀랐어요."

"집에 있는 것보다 여기가 나아요. 집은 빌어먹을, 너무 우울하니까요."

"상담을 받고 계신가요?"

"이제 막 시작했어요. 무엇인가 해야 한다는 걸 알아요… 수련하려고 노력도 하고 있어요. 가끔은 못할 때가 있지만… 때로는 도움이 돼요."

우리는 신디의 수련에 관해 이야기를 나눈다. 나는 신디가 정확하게 무엇이 "도움이 된다."고 느끼는지 좀 더 알고 싶어서 더 구체적으로 말해 달라고 요청한다. 신디의 경험에 관해 어떤 것도 추정하고 싶지 않기 때문이다. 신디는 말하는 도중 더 이상 울지 않는다. 신디는 자기 삶을 너무나도 명료하게 보고 있기 때문에 자신이 정말로 얼마나 불행한지에 대해 훨씬 더 민감해졌다고 한다. 그렇지만 명상에서 위안을 얻는다고 한다. 명상이 극도로 고통스럽고 어려운 상황의 한가운데서 자신을 돌보는 방법을 알려 주었다고 한다. 신디는 '호흡'에 주의 기울이기를 좋아하고 우리는 신디의 수련을 그녀가 처한 상황과 관련지어 이야기한다.

우리는 함께 이제 이야기를 넘어 밖으로 나왔다. 신디가 처한 곤궁의 드라마 너머로. 우리는 쏟아지는 폭포 뒤에, 우리가 '이야기'라고 부르는 강력한 바람 뒤에 함께 서 있다. 우리는 단 하나의 문제도 해결하지 않았다. 그러나 신디가 이야기와 맺는 관계가 바뀌었다. 신디는 놀라워한다. 신디의 가슴에 깊이 가라앉은 공허함이 사라졌다. 신디는 자신을 올곧게 세우고 있다. 이 순간에 해결책은 없다. 그러나 신디는『오즈의 마법사』의 커튼 뒤를 간파한 도로시처럼 자기를 의식하지 않는 미소를 짓고 있다. 무엇인가 정체를 드러냈다. 적어도 잠시 동안은 그리고 그것은 우리가 상상했던 대로가 아니라 있는 그대로 보였다. 우리의 대화가 이제 끝난다.

마음챙김은 신디와 내가 마음의 고통과 불편함으로 들어가게 했다. 이런 경험은 그다지 편안하지는 않지만, 종종 새로운 것을 드러내고 자유를 준다. 그러한 움직임이 이 장을 시작할 때 내가 묘사한 앉기 명상과 우리가 수업에서 경험한 접촉 둘 다에서 일어났다. 이 두 가지 경우 모두 변화를 가져온 것은 '무엇을 하려는' 것이 아니라 직접 보고 함께 존재하는 것이다.

신디는 우울과 무력감에 직면하여, 그녀의 고통과 접촉했다. 그렇게 하면서 신디는 또한 자신의 안정성과 강인함을 접촉했다. 그러한 접촉은 내가 그녀를 위해 이름을 지어 주거나 또는 그녀가 정말로 강인하다고 말해 주었기 때문이 아니라, 그녀가 절망과 애통함의 감정을 만나고 그 안으로 들어가는 바로 그 행위 때문에 일어났다. 수업에서 그 순간에 신디는 그녀의 고통에 관대하고 판단하지 않는 알아차림을 가져갔다. 이렇게 해서 신디는 이 감정들을 특별한 방식으로 수용할 수 있었다. 그 순간 신디는 고통스러운 마음 상태를 통해 세상을 보지 않고, 그녀의 경험을 보고 만질 수 있었다. 어쩌면 신디는 이때 처음으로 이 영역을 방문했을 것이다.

똑같은 과정이 나에게도 일어나고 있었다. 나는 종종 수련을 살아있는 실험실이라고 묘사한다. 이런 관점에서 보면, '공식' 명상에서 무엇이 일어나든지 우리가 그것과 어떻게 관계 맺는지를 보면 똑같은 마음 상태가 일상에서 일어날 때 우리가 그것과 관계 맺는 방식이 어떤지를 알 수 있다. 이러한 자기 이해가 수련을 통해 발전한다.

이런 식으로 나 자신과 함께 앉기와 신디와 함께 앉기는 서로 같다. 함께 모험을 떠나려는 그녀의 자발성, 사실은 우리의 자발성이 두려움과 반응성을 어느 정도 녹이기 시작했다. 내가 '녹였기' 때문이 아니라, 이렇게 안으로 들어가는 움직임이 충분히 오래 지속될 때 우리가 생각과 감정 이면의 광활함으로 들어갈 수 있기 때문이다. 감정은 사라지지 않는다. 그러나 이 광활함을 직접 맛보는 경험이 일어난다. 그 결과, 우리 둘의 경우, 강력한 반응적 습관이 줄어

4부 빛이 당신에게 들어오는 곳

들거나 용해되었다.

우리가 스스로 또는 다른 사람과 함께 이렇게 할 때, 우리가 누구인지에 관한 관념과 개념이 무너진다. 우리가 마음챙김으로 두려움과 지각된 한계를 한순간이라 하더라도 깊이 접촉할 때, 우리는 겉으로 드러나는 딱딱함 너머로 간다. 구름 사이로 햇빛이 비치듯 우리의 본성이 밝게 빛난다. 이것은 마법이 아니지만 기적적이다.

열린 공간에 서기

　일요일이다. 눈이 내린다. 나는 눈앞에서 춤추듯 소용돌이치는 순백에 마음이 휩쓸리기도 하고 정신이 명료해지기도 한다. 120명이 고요하게 앉아 멋진 소리를 내는 매혹적인 돌풍을 끌어안은 잿빛 화강암 뜰을 가만히 내다보고 있다. 오후 2시 20분, 스트레스 완화 클리닉의 여섯째 주가 되어 우리는 온종일 집중 수련 중이다. 매사추세츠 의과대학 1층 학장실 옆 교수 회의실에서 우리는 이른 아침부터 함께 앉고 걷고 서고 먹는다. 커져 가는 집단의 침묵 속으로 뻗어 간다.

　공중에 떠다니는 눈이 송이송이 내려앉는다. 튀어오르고 미끄러지고 빙빙 돌다가 바람과 벽에 항복해서, 어떤 숨겨진 신비, 어떤 보이지 않는 길을 따라 잠시 멈추고, 한 송이 한 송이 땅에 내려앉으며 바닥에 쌓인 눈송이들과 연결된다. 눈 위에 눈이 쌓인다. 접속한다. 짙어지는 순백을 배경으로 점차 눈 언덕과 눈 더미가 쌓여 뜰에 놓인 수십 년 된 수제 석조물을 덮는다. 오늘 이 눈송이들과 마찬가지로, 우리 각자는 오늘의 이동하는 흐름에 몸을 맡기고 이 눈처럼 우리의 개인성은 멈춰 선다. 개인성이 약해지는 것이 아니라 녹아내려서 더 큰 공동의 교감으로 확장된다.

당신이 바로 지금 이 방으로 걸어 들어온다면, 처음에는 사람들과 수련 용품의 숫자만으로도 감동을 느낄 것이다. 잠시 동안 여기 머문다면, 개별적인 '몸'의 감각이 광대하고 하나된 느낌 속으로 희미해지기 시작할 것이다. 당신은 우리가 삶을 깊이 들여다보는 활동에 함께 참여하고 있음을 본다. 그것은 생기 넘치는 공동 사업으로 깨어 있겠다는 우리 공동의 의도에 뿌리박고 있다. 오늘 의사와 환자가 비슷한 옷차림으로, 비슷하게 앉거나 누워 똑같은 방법을 비슷하게 수련한다. 이것은 우리의 개별적인 역할을 부정하거나, 우리가 표현하는 인간 존재의 독특함을 흐리거나, 우스꽝스러운 로봇인간을 만들려 함이 아니다.

이 유사성은 그 자체로 우리 공동의 전념적 표현이자 서로에 대한 우리 관계의 기본적 본질을 인정해 주는 가장 잘 나타내는 체화된 본보기이다. 이것이 병원에서 일어나고 있다. 병원은 그보다 더 큰 대학 의료 기관에 속한다. 의료 기관은 주(州) 교육 체계에 속하고 지역에서 관리 의료 기관의 수가 가장 많은 군(郡)에 포함되며 변화를 향해 가는 국민건강보호 체계 환경 속에 포함되어 있다. 이것이 21세기로 나아가는 의료이다.

나는 동료인 멜리사 블래커와 페르난도 데 토리호스와 함께 아침 7시에 도착한다. 120개의 의자를 방 가장자리를 따라 줄지어 놓고, 요란한 소리를 내는 우편물 바구니에 매트와 쿠션을 담아 건물에서 건물로 실어 나르고, 음향 시스템을 설치하고, '지금'이라고 적힌 표지판으로 벽시계를 가린다. 그리고 우리의 손님인 수업 참여자들을 맞이하기 위해 방을 준비하는 재미있고 다소 시끄러운 시간을 갖는다.

8시 15분이 되자, 담요와 베개, 점심 도시락, 냉장 박스를 짊어진 사람들이 도착하기 시작한다. 어떤 사람들은 우리가 제안한 대로, 허리와 다리, 목의 통증을 덜어 줄 접이식 의자를 가져온다. 어떤 사람들은 가져온 매트를 깔고, 신발을 벗고, 바닥에 앉거나 누워서 오늘 하루를 음미한다. 진행 중인 수업의 참여자 외에도, 오래 알고 지낸, 익숙한 얼굴들이 꽤 많이 방으로 들어오고 있다. 그들은 프로그램 졸업생이다. 우리는 그들에게 수업과 프로그램, 주말 강좌의 연간 일정을 알리는 이메일을 정기적으로 보낸다. 온종일 수련 회기는 언제나 무료이고, 많은 사람이 이날을 활용해서 수련에 새로운 힘을 얻는다.

나로서는, 15년도 더 이전에 수업에서 처음 만나 함께했던 사람들이 문을 열고 들어오는 모습을 볼 때 기쁘다. 그들은 각자의 방식으로 수련을 지속해 왔고, 평소처럼 일하는 날을 하루 포기하고 집중 수련에 오기로 선택했다. 그들이 걸어 들어오는 방식, 얼굴 표정, 가져온 용품 모두가 공모해서 말한다. 나 여기 와 본 적 있어! 그들은 반가운 모습이고, "여기 졸업생이 몇 분 계시지요?"라는 질문에 30명이 손을 들어 답할 때, 여기 처음으로 참석한 얼굴들 사이에 안도와 경탄이 뒤섞여 번져 간다. 이 방 안에 대부분의 사람이 삶에서 침묵을 지키는 날을 한번도 보낸 적이 없다는 사실을 고려하면, 그들 중 서른 명이 그날을 다시 경험하기 위해 왔다는 사실은 안도감을 주면서도 약간은 묘하게 매력적이다.

8시 35분에 우리 셋은 클리닉 사무실로 돌아가서 하루 일정을 간단하게 점검하고, 15분 동안 침묵 속에 함께 앉아 명상한다. 우리는 이 복잡한 합주곡에, 침묵에, 집중 수련의 날에 우리 자신을 준비시키면서 또한 내면의 기어를 바꾸고 있다. 지하층에 앉아 있는 우리 셋과, 뿐만 아니라 우리 위층인 일층에서 앞으로 있을 몇 시간의 침묵 전에 마지막 이야기를 나누고 있는 120명의 사람들이 이제 집중 수련을 시작한다. 우리는 단순히 다른 사람들을 위한 집중 수련을 만드는 것이 아니다. 우리는 함께 집중 수련에 들어간다. 그런 다음 방 안을 쭉 돌면서, 우리는 현재 클리닉 참여자와 각자가 아는 졸업생들과 인사를 나눈다. 9시에 멜리사가 침묵을 알리는 놋쇠 종을 울린다. 시작하면서 고요함이 공간에 내려앉는다. 지도자로서 우리는 오늘 하루 동안 번갈아 가면서 말하고 이따금씩 지도할 것이다. 그러나 우리가 하는 말의 명료함과 정확성을 극대화함으로써 말을 가능한 적게 하려고 최선을 다할 것이며 확산하는 침묵에 의존할 것이다. 그 침묵에서 말들이 떠올라 무엇이 우리가 할 일이고 무엇이 아닌지를 일깨워 준다.

여섯 시간 동안 우리는 긴 시간 이어지는 부드러운 요가를 포함한 다양한 형태의 명상을 수련한다. 우리는 침묵 속에서 함께 먹고

온종일 집중 수련

다양한 알아차림 연습들을 활용한다. 그 연습들은 우리가 수련해온 것을 깊어지게 할 뿐 아니라, 6주 동안 배운 내용을 일상에서 활용하는 유연한 능력을 계발하기 위한 의도를 지니고 있다.

놀랍게도 지금은 오후 3시이다. 벨이 울리며 또 다른 전환을 알린다. 우리는 이제 침묵에서 나와서 말을 할 것이다. 남은 침묵의 시간 동안 우리는 사람들에게 둘씩 마주보고 앉아 **속삭이라고** 한다… 서로 귀 기울여 듣고, 속삭이면서, 오늘 그들의 있는 그대로의 경험에 가까이 있으라고… 우리는 그들에게 언제라도 말을 중단할 수 있고, 원한다면 거듭해서 침묵으로 돌아오면서 자신의 상태를 알아차리고, 그들의 삶이 침묵에서 말로, 말에서 침묵으로 오갈 때 삶의 실재성과 함께 할 수 있다고 알려 준다. 방 안의 말소리가 커지면 우리는 속삭이라고 일깨우는 종을 울린다. 15분 후 우리 모두는 잠시 동안 침묵으로 돌아오고, 60쌍쯤 되는 집단을 더 넓혀서 더 큰 원을 만들어 방 전체를 아우르는 맥락에서 대화를 계속한다. 그 과정은 활기가 넘치고 심오하다.

4시에 우리는 한 번 더 고요함 속에 함께 앉아 명상한다. 눈발이 잦아들어 이따금씩 눈송이가 날린다. 구름이 걷히고 회색빛이던 하늘이 장밋빛으로 얼굴을 붉힌다. 모두가 집에 가기 시작하는 즈음에는 주황, 분홍, 보라색 빛줄기가 뜻밖에 찾아온 늦은 오후의 태양빛에 섞인다. 5시가 되어 우편함 바구니, 매트, 쿠션, 음향 시스템, 시계에 붙인 표지판은 각자 원래 있던 곳으로 돌아갔다. 페르난도와 멜리사 그리고 나는 집중 수련 후 회의를 간단히 하려고 모인다. 우리는 하루를 돌아보고 서로에게 피드백을 준다. 이 회의는 거의 언제나 도전 의식을 북돋우고 홍미로운 사실을 드러낸다. 우리는 우리 자신이나 다른 사람의 강점과 약점이라고 지각하는 것들을 망설임 없이 말한다. 수련의 감각이 이 토론에 스며든다. 우리는 오늘 하루가 잘 지나갔다는 데 동의하면서, 동료애 정신과 일에 대한 헌신의 마음으로, 솔직하게 터놓고 서로와 관계 맺으려고 한다.

월요일에 우리는 지도자 정기 회의를 할 것이다. 그 두 시간 동안 일곱 명의 지도자가 이번 주말에 진행한 회기들을 더 심도 있고 상세하게 논할 것이다. 이번 주말에 220명의 사람들이 집중 수련의 날에 참가했다. 어떤 사람들은 이틀 다 왔다. 대부분은 처음으로 참석했다. 여덟 번째, 아홉 번째, 열두 번째로 참가한 사람들도 있었다. 지도자로서, 우리는 지난 20년 동안 수천 명이 처음으로 이 문을 걸어 들어온 후, 여러 해 동안 1년에 두세 번 다시 온다는 사실이 여전히 놀랍다.

우리는 중앙 로비의 큰 회전문을 향해 가면서 쌓인 눈이 우리를 맞이할 거라고 예상한다. 놀랍게도 도로와 보도는 거의 깨끗하다. 서로에게 인사하며 주차장으로 걸어갈 때, 갑작스럽게 불어와 순식간에 지나가는 돌풍에 우리는 경탄하며 웃음을 터뜨린다.

내가 늦은 2월의 어느 날 저녁 집으로 차를 몰고 갈 때, 겨울이라 부르는 시간에 너무 오래 묶여 있던 태양의 주기가 눈에 띄게 기울고 있다. 아직 어둡지 않다. 땅거미가 나를 따라온다. 구릉지역을 향해 서쪽으로 갈 때, 스러지는 빛에 반짝이는 작은 계곡들이 이어지며 나를 반긴다. 하루 종일 집을 떠나 있어 어떤 일이 있을지 전혀 모르지만, 가족이 있는 집으로 돌아가는 길이 기쁘다.

온종일 집중 수련

집안의 조력자 2

이번 주 들어 세 번째 늦게 귀가한다. 오늘 늦지 않으려고 결심했는데 전화하는 것을 두 번이나 잊었다. 환자 한 명을 더 보고 집에서 가족과 저녁시간에 늦지 않을 충분한 시간이 있었다. 그의 이야기가 길어지고, 나는 골치 아픈 감각을 선명하게 느낀다. 그는 내 질문에 조금도 갈피를 잡지 못한다. 그 질문에 답하려면 우리 둘은 길게 굽이치는 지류로 휩쓸려 들어갈 것이고, 우리는 잠깐 동안 서로를 뒤따르다가 어느 순간 그 혼자서 더 긴 방황을 해야 할 것이다.

그는 아내를 폭행한 후 회한과 일종의 될 대로 되라는 식의 무력감에 가득 차 있다. 그리고 자신의 행동이 어린 자녀들에게 영향을 미칠까 두렵다. 그의 아내는 더 이상 아무것도 할 수 없기 때문에 그에게 가정을 떠나라고 요구했다. 몇 달간의 협상과 화해

시도를 하고 나서, 그는 이제 아내와의 관계와 자녀와 함께 살던 그의 일상이 영원히 바뀔 것임을 안다. 일은 그의 생존이자 의지할 수 있는 기반이었다. 이제 그것 또한 떠나가고 있다. 그는 정박지에서 밧줄이 풀려 떠내려가는 배처럼 표류하고 있다. 그의 두 눈을 보면 알 수 있다. 장소와 목적, 정체성에 관한 그의 감각이 쓸려 나가서 삶의 갑작스러운 홍수에 흩뿌려진다.

그리고 나는 오늘 (또) 귀가가 늦어질 것임을 안다.

우리는 천천히 얘기한다. 우리 목소리는 또렷하지만 낮다. 그는 자신이 자살할지 모른다고 두려워한다. 그는 자살할 계획은 아니지만, 병원을 나가면 오늘 밤 자신에게 무슨 일을 할지 모른다고 말한다. 그에게 도움을 원하느냐고 묻자, 그가 고개를 끄덕이며 말한다. "꼭 좀 도와주세요. 죽을까 봐 두려워요."

전화를 두 통 하고 나서 우리는 정신건강 응급센터로 함께 걸어간다. 그가 접수 수속을 하는 동안 우리는 함께 앉아 있다. 마치 자석처럼 우리는 서로에게 살짝 기대어 어깨를 맞대고 연결되어 있다. 그리고 이제 나는 가야 한다. 정말 힘든 순간이다. 문이 앞으로 흔들리고 잠금장치가 문설주로 미끄러져 들어가는 돌이킬 수 없는 순간의 진동이 우리 사이에 울릴 때, 우리는 각자 한 번 더 서로를 응시한다. 문이 닫히면서 문 사이 공간이 빠른 속도로 좁아질 때, 나는 젖어 있고 두려워하는 그의 눈을 본다. 뱃속이 구멍 난 듯 텅 빈 느낌이다. 여기 남고 싶다. 합리적인 설명을 넘어서 나는 지금 그를 버리고 떠나는 것 같다. 그도 나처럼 느낄지 궁금하다. 크고 단단한 철제문이 내 얼굴 앞에서 닫히며 이 느낌에 확실함과 틀림

없는 무게를 더한다.

돌아서서 긴 복도를 걸어 계단을 내려와 지하층으로 와서, 그의 아내에게 전화를 한다. 그의 아내는 전화기를 붙잡고 하염없이 운다. 그녀는 "몇 번이고 계속해서 노력했음"을, 그를 향한 그녀의 사랑과 그녀의 슬픔을 이야기하고, 그녀의 안전과 아이들을 안전하게 지키는 것이 가장 중요하다는 것을 확실히 한다.

우리는 작별 인사를 하고 그녀는 나에게 고마워한다.

나는 동요되었고 고마운 마음이 들었다. 굳게 서서 이 상황을 끝까지 헤쳐 나가려는 그녀의 확고한 결의가 그녀의 슬픔과 뒤섞여 나 또한 그렇게 하도록 도와주고 있음을 알기 때문이다. 잠시 밤이 고요하게 흐르고, 이어서 한숨을 길게 몰아쉬며 나는 집에 전화를 한다. 큰딸 챌리스가 전화를 받고 나는 아내 라흐마나를 바꿔 달라고 한다.

"엄마는 가게에 가셨어요, 아빠."

"오늘 집에 늦게 들어갈 것 같구나. 어떤 분이 지금 많이 힘든데, 그분이 자신을 해치거나 자살할 위험이 있어 아빠가 도와드려야 했거든. 그분이 도움이 필요하다는구나. 엄마한테 전해 주렴."

"그분은 괜찮은가요?"

"그러기를 바란다."

"괜찮아요, 아빠. 늦는 건 걱정 마세요, 별 일 아니에요. 그분이 괜찮으면 된 거죠!"

성장기 소녀의 입에서 흘러나오는 그런 지혜의 말. 그토록 다정하고 예상치 못한 구원이 문제의 핵심에 곧장 닿아, 때때로 양립할 수 없는 두 세계의 끌어당김에서 나를 자유롭게 풀어 준다. 나는 밤 공기의 시원한 포옹 속으로 이끌려 나와 위안을 주는 고독을 벗 삼아 차를 몰고 집으로 돌아간다.

그대로 두기

그녀는 늦게까지 돌아오지 않고 있다. 올 시간이 지났다. 시간이 느릿느릿 흘러갈 때, 그는 점점 더 제 정신을 잃고 공황 상태에 빠져들었다. 경찰이 출동했다. 경찰은 도울 수 없거나 마지못해 돕는 심정으로 그녀를 찾아볼 수많은 장소들을 제안했다. 그는 아파트 건물 지붕에서 살해된 그녀를 발견했다. 그날 아침 그녀가 그에게 한 마지막 말은 "사랑해. 오늘이 우리가 함께 사는 마지막 날이라면 이것으로 충분하겠지."였다.

엄청난 용기를 내서 소리 없이 눈물 흘리며 테드 크마라다는 이 이야기를 들려주었다. 그는 혼란스러움, 절망, 격노, 비탄에서 도망치기를 거부했기 때문에 이 사건을 극복할 수 있었다고 말했다. 그는 자신의 당혹스러움에 관해, 그녀가 떠난 후 너무 빨리 다른 누군가를 향한 순간적인 친밀감에 사로잡힌 폭발적인 강렬함에 관해, 이 예기치 못한 이별이 휘저어 놓은 동요에 관해 우리에게 말했다.

충격에 휩싸인 채, 장례 준비와 '추도 행사'를 하나하나 처리해야 했기에 그는 부모와 처가 식구들과 많은 친구에게 전화를 했다. 그 다음 몇 주와 몇 달에 걸쳐 그는 자신만의 시간을 가지며 그들의 아파트에서 살았다. 친구들과 가족들은 조언했다. "이사 갈 때가 되었어… 이제 혼자 살 곳을 찾을 때야… 아내를 떠올리게 하는 모든 추억들 곁에서 살 필요는 없잖아… 모든 기억이 손에 잡힐 듯 가까운 곳에 있으니까…." 그는 거기 남았다. 귀로는 그 자신의 가슴의 속삭임을 들으면서 그 자신의 통합성을 다시 한번 느낄 때까지 스스로를 꼭 끌어안았다. 자기를 내려놓는 인내심을 가지고 일상의 사소한 순간에까지 깊은 수준의 주의를 기울였을 때 비로소 '놓아주기(letting go)'가 가능했다고 그는 말했다.

그의 이야기는 그날 오후 방 안의 많은 사람으로 하여금 마음챙김이 우리에게 요구하는 것은, 단순히 보고 우리 자신에게 열리는 것 그리고 그 과정에서 무엇이 존재하든 있는 그대로 함께하는 법을 배우며 세상을 향해 열리는 것임을 인식하게 했다. 그렇게 테드는 그가 함께하는 법을 배운 과정을, 그가 **놓아주기**를 실천한 경험을, 집에서 그 자신과 함께 자신의 상처받은 가슴과 함께 시작하려는 자발적 의지를 우리에게 말해 주었다.

그러자 천천히, 우리 모두가 수천 번을 반복해서 배운 이 가르침이 우리를 다시 수련의 장소로 데리고 온다. 해결하려고 애쓰기보다는 함께하기. 고집스러운 분투나 내적인 싸움의 차원이 벗겨진 친밀함. 사건의 실제성을 포함하고 아우르는 넓은 공간으로 움직여 들어가기. 테드가 이렇게 '그대로 두기', 이렇게 '함께하기'를 할 때, 그는 내려놓으려고 시도하거나 애쓰고 있지 않았다. 테드 자신의 깊은 지혜가 그를 이러한 활동으로 안내했다. 이것은 삶이라는 천의 너덜너덜한 가장자리에 걸려들기보다는, 속도를 늦추고 행위가 일어나기를 기다리고, 무엇인가 나타나기를 허용하는 그의 자발적인 의지에서 비롯되었다. 테드가 격렬한 상실감과 외로움에 기꺼이 자신을 맡기겠다고 결단했을 뿐 아니라, 자기 존재의 확고하고 탄탄한 기반 위에 바로 설 수 있다는 믿음을 차츰차츰 기억했기에 가능했다. 이것을 내어 맡김이라고 한다.

내어 맡김은 많은 사람에게 의심을 불러일으킨다. 그것은 상실, 체념, 수동성, 포기라는 두려움을 촉발한다. 내어 맡김은 이것들 중 어떤 것도 아니다. 내어 맡김은 안으로 가까이 들어가기를 요구한다. 우리에게 소중한 어떤 것을 포기하는 것. 그것은 고통스럽고 필수적이다. 우리가 두려워하는 것은 영원히 길을 잃고 헤맬지 모른다는 것이다. 그 두려움 안에 진실이 있으며 우리는 내면의 어딘가에서 이를 안다. 우리는 영원히 길을 잃을 것이다. 그러나 **누가** 길을 잃고, **무엇을** 잃을 것인지, 즉 **상실**이라는 개념 자체는 겁에 질린 마음이 독단적으로 그려 낸 것이다. 우리가 잃는 것은 허위와 분리이다. 내어 맡김은 존재하는 것의 중심을 향해 들어가는 것, 생각과 감정 **이면**에 펼쳐진 광활함 속으로 들어가는 것이다. 모든 개인적인 상실, 경험의 이야기 속에 거주하는 끝없는 안락함을 뒤로 하고, 우리는 슬픔과 열린 가슴 그리고 인간으로 존재한다는 것의 본질과 함께 단순하게 사는 우리 자신을 발견한다.

우리 시대에 '내려놓기'라는 말의 의미는 본래의 역동적인 과정에서 하나의 기법으로 크게 축소되었다. "오, 그냥 내려놓을래."라거나 더 심하게는 충고하는 말로, "그냥 내려놓는 게 어때?"와 같이. 이런 용법에서 저항감, 비인격화, 부당함, 희생시킴을 느낄 수 있는가? 나는 나 자신의 삶에서 너무 많이 그렇게 써 왔기 때문에 이를 잘 안다. 오늘 내가 앉아서 테드의 말을 들을 때, 그는 아무것도 요구하지 않았다. 충고하지 않는다. 구해 주지 않는다. 바로잡지 않는다. 단지 귀를 열고 친절하게 듣기만 한다. 그러자 함께 앉아 있는 이 열린 공간에서 분리의 장막에 가느다란 틈이 생기고, 나는 우리 삶의 스쳐 가는 일상사를 나눌 때보다 더 충분히 그를 알게 된다.

슬픔을 가눌 수 없는, 회복될 수 없고, 그럴 필요도 없는 순간이 있다. 어쩌면 그 순간이 우리 얼굴에 주름이 패이게 하고, 눈의 광채를 잃게 하고, 몸의 자세를 바꾸어 놓는지 모른다. 그것들은 좋지도 나쁘지도 않다. 단지 그것들일 뿐이다. 우리 자신이 잠시 동안 행위를 멈추고 의제 없이 타인과 온전히 함께 존재하도록 허용하는 이런 관대한 순간에, 매우 자주 우리는 슬픔과 기쁨의 시야 밖 먼 곳으로부터 전해 오는 은총의 향기를 감지할 것이다.

결국에는, 우리 모두가 이것을 원하지 않는가? 우리 가슴의 난간에 귀를 갖다 대고 우리 자신의 맥박과 접촉하고, 타인에게 온전히 들려지며, 그 순간에 우리가 있는 그대로 알려지는 것 말이다.

그대로 두기

마티를 처음 만났을 때, 그는 병원 침대에 누워 있었다. 중환자실이 있는 병원 7층 복도 끝에서 첫 번째 수업이 진행되고 있었다. 누군가 문을 두드렸다. 저절로 문이 열리는 듯하더니 침대 하나가 방 안으로 밀려 들어왔다. 마티는 링거 주사 장비와 모니터가 장착된 가로대를 들어 올린 침대에 누워 있었다. 가냘픈 몸집의 간호사가 경주용 차 운전자처럼 편안하고 재빨리 침대를 세우고는, 기계 뒤에서 걸어 나와 "11시 30분에 다시 오겠습니다."라고 한 뒤, 들어왔을 때처럼 흔적도 없이 자취를 감추었다.

침대는 컸다. 의자 30개가 원형으로 둘러 놓여 있고 문 가까이 자그마한 빈 공간이 있어서 바로 그곳으로 침대를 밀어 넣었다. 침대가 원의 지름을 가로질러 비스듬하게 튀어나와 마티의 자리는 교실 한가

322

운데가 되었다. 나는 걸어가서 손을 내밀고 마티에게 나를 소개했다. 마티는 마치 커다란 왕좌에 비스듬히 누워 자신의 영역을 살피듯이 몸을 일으켜 침대에 기대고 있다가 앞쪽으로 몸을 기울이며, 이틀은 면도를 하지 않은 듯 수염이 까칠한 얼굴과, 검고 슬프면서도 따뜻하고 어린아이 같은 눈으로 모두를 둘러보았다. 그런 다음 다시 침대에 편히 기대며 다른 모든 사람처럼 자신의 자리에 앉았다.

그의 존재는 조금도 과장하지 않고 우리 모두에게 강력한 영향을 미쳤다. 저 멀리에서 유령처럼 존재했던 등이 트인 줄무늬 가운을 입고 기계 장치를 매단 병원 환자가 가로누워 여기 지금 우리 코앞에 있다. 우리 각자에게 자신을 소개했다. 그는 우리가 어디에 있고 우리 모두에게 언제라도 무엇이 일어날 수 있는지를 확연히 일깨워 주었다. 게다가 마티는 젊었다. 아마도 서른다섯 살쯤일 것이다. 마티는 심각한 자동차 사고를 당해 다리의 힘이 약해지고 통증이 심했다. 2년 동안 일을 하지 못하고 있었다.

그다음 주 마티는 병원에서 퇴원한 후, 휠체어를 타고 계속해서 수업에 참여했다. 마티는 프로그램을 수료했고, 그 뒤 3년 동안 나는 병원 복도나 구내식당에서 가끔씩만 그와 마주치거나 그가 자발적으로 내 사무실로 찾아오면 우리는 얼마간 시간을 함께 보냈다.

우리의 첫 만남 후 5년 뒤, 마티는 다시 한번 클리닉 수업에 참여하기로 결심했다. 한쪽 다리를 절단해야 하는 상황이었다. 마티가 나에게 한 말을 기억한다. "사키, 이제는 하고 말고의 문제가 아니라 언제 할지예요." 그는 두려워하면서도 희망에 차 있었다. 이 희

개인 역사의 뒤편으로 들어가기

망을 굳건히 해서 다가오는 미래의 알지 못함(unknownness)에 대비하는 것이 마티가 이때 즈음에 수업에 참여하는 목표일 것이라고 나는 감지했다. 마티는 그가 현존해야 함을 깨달았다. 마티는 이때 즈음 다른 지도자의 수업을 들었다. 그러나 끝없이 이어지는 병원 진료 때문에 일정이 맞지 않아 거의 절반은 내가 지도하는 수업을 들었다. 마티는 프로그램의 네 번째와 다섯 번째 주에는 내가 지도하는 수요일 오전 수업에 들어오지 않았고, 나는 3주 만에 온종일 집중 수련에서 그를 처음으로 만났다. 그는 커다란 도시락 냉장 박스를 가지고 휠체어를 타고 왔는데 기진맥진하고 몸이 불편해 보였다. 나는 그가 어떻게 하루를 보낼지 궁금했다.

그다음 수요일 마티는 오전 9시쯤 교실에 들어왔다. 그는 휠체어를 타고, 깔끔하게 면도를 하고, 목발을 무릎 위에 걸쳐 놓았다. 평소답지 않게 옷차림에 신경을 썼음이 분명했다. 그의 존재에는 눈에 띄게 다른 무엇인가 있었다. 그런 다음, 그는 거칠고 낮은 목소리로 우리 모두에게 무언가를 보여 주고 싶다고 공표했다. 그는 휠체어에서 일어나서 목발을 옆으로 치우고 혼자 힘으로 방을 가로질러 걸어갔다. 사람들은 큰 충격에 휩싸였고, 그는 몸을 돌려 자리로 돌아왔다. 자발적인 박수갈채가 터져 나왔다.

그런 다음 마티가 말했다. "여러분은 아마도 제가 집중 수련하는 날 잠에 빠졌거나 다른 곳에 가 있다고 생각하셨을 테지만 그렇지 않았어요. 저는 많은 일을 하고 있었거든요. 저는 명상 시간 동안에 다른 곳에 가 있었어요. 그리고 그렇게 하루가 끝나고 주차장으로 가서 저를 데리러 온 아내를 만났어요. 차 가까이 다가가서, 휠체어를 접는 대신에 트렁크에 넣고 아내 옆에 앞좌석에 앉았고요. 아내에게 내가 운전할 거라고, 자리를 비켜 달라고 하고 키를 달라고 했어요. 그러니까 뒷좌석에 조용히 있던 아이들이 정말 신나했어요…'아빠가 운전할 거야… 아빠가 운전한대…' 그리고 우리는 저녁을 먹으러 식당으로 차를 몰고 가서, 식사 후에 운전해서 집으로 갔어요. 제가 운전을 한 건 5년 만에 처음이었어요."

방은 고요한 침묵에 휩싸여 살아 있었다. 사람들은 외부 환경의 횡포를 넘어 전진하는 마티에 감명받아 그가 여기 있음에 경외심을 느꼈다. 그가 운전을 했거나 방을 가로질러 걸었기 때문이 아니라, 그가 그 자신을 발견했기 때문에, 오랜 상처의 한 가운데서 **그 자신을 내려놓음**으로써, 순전히 개인의 역사인 '자기'라는 제한된 감각을 포기함으로써 자신의 전체성을 발견했기 때문이다. 그리고 그는 오늘 우리가 어떠한 조건에 처해 있든, 어떠한 역할을 맡고 있든, 우리 모두가 내면에서 이것을 발견할 수 있다고 증언하는 살아 숨 쉬는 증인으로 여기 앉아 있다.

그러고 나서 마티가 좀 더 말했다. "집중 수련 동안, 제가 지난 5년간 무엇인가 일어나 주기를 기다려 왔다는 것을 깨달았어요. 다리를 걱정하느라, 대개는 다리를 잃을까 봐, 절단하게 될까 봐 걱정하고 남은 인생 무엇을 하면서 살지, 가족과 아이들을 걱정하느라 그만둔 일이 많았어요. 이제 저는 오늘부터 무엇이 일어나든 기다리는 것을 멈추고 제 삶을 살기 시작하겠다고 결심했어요."

개인 역사의 뒤편으로 들어가기

일곱 번째 주

오늘 아침 수업 시작 전, 교실에서 대화를 지배하는 주제는 온종일 집중 수련이다. 참여한 사람들이 야단스럽게 말한다. 어떤 이유로든 참석하지 않기로 했거나 참석할 수 없었던 사람들은 들으면서 질문을 던지고 들리는 내용에 놀라워한다. 방 안의 모든 사람이 우리가 거의 8시간 동안 함께 무엇을 했는지와, 그것이 지난 6주 동안 함께 수련해 온 것과 어떻게 같고 어떻게 다른지를 이야기하고 있다.

가끔 나는 이 에너지의 여세에 발맞추어 집중 수련에 관한 대화로 수업을 시작한다. 지난 두 주 동안 의사소통을 주제로 다루고 있기 때문에 오늘은 집중 수련 이야기의 흐름으로 한 걸음 더 들어가기 전에 먼저 공식 수련을 한 다음, 수련과 대인관계 사이의 연결을 살펴보고, 수업이 끝날 무렵에 집중 수련에 관한 이야기로 다시 돌아오자고 모두에게 제안한다. 다들 괜찮다고 생각하는 것 같다. 그래서 우리는 10분 동안 앉기 명상을 하고 이어서 15분 정도 서서하는 요가를 하고 나서 30분 동안 침묵 속에 앉는다. 앉기 명상은 조금의 움직임도 없이 고요하다! 명상을 마칠 때 사람들이 농담을 하며 웃는다. 그들은 재미있어하며 이런 말들을 한다.

"일요일 이후로는 30분은 식은 죽 먹기예요."

"그게 30분이었나요? 5분인 줄 알았어요."

"일요일 이후로는 뭘 해도 길게 느껴져요. 집에 도착했을 때 기운이 다 빠졌어요."

"저도 그래요. 소파에서 8시에 잠들어서 그다음 날 아침에야 일어났어요."

"일요일날 힘들었어요. 제 자신이 자랑스럽고 여기 다시 와서 모두와 함께 수련하니 기쁘네요."

에너지가 이쪽으로 움직이는 흐름을 탄다. 우리는 많이 웃는다. "아무것도 하지 않음"이 어떻게 그렇게 많은 노력을 필요로 하는지 정감어린 농담을 주고받는다. 이제까지 무엇을 해냈고 앞으로 알지 못하는 것이 얼마나 펼쳐질지 인식하면서 서로 가까이 다가가 웅크리고 앉아서 와자지껄 즐긴다. 이 모든 것이 곧, 적어도 여태까지 우리가 아는 바에 따르면 끝날 것이다. 크리스가 이 말을 꺼내자, 프로그램이 곧 끝나리라는 사실을 우리 모두가 생각하면서 방은 새로운 분위기에 휩싸인다. 크리스는 주별 수업이라는 체계 없이 계속할 수 있을지, 어떻게 할 수 있을지 생각한다. 그는 계속하기 위해 필요한 것이 자신에게 있다고 믿지만 "당신들 모두"가 몹시 그리울 거라고 말한다. 몇몇 사람들이 비슷한 감정을 표현한다. 누군가는 "나 혼자 힘으로 날면서 어떤 일이 일어나는지 보아야 할" 때가 곧 다가옴을 느낀다고 말한다.

수업의 결말을 예상하는 의견과 감정이 이 방 안의 사람 수만큼이나 다양하게 존재한다. 이렇게 뒤섞인 가운데, 자넷이 자신의 워크북을 꺼내며 의사소통에 관해 말하고 싶다고 한다. '어려운' 의사소통과 그 상황에서 그녀가 자신을 관찰해 온 내용에 관한 것이다. 그녀가 요청하자 사람들도 자신들의 워크북을 꺼낸다.

이제 학생들이 그들 자신의 스승이 되기 시작한다. 참여자들은 더 이상 나의 안내를 기다리지 않고 다양한 관심사의 영역으로 주의를 돌리고 있다. 이런 순간을 맞이하는 것은 특권이다. 내가 볼 때, 이것이 교육이 다다를 수 있는 최고의 경지이고 가르치는 사람이 된다는 것의 의미이다. 사람들은 **그들 자신을 이끌어 가고** 있다. 그리고 이 길을 함께 걷는 벗들에게도 똑같이 한다. 나는 편안히 앉아 활짝 피어나는 이 순간을 바라보는 선물을 받는다. 몹시 좋다. 지난 2주 동안, 참여자들은 머뭇거리며 좀 더 자기 주도적인 학습 환경에 들어왔다. 이제 그들은 탄력을 받았다. 나는 기쁜 마음으로 그들이 나의 지도에서 풀려 나가도록 둔다.

나는 일부 수업들이 이 영역으로 들어오도록 최종적으로 밀어준 힘이 무엇인지 혼자 궁금해한다. 얼마만큼을 내가 한 것인가? 얼마만큼을 참여자들이 한 것인가? 얼마만큼이 나와 참여자의 호흡이 잘 맞아서 그런 것인가? 얼마만큼이―왜냐하면 나는 이것을 전에 자주 목격했기 때문에—어떤 식으로든 과정 전체 기간에 걸쳐 피어나서 점차로 커진 힘과 자신감, 자기 신뢰의 감각, 지속적인 수련의 강력함과 온종일 수련 프로그램의 엄격함의 결과인가? 나는 결코 답을 알지 못할 것이고, 이 모든 것을 하나의 변수로 줄이고 싶지도 않다.

방은 마법에 걸렸다. 마치 우리가 이전에 잘못 배웠던 것을 해체하기 위해 이제까지 개인으로, 집단으로 몰두해 온 모든 노력이 결실을 맺고 있으며, 우리 모두가 배우는 법을 배우고 있는 듯하다. 이것은 예삿일이 아니다. 우리는 대부분 배우는 법이 아니라 믿어 버리고 생각 없이 반복한 다음, 정보를 다른 사람들에게 넘겨 주는 법을 배워 왔다. 나는 내 앞에 자신의 감정을 어떻게 신뢰하는지 배우는 사람들을 본다. 감정이 자신을 장악하도록 놔둔다는 의미가 아니라, 가슴속 더 깊은 곳에서 자신과 친해지고 자신을 신뢰하게 된다는 뜻이다. 이것에 관해서는 흔들리지 않는 무엇인가 있고, 비록 우리 각자가 걸음마 단계에 있고 느리지만 꾸준한 숙성의 과정이 필요하더라도, 그것은 분명하고 우리에게 가능하다. 사람들은 저곳에, 저 자리에, 바로 이 순간에 앉아 있다. 비록 그들 각자가 그것을 부르는 방식은 천차만별이라 하더라도 그들이 현존한다는 증거는 반박의 여지가 없다.

그리고 그들은 계속한다… 서로 주거니 받거니 직접 말하고 토의하고 이의를 제기하고 제안하고, 일요일 집중 수련과 그다음 며칠간의 경험을 이야기한다. 이야기는 다양한 영역을 아우른다. 직장에서 상사를 대하는 것부터 가정에서 자녀를 대하는 것까지, 정체된 도로를 운전하는 것부터 요금소에서 느꼈던 조급함까지, 전에는 잠들어 있던 감정 표현이 어느 때보다 더 깨어 있게 되기까지, 개인적인 고통 속에 길을 잃고 혼자라고 느끼다가 우리가 말하는 "보편적인 고통"을 인식하게 되면서 더 이상 홀로 떨어져 있다고 느끼지 않으며 자신을 더 큰 무엇의 일부로 느끼게 되기까지, 세상과 타인을 향한 끊임없는 짜증과 조바심에서 평정심과 이해가 깊어지는 경험에 이르기까지. 어떤 사람은 온종일 수련 이후 자기 삶에서 「여인숙」이 훨씬 더 살아 있고 환영이라는 의미를 다양한 방식으로 다루고 경험하기 시작한다고 말한다.

이 모든 밀려듦이 끝나는 때는 11시 20분이다. 몸 조형 연습이나 역할극 또는 합기도 연습을 아직 하지 않았다. 그것들은 우리 모두가 사용하는 의사소통의 다양한 방식을 몸에 기반을 두고 본능적인 감각으로 느끼기 위해 자주 활용된다. 어쩌면 다음 주에 그것들을 다 할 것이다. 어쩌면 안 할지도 모른다. '교육 과정'의 관점에서 보면 우리가 안 한 것이 많다.

그렇지만 우리는 가장 중요한 것을 해냈다. 우리는 오전 내내 서로 소통했고 **교감**하기에 이르렀다. 수업 그 자체가 자신에게 필요한 것을 채워 가며 스스로 완성되었다. 나는 오늘 수업을 계획함으로써 내가 맡은 일의 일부를 했다. 신중하게 고려해서 명확한 계획을 세웠다. 그러나 그 계획은 이 방의 사람들이 내뿜는 빛나는 지혜와 천재성에 그만 빛을 잃고 말았다.

듣기

오늘 아침, 앉기 명상 후 자리에서 일어나 책상으로 가서 컴퓨터를 켤 준비를 하면서 남쪽 창문 밖을 올려다보니, 검푸른 하늘과 말없이 서 있는 세이지풀이 나를 맞이한다. 백송과 가문비나무, 잎이 다 떨어진 참나무와 단풍나무. 땅은 희고, 깨끗하고, 네 발이나 두 발 동물의 발이 닿지 않은 그대로이다. 바위 정원이 뒤덮였다. 깊게 쌓인 눈이 밝아지는 빛 속에 누워 수정처럼 빛난다. 그러나 이것들보다 훨씬 내 발길을 멈추게 한 것은, 순간적으로 나를 정지시킨 달이다. 참나무 뒤쪽 하늘 위에 가늘고 섬세한 은빛 호가 떠 있다. 이 글을 쓰는 지금도, 그것은 겨우 볼 수 있는 옅은 은색으로 변해 가고 있다. 이른 아침 눈에 보이지 않는 빛의 근원을 반사하는 달. 동반자인 하늘이 나를 부르더니 모든 활동 뒤에는, 듣기에 생명을 불어넣고 유지시키는, 받아들이고 비추는 특질이 있다는 것을 기억하라고 말해 준다.

어둠에서 빛나며 받아들이는 이 구체 없이는, 천 개의 태양처럼 뜨겁게 타오르는 진실을 접촉하고 그것이 무엇인지 말하기란 불가능하다. 왜 그럴까? 모든 사람과 모든 것이 타 버릴 것이기 때문이다. 부드러움이란 없을 것이다. 받아들임이란 없을 것이다. 우리가 숙성이라고 부르는 서로 다른 재료들이 천천히 부드럽게 섞이는 과정을 허락하는 가열과 냉각의 주기가 유지되지 않을 것이다.

바로 이 오랜 듣기에서 말하기의 햇살이 떠오른다. 이 달은 자비롭다. 모든 존재를 동등하게 비추는 달의 넓은 품 안에 이기심은 없다. 어쩌면, 이 달처럼 나 또한 듣고, 받아들이고, 기여하고, 도움이 되겠다고 계속해서 기억할 것이다.

——

수련

듣기

오늘 하루 남은 시간 동안 당신이 사람들과 대화를 어떻게 시작하는지 세심하게 주의를 기울인다. 의도, 말하려는 최초의 충동과 시도를 알아차리고, 충동이 일어날 때, 의식적으로 멈추고 숨을 한 번이나 두 번 들이쉰다. 자신을 비난할 필요 없이 당신의 의견을 설명하거나 표현하려는 최초의 충동을 확인한다. 침묵하며 듣는 동안에 내면에서 일어

나는 이런 메시지를 받아들일 공간과 열림을 스스로에게 허용하면서,
마음에서 무엇이 일어나는지와 몸의 감각을 알아차린다.

햇빛이 정말 멋지다! 이제 하늘이 푸른빛을 한껏 드러냈다. 흰색의 눈 담요는 산비탈에 기대어 갖가지 빛깔로 일렁이는 다면의 보석으로 변했다. 언덕, 정원지, 길가의 윤곽이 활기차게 드러난다. 분명하게 보인다. 어디에나 빛이 넘친다. 원천이 존재한다. 미묘함은 없다. 필요치 않다. 단지 밝음, 광채, 당당한 자신감이 있을 뿐. 미켈란젤로의 「다비드(David)」처럼 맨몸을 드러내고 현존한다.

온도계가 영하 7도를 가리킨다. 하지만 내 앞에는 잔디밭 바로 너머로 얼음이 다시 액체로 돌아가 물방울로 떨어지고 있다. 구속에서 풀려나서. 흐른다. 이 빛의 본래 성질과 활동이 작용해서 다시 한번 흐름이 만들어졌다. 이 빛이 또한 그림자의 춤을 불러오다니 얼마나 궁금한지. 이제 나는 흰색 배경을 이루는 땅을 죽 따라가며, 바람에 흔들리는 나무들의 그림자가 만나고 헤어지는 그들만의 놀이를 본다.

이 눈부신 광채를 올려다보는 것은 극적으로 아름답다. 원래대로의, 아무것도 섞지 않은 여기 있음. 특별한 것은 없다. 정말 신날 뿐이다. 달과 마찬가지로, 해는 **저기 바깥**이 아니라 **여기 안에** 있다. 이것은 귀향이다. 명확한 표현이 가진 힘을 나에게 되풀이해서 상기시킨다.

나 자신의 여행길의 일부를 계속 따라가면 목소리를 발견한다. 그 목소리는 입과, 숨과, 경청으로 모양을 빚어낸 빛나는 표현이다. 재치 있는 태도와 깨어 있음의 느낌을 거듭해서 기억할 것을 강조한다. 나는 환자들이 이 현존에, 그들이 본래 지닌 깨어 있음의 충만함과 관대함에 응답한다는 것을 잘 안다. 나는 수업 참여자들에게 풍경에… 날씨에, 날씨가 '어떤지'가 아니라 그들과 '날씨'의 관계에 주의를 기울이라고 한다. 몇 주간의 수련 후에, 사람들은 내가 말하지 않아도 '날씨'는 그들 자신의 내면의 생물권의 반영이자 기준이라는 것을 인식하기 시작한다.

이것은 깨달음이다! 이것이 일어나고 모든 것이 변한다.

날씨가 **내면으로** 들어간다. 풍경이 **안으로** 들어간다. 산, 달빛, 새벽, 황혼, 태양이 그 자체로 빛나는 새로움과 생생함을 입는다. 생각, 추정, 감정의 연극이 지나가는 현상으로 보이기 시작한다. 며칠이나 몇 주간 안개가 끼거나 폭우가 쏟아지는 날이 있을 것이다. 이런 상태들이 이제는 더 큰 맥락 안에서 보인다. 사람들은 이러한 구름 층과 같은 마음 상태들이 항상 존재하고 언제나 접근 가능한 그들 내면의 빛을 가릴 수 없다는 실재에 깨어나기 시작한다. 사람들은 이 광휘, 인간이 본래 지닌 깨어 있음에 직접 눈을 뜨고 그것을 맛본다. 말할 수 없이 아름답다. 우리 각자가 이 내면의 빛 안에 거주한다. 이것은 생명을 불어넣고, 빛나고, 매우 가까이 있다. 그것은 반드시 기억되고 주의 깊은 돌봄을 받아야만 한다. 이것은 비유도 아니고 엉뚱한 생각도 아니다. 우리는 빛난다.

저녁 식사 자리에서 하는 대화는 종종 우리를 사회 의식이라는 굴곡진 세계로 이끌어 간다. 우리는 아이들과 전쟁, 인종주의, 편견, 불평등과 평등에 관해, 파벌과 고립, 우정과 인류 공동체의 가능성에 관해 이야기한다. 분명히 이 어린 여성들은 가족 담론에서 대화를 시작하고, 점점 더 그들 자신의 주장을 펼치고, 의견을 지니면서 이 영역에서 통찰과 의견을 발전시키고 있다.

오랜 기간 대화를 나누면서, 둘째 딸 펠리스는 특히나 노숙자 문제에 마음이 끌렸지만, 노숙자를 아주 가까이에서 본 적은 없었다. 딸아이가 여섯 살 때, 12월 방학 동안 우리는 뉴욕 시티로 소풍을 갔다.

이때 처음으로 두 자매는 뉴욕을 구경했다. 록펠러 센터에 가는 길에 내 어머니이고 아이들의 할머니인

337

로지가 우리와 동행했다. 평소처럼 가는 곳마다 공사 중이었고, 우리는 할 수 없이 건축 부지를 둘러싼 합판 지붕 아래로 길게 이어진 두 구역을 걸었다. 벽에 낙서가 칠해지고 포스터가 덕지덕지 붙은 이 긴 회색 터널을 반쯤 통과했을 때, 우리는 여덟 살이나 아홉 살쯤 되는 어린 소녀와 마주쳤다. 소녀는 우유 상자에 앉아 빈 웬디스 컵을 말없이 들고 있다. 목에 걸린 표지판에는 이렇게 적혀 있다.

제 이름은 케이티예요. 부모님은 일을 하실 수가 없어요. 먹을 것이 아무것도 없어요. 도와주세요. 저에게 돈을 좀 주시겠어요? 신의 축복이 당신과 함께 하기를.

케이티와 펠리스의 눈이 정면으로 마주쳤다. 펠리스는 곧 멈춰서서 빤히 쳐다보았다. 표지를 읽더니 내 손을 놓고 그냥 거기 서 있었다. 나는 아이를 이 진실로부터 보호하고 싶었다. 나는 손을 뻗어 아이를 꼭 감쌌다. 그리고 끌어당기기 시작했다. 아이는 구멍을 파고들듯이 반대로 나를 끌어당겼다. 그리고 나서, 잠시 후에, 우리는 돌아서서 재빨리 그곳을 떠났다. 우리 모두가 정해진 목적지를 향해 곧장 앞으로 걸어가는 동안, 펠리스는 그 소녀가 보이지 않을 때까지 계속 고개를 돌리며 터널 안에 낱낱이 드러난 이 진실에서 눈을 떼지 않았다.

빙상 스케이트 선수들을 본 후, 라디오 시티에 가서 딸들이 몇 년간 그토록 보고 싶어한 로케츠(Rockettes) 공연을 본 후에 간단히 식사를 하고 땅거미가 질 무렵 다시 버스 터미널로 향했다. 어디를 가

나 김이 피어오르고 포주들, 매춘부들, 길모퉁이에서 설교하는 사람들이 있다. 대형 휴대용 카세트 라디오가 빵빵 거리고 네온 불빛이 배수로에 누운 사람들을 비춘다. 찬 가랑비가 내리고 끝없는 낯선 냄새가 딸들의 이마에 부딪칠 때, 펠리스가 케이티를 찾아야 한다고 고집을 부렸다. 그래서 우리는 낮에 왔던 길을 다시 걸어야만 했다. 내가 같은 길로 들어서지 않았기 때문에 케이티를 만나지는 않았다. 펠리스는 그 후로 몇 주 동안 '그 어린 소녀'에 관해 이야기했다.

케이티 사건 후 5년이 지난 작년 겨울, 우리 모두는 그날 케임브리지에 있었다. 펠리스와 나는 매사추세츠 대로가 내려다보이는 하버드 광장 근처 가구 전시장의 긴 의자에 앉아 있었다. 아내와 첫째 딸은 직물 견본을 찬찬이 보고 있었고, 우리는 1월의 추운 오후에 햇빛 드는 곳을 찾아 자고 있는 노숙자 몇 명을 눈앞에서 보았다. 펠리스는 나를 보더니 대단히 흥미롭고 꿰뚫어 보는 말을 했다. "왜 어떤 사람은 노숙자이고, 어떤 사람은 아닌 거죠?"

그 순간 나는 실제로 그들과 우리를 가른 것은 설명할 수 없는 무엇, 그들과 우리 사이에 놓인 유리 한 장처럼 얇고 투명한 어떤 것이 전부임을 그 아이가 알고 있다고 느꼈다. 우리는 그저 서로를 바라보다가, 보도에 판지를 깔고 햇빛 아래 누운 남자들에게 다시금 눈길을 몇 번 주었다. 많은 말을 하지 않았다. 나는 아이의 눈에서 분노 어린 어리둥절함이 번득이면서 슬픔과 말해지지 않은 수수께끼 속으로 피어나는 것을 보았다.

펠리스는 우리 앞의 이 인간 존재들과 나와 그리고 펠리스 자신과 접속하면서, 다시 한번 케이티와 연결되었다. 이제는 그때와 똑같은 보호와 피난처가 필요하지 않았다. 펠리스의 부드럽고 열린 슬픔은 가식이 없었고, 나는 나와 딸아이의 관계가 달라지고 있음을 알았다. 펠리스는 나를 새로운 시기로 안내하고 있었다. 그 아이가 때로는 달콤하고 때로는 혹독한 가슴에 불어오는 바람을 느끼도록 허락하는 시기. 나는 내가 돕는 사람들이 이런 이동을 겪는다는 것을 잘 안다. 그렇지만 내가 세상에 데려왔고 세상의 냉혹함으로부터 보호해 온 아이에게서 이런 변화가 있음을 고려하자, 존경과, 느리고 아픈 해방, 예기치 못한 은총이 가득 드러난다.

이 은총 안에는 격한 흔들림이 있다. 종종 돌봄이 요구하는 것은 바로 열린 공간임을 나는 다시 한번 기억한다. 그런 공간을 만들기 위해서는 우리가 돌보든지 돌봄을 받든지, '가정'에서든 '일터'에서든 이전에는 쓸모 있었지만 지금은 족쇄가 되는 우리 자신과 타인에 관한 견해와 정체성들이 끊임없이 소멸되어야 한다.

4부 빛이 당신에게 들어오는 곳

여덟 번째 주

방은 더없이 꽉 차 있다. 사람들로 가득하다. 그들 주변의 소리와 생기로운 표정들로 가득하다. 더군다나 의심의 여지없이 분명하게 **현존**이 충만하다. 우리는 입 밖에 내지 않지만 알고 있다. 긴 여정을 거쳐서 이제 처음 시작한 곳으로 돌아와 다시 한번 빙 둘러 앉았고 무엇인가 근본적으로 변했다. 무언의 앎에서 집단적인 웅성거림이 일어난다.

마지막 수업이다. 아마도 같은 시간, 같은 공간에서 우리 모두가 함께하는 마지막 시간일 것이다. 안내자인 나는 이 수업이 마지막인 것처럼 계획하지 않는다. 이 수업은 분명 마지막일 뿐 아니라 시작이지만, 나는 시작이라는 의미에 더욱 주목한다. 그것의 매혹적인 알지 못함 때문이다. 동료 몇몇은 이 전환을 기념하는 방법으로 멋진 의식을 만들기로 선택한

341

다. 그들은 수업 참여자들에게 영양가 있는 음식이나 시, 이야기나 노래, 즐겨 하는 요리법을 가져와서 서로 나누라는 초청을 한다. 나는 그들의 수업에 참여한 적이 있는데, 그렇게 마무리하는 방법은 종종 가슴이 찡하고 더없이 좋다. 하지만 나는 이 전환을 축하하기 위해 다른 방식을 택했다.

아일랜드 출신 음악가이자 작곡가인 토미 샌즈(Tommy Sands)의 이야기를 들어본 적이 있는가? 토미는 알츠하이머병을 앓는 어머니를 양로원에 맡기던 순간을 노래로 만들었다. 많은 사람들이 지나온 여정에 그도 발을 디딘 것이다. 어머니가 새로운 방에 자리 잡도록 도와드린 후, 그는 어머니 곁에 앉아 손을 잡고 발길을 돌리지 못하는 자신을 발견했다. 이제 갈 시간이라는 것은 알았지만 뭐라고 말해야 할지는 몰랐기 때문이다.

어머니와 아들은 함께 이 침묵 속에서 한동안 머물렀다. 그렇게 고요함을 공유하면서, 토미는 우리 모두가 때때로 방문하는 갑작스런 기억으로 내던져지며 어린 시절 그가 처음으로 학교에 가던 날로 돌아갔다. 다시 한번 그는 어머니와 함께 앉아 있지만, 이번에는 어머니가 아들의 손을 잡고 눈을 바라보며, 사랑에 찬 눈빛으로 어린 아들을 감싸 안으며 말한다. "잘 가렴, 사랑하는 우리 아들, 아무도 떠나지 않는단다." 그리고 그렇게, 요양원에서 삶의 비애와 선택 그리고 전환의 한 가운데에서, 그의 손에 맡긴 어머니의 손을 느끼며 추억에 젖어드는 그 순간 그는 어머니에게 조용히 말했다. "안녕히 계세요, 사랑하는 엄마, 아무도 떠나지 않아요." 그리고 그는 방을 걸어 나왔다.

나에게 마지막 수업은 거의 언제나 이런 식이었다. 이 이야기를 듣기 오래전부터 여덟 번째 수업은 이런 생각을 바탕으로 이루어졌다. 나는 이 사람들 모두와 연결됨을 느끼고 어떤 사람과는 특별히 더 그렇다. 그렇지만 연결의 정도가 어떠하든, 동료들과 나는 기꺼이 이 관계를 자의적인 수업 종료의 테두리를 훨씬 뛰어넘어 확장하고 싶다. 그것은 서로를 결코 포기하지 않는 일이다. 그리고 비록 그들이 나를 포기한다 해도, 나는 그들을 포기하지 않으려고 최선을 다한다. 포기하기에 사람은 너무 기적적이고, 너무나도 잠재된 가능성과 꽃피어남으로 가득하다. 가장 중요한 것은, 토미 샌즈가 요양원에서 그 순간에 알았듯이, 그리고 오래전에 그의 어머니가 누구도 떠나지 않는다는 것을, 힘겨운 변화를 겪을 때 누구도 다른 누구를 포기하지 않는다는 것을 알았듯이, 나는 그들이 그들 자신을 포기하지 않기를 바란다. 그래서 이 마지막 수업의 주제는 **끝나지 않음**이다.

우리는 30분의 앉기 명상으로 시작한다. 오늘은 명상 준비에 길게 시간을 할애하지 않고 지체없이 그저 깊은 고요함 속으로 들어간다. 이 순간 자체가 몇 주간의 헌신적이고 끈기 있고 자발적인 수련의 충만함을 표현한다. 나는 기쁜 마음으로 공동의 침묵으로 끌려 들어간다. 우리는 고요함에서 나와 매끄럽게 이어지듯이 서서 하는 요가를 시작한다. 그런 다음 바닥에 누워 다시 한번 바디 스캔을 한다. 우리는 여기서 두 달 전에 시작했고 이제 다시 돌아왔다. 우리는 함께 90분 동안 수련했다.

앞선 회기의 수업에서 대부분 그랬듯이, 우리는 긴 시간의 공식 명상으로 시작하면서 최고의 수련은 지금 그리고 잠시 후 우리가 이 방을 떠날 때 우리가 삶을 사는 방식임을 다시 한번 단언했다. 이러한 존재의 방식이 한 사람의 삶에서 어떻게 펼쳐질지를 예측하기란 불가능하다. 나는 예언자는 아니지만 우리가 우리 자신과, 타인과 그리고 세상과 가능한 직접적이고 충만하게 관계 맺으며 다가오는 하루하루를 산다면, 이 의도성에서 태어난 미래는 스스로 자신을 돌볼 것이다. 왜냐하면 우리가 매 순간 해야 할 일을 돌보기 때문이다.

이제 우리는 집단 언어의 세계로 들어간다. 사람들에게 눈을 감고 나이든 뱃사공이 수로의 물 깊이를 재듯이, 그들이 지금 어디 있고, 지난 두 달 동안 자신 안에서 무엇과 접촉했는지 '수심 측정'을 하고, 그것을 다섯 단어 이하의 말로 표현해 보라고 한다. 그리 많은 시간이 걸리지 않는다. 다섯 단어로 말하면 말하는 내용이 제한되고 분명해져서 언어가 정밀한 도구로 변한다. 우리는 원을 따라가며 정해진 순서로 말하는 것이 아니라, 지금쯤 말할 때가 되었다고 스스로 알 때 '불쑥 나타나서' 팝콘 스타일로 말한다. 우리는 대답 전체의 무게가 실린 가속도에 힘입어 이 두 달 동안 잃은 것은 무엇이고, 그 대가로 발견한 것은 무엇인지 더 깊이 아는 공통의 앎으로 휩쓸려 들어간다.

이쯤에서 나는 편지 봉투와 백지, 연필을 돌린다. 모두에게 봉투에 자신의 주소를 쓴 다음 자신에게 편지를 쓰게 한다. 그들은 6개월이나 1년 후에 편지를 받을 것이다. 그 편지는 그들이 삶을 추진해 가면서 이 수업 동안 자신 안의 무엇과 접촉했는지를 너무도 쉽게 잊어버릴 때, 그들을 다시금 일깨우는 역할을 할 것이다.

조용함이 방에서 일어난다. 들리는 거라곤 종이에 새겨지는 연필 소리뿐이다. 사람들은 고요함과 손이 만들어 내는 움직임의 리듬을 탄다. 가끔씩 멈춰서 눈을 감기도 하고, 때로는 맹렬하게 써 내려가고, 이따금씩 아주 느릿하고 사려 깊은 속도로 글을 쓰기 시작해서 다 썼을 때는 비록 종이를 조금밖에 채우지 못했어도, 편안한 만족감이 넘쳐흐르는 것 같다. 어떤 사람은 두꺼운 책 한 권을 쓴다. 또 어떤 사람은 문장 대신에 그림도 괜찮은지 물어보고는 자기 자신에게 그림을 보낸다. 또 다른 사람은 종이와 연필을 더 달라고 한다. 마지막 봉투를 붙여서 봉하고 둘러앉은 원 가운데 쌓아 놓을 때까지 이런 식으로 계속한다.

11시 30분에 대화가 즉흥적으로 쏟아져 나온다. 사람들은 서로에게서 무엇을 배웠는지 말한다. 같은 시간, 같은 공간에 있는 인간 존재의 독특한 뒤섞임에 관해서, 그들이 선택하지 않은 동반자들이 매주 이 방에서 보여 준 용기와 재치와 강인함에 관해서 말한다. 오늘 이후로 아마도 그들은 서로 그렇게 자주 만나지는 않을 것이다. 나는 2주 후에 시작하는 마무리 인터뷰를 하기 위해 그들 각자를 따로 만날 것이다.

그들은 나의 노력에 고마워하고 나는 받아들인다. 나는 그들이 나에게 준 것에 감사한다. 내 삶은 지난 두 달 동안 그들의 현존이라는 특권을 누리며 더 풍요로워졌다. 그런 다음 나는 그들에게 수업이 끝나면 내가 문 옆에 서서 그들이 원하는 대로 악수를 하거나 안아 줄 것이라고 말한다. 나는 내 옆의 여성에게 지난 두 달 동안 앉기 명상의 시작과 끝을 알리기 위해 가끔 사용했던 작은 놋쇠 종을 건넨다.

그녀는 오랫동안 이 종을 쳐 보고 싶었다고 말한다. 이제 그녀에게 기회가 왔다! 그녀의 손이 닿자, 종소리가 한 번 더 울려 퍼진다. 우리 모두는 눈을 뜬 채로 그 소리 안에 머물러 한 번 더 서로를 돌아본다. 두 달 동안 우리 각자는 우리 자신의 액체 속에서 자신만의 방식으로 끓여졌다. 이번 지도 주기에서 또 한 번의 맛좋은, 꽤 먹을 만한 식사가 탄생했다.

어린 시절, 가시에 휘감긴 자신의 심장을 손에 든
예수님의 이미지를 보고 마음이 흔들렸던 기억이 납
니다. 1959년, 나는 열 살이었고, 일본 카마쿠라의 대
형 청동 부처상의 손 위에 앉아 있었습니다. 시원한
날이었고, 나는 커다란 손바닥과 긴 손가락 위에 앉
아 흩날리는 눈가루를 맞고 있었습니다. 그때의 경험
은 나를 영원히 바꿔 놓았습니다. 20대 초반에, 나는
교회 신도석으로 슬그머니 들어가곤 했습니다. 거기
에는 예수님이 심장을 손에 들고 오른팔을 내밀고 있
는 소박한 석상이 하나 있었습니다. 석상의 옷 주름
너머로 벌어진 가슴 속 공간이 보일 듯 말 듯했습
니다.

나는 찡그리지도 미소 짓지도 않던 그 얼굴을 분명
히 기억합니다. 거기에는 고통스러운 순교자의 흔적

이 없었고 다른 세상 사람 같지도 않았습니다. 고요한 현존만이 있었습니다. 슬픈 표정이었지만 따뜻했고 고요한 기쁨으로 가득했습니다. 그 조각상 가까이 앉아 있으면, 때로는 그런 식으로 세상을 향해 열릴 수 있는 보편적인 가슴—마음의 공명하는 현존에 에워싸이는 것 같았습니다. 나에게 그 조각상은 닿을 수 없는 어떤 '신'의 묘사가 아니라, 사랑, 즉 고유하고, 근본적이고, 얻을 수 있고, 숨겨져 있으나 모든 인간이 체화할 수 있는 사랑의 고무적 표현이었습니다. 이렇게 해서, 서 있는 그 모습은 나에게 상기시켜 주었습니다. 자기 자신을 조건 없이 세상에 내어준 인간의 가슴을 단순하고 소박하게 만났던 그때를 말입니다.

우리의 빳빳한 옷 주름과 부드러운 가슴 뒤로 뒷걸음질치려는 거대한 충동은 언제나 가까이 있습니다. 이 살아 있는 충동으로 직접 들어가면, 거기에는 고통이 많고 가능성이 큽니다. 우리가 연민심을 가지고 그토록 깊이 각인된 습관을 기꺼이 다루고자 한다면, 우리의 단순하고 열렬한 탁월함을 발견할 기회는 언제든지 있을 것입니다. 우리 자신을 잘 돌보고 세상을 도우라는 소명과 명상 수련이 만나는 움직임은 우리 각자에게 인류의 안녕과 진화의 여정에 전적인 책임을 지고, 우리의 역할이나 직업이 무엇이든 그 책임을 우리 삶의 가장 중심에 두라고 요구합니다. 그런 의도를 가지고 이런 방식으로 살려는 시도는 골칫거리들로 가득하면서도 조용한 축하를 일으킵니다. 그토록 불가능해 보이는 임무는 자만과 우울, 실패와 재기, 만족감과 큰 기쁨을 끌어당깁니다. 그런 책임을 받아들이게 만드는 것은 자유와 기쁨에 대한 우리의 보편적인 갈망과 이

에필로그

여정에서 서로와 함께하려는 바람입니다.

그런 식으로 사는 것은 자기, 치유 그리고 치유 관계를 바라보는 우리의 관점을 급진적으로 변화시키는 근본입니다. 그러한 탐구를 지속하면서, 우리 각자는 차가운 금속이나 단단한 돌에서 활기찬 생명으로 탈바꿈할 수 있습니다. 그런 삶의 맥동은 그 자체로 치유이고, 헤아릴 수 없고 언제나 풍요로운 우주가 펼쳐지는 춤입니다.

> 사랑의 여정에서 가장 깊은 지점, 그 비행의 꼭대기에 다다르면 우리에게서 웃음이 사라진다. 사랑은 그것의 가장 깊고 가장 높은 지점에서 울음과 신음, 고통의 표현으로 우리의 가슴을 쓰라리게 하면서도 의기양양하다. 그것이 당신에게 전혀 낯설지 않은 까닭은 탄생이 고통스러운 기쁨이기 때문이다. 프랑스인은 받아들임의 절정을 작은 죽음이라고 여긴다. 그것은 우리를 깨뜨리면서 우리와 함께하고, 우리를 잃으면서 우리를 발견하고, 우리의 끝이면서 우리의 시작이다. 그것은 비록 작은 죽음이라고 불리지만, 실은 위대하고, 엄청나고, 우리를 죽이는 동시에 태어나게 하는 것이 분명하다.
>
> 에두아르도 갈레아노(Eduardo Galeano)
> 『받아들임의 책(The Book of Embraces)』 중에서

저자 소개

Saki Santorelli

사키 산토렐리(교육학 박사, 문학 석사)는 교육전문가, 명상지도자, 작가이며, 명상과 마음챙김을 의학, 건강 돌봄, 사회 전반에 통합하는 데 선구적인 역할을 하였다. 의학, 건강 돌봄, 사회 속 마음챙김센터의 대표, 마음챙김에 근거한 스트레스 완화(MBSR)의 발원지로서 국제적으로 칭송받는 스트레스 완화 클리닉의 이사, 매사추세츠 의과대학 교수로 재직하다가 2017년 퇴임했다.

의학과 건강 돌봄 분야의 40년 경력을 통틀어, 사키는 인간 존재의 타고난 광채와 고귀함을 변함없이 신뢰하면서 마음챙김을 공공 보건에 통합하는 일을 지향해 왔다. 사키는 수천 명의 환자를 치료하고, 의대생, 건강 돌봄 전문가, 교육자, 마음챙김과 MBSR 연구자들을 교육하고 멘토링함으로써 치유하는 관계의 본질을 파헤쳤다. 사키의 비전과 리더십에 힘입어, 마음챙김센터(Center for Mindfulness: CFM)는 마음챙김의 정신, 수련, 교육 그리고 과학을 전 세계의 개인과 조직에게 전파했다.

사키는 오아시스 연구소(Oasis Institute)를 2001년에 설립하고 마음챙김센터의 선구적인 전문가 교육 프로그램을 공식화하고 확대하면서, 건강 돌봄 전문가를 MBSR 지도자로 길러 내는 데 중점을 두었다. 사키와 그의 동료들은 실습과 강의 방식의 교육을 전통적인 마음챙김 명상 집중수행 훈련과 통합하는 교과과정을 개발하는 데 힘썼다. 그들은 80개국의 19,000명이 넘는 건강 돌봄 전문가를 대상으로 참가요건과 능숙도 평가 기준을 확립했고, 삶의 질을 높이는 심도 있는 교육 구조와 지지 체계를 만들었다. 산토렐리 박사는 2003년 '마음챙김을 연구하고, 의학, 건강 돌봄, 사회로 통합하기'라는 제목의 국제 연례 학술 콘퍼런스를 창립하여 12년 동안 의장을 맡았다. 동시에 존과 마리아 클러지의 마음챙김 중개연구 학술 토론회를 설립했다.

전 세계 마음챙김과 MBSR 공동체를 조직하고 지원하면서, 정통 마음챙김 훈련을 더 널리 보급하는 데 전념했고, 마음챙김센터(CFM)의 리더십과 직장 계획의 기치 아래, 리더와 혁신가, 기업가를 위한 마음챙김 집중수행과 직장 프로그램을 개척했다. 이 계획을 진척시키는 5년 동안 제너럴 밀즈사의 임원진, 그밖에 포춘지 글로벌 100대 기업과 500대 기업에 선정된 30여 개 사와 비영리단체를 대상으로 '마음챙김을 활용한 리더십 능력 개발 프로그램'을 공동 개발하고 지도했다. 마음챙김센터(CFM)에 가을지도자훈련협회(Fall Teaching Institute)를 설립해서 대면 교육과 온라인 교육을 확장했고, 6개 대륙에서 MBSR 프로그램을 개인과 학습 공동체에 맞게 적용했다. 2015년, '세계를 만나다, 마음챙김을 사회로 가져오는 일에 관한 윤리, 가치, 책임을 탐색하기(Meeting the World: Exploring the Ethics, Values, and Responsibility of Bringing Mindfulness into Society)'라는 국제 콘퍼런스의 의장을 맡았고, 마음챙김센터의 MBSR 세계 제휴 네트워크인 공공선(Common-Good)을 수립했으며, 불우하고 소외된 사람들과 공동체가 MBSR에 더 쉽게 접근하도록 마음챙김센터의 포용, 다양성, 공정 계획을 공식적으로 시작했다.

사키는 마음과 삶 연구소(Mind and Life Institute) 선임연구원, 페처 연구소(Fetzer Institute) 연구원, 통합의학보건학 학술센터 협력단(The Consortium of Academic Health Science Centers for Integrative Medicine)의 창립 회원이다. 그는 가르치고, 글을 쓰고, 여러 나라에서 집중수행을 진행하여 이끌고 있으며, 그가 쓴 책 『의료 분야에서의 마음챙김 MBSR: 그대 자신을 치유하라』는 현재 13개 언어로 번역되었다.

역자 소개

안희영(Ahn Heyoung)

미국 컬럼비아대학교에서 MBSR 지도자 교육과정을 주제로 박사학위를 받았
다(성인학습 및 리더십 전공). 2005년부터 마음챙김에 근거한 스트레스 완화 프로
그램(MBSR)을 국내에 보급하고 있다. 미국 MBSR 본부 마음챙김센터(CFM)에서
2010년 한국인 최초로 MBSR 지도자 인증을 취득하였고, 2020년 현재 공인 MBSR
지도자 및 Teacher Trainer로서 한국MBSR연구소(http://cafe.daum.net/mbsrko-
rea)를 중심으로 MBSR 일반과정 142기를 배출하고, 브라운대학교 마음챙김센터
(BMC)와 아시아 최초로 국제 마음챙김 협력기관(GMC) 협약을 맺고 MBSR 지도
자 국제인증 교육을 하고 있다. 기업용 프로그램인 미국 내면검색(Search Inside
Yourself) 프로그램 인증 취득, 포텐셜 프로젝트 과정을 이수하였다.

현재 한국MBSR연구소 소장, 한국불교심리치료학회 운영위원, 대한명상의학
회 고문 등을 맡고 있다. 뉴욕대학교 풀브라이트 교환교수, 한국심신치유학회 회
장, 서울불교대학원대학교 부총장/석좌교수, 대한통합의학교육협의회 부회장, 한
국정신과학학회 부회장 등을 역임하였다.

역서로는 『다르마를 통해 본 마음챙김 명상』(2019, 학지사), 『스트레스, 건강,
행동의학』(공역, 학지사, 2018), 『온정신의 회복』(공역, 학지사, 2017), 『의식의 변
용』(공역, 학지사, 2017), 『8주 마음챙김(MBCT) 워크북』(불광출판사, 2017), 『켄 윌
버의 ILP』(공역, 학지사, 2014), 『예술과 과학이 융합된 마음챙김』(공역, 학지사,
2014), 『MBSR 워크북』(공역, 학지사, 2014), 『8주 나를 비우는 시간』(공역, 불광출
판사, 2013), 『존 카밧진의 처음 만나는 마음챙김 명상』(불광출판사, 2012), 『마음
챙김에 대한 108가지 교훈』(공역, 학지사, 2012), 『자유로운 삶으로 이끄는 일상생
활 명상』(공역, 학지사, 2011), 『마음챙김과 정신건강』(학지사, 2010), 『마음챙김에
근거한 심리치료』(공역, 학지사, 2009) 등이 있다.

저서로는 『통합심신치유학—실제』(공저, 학지사, 2020), 『Resources for Teaching Mindfulness』(Springer, 2017)의 7장 "Teaching MBSR in Korea" 등이 있다.

논문으로는 「통합심신치유의 통전적 패러다임 모델」(공동, 예술심리치료연구, 2013), 「현대 서구사회에서의 마음챙김 활용」(불교학연구, 2012), 「MBSR 프로그램의 불교 명상적 기반」(불교학연구, 2010), 「통합미술치료를 위한 MBSR 프로그램 활용방안」(예술심리치료연구, 2010), 「마음챙김과 자기기억의 연관성」(한국선학, 2010) 등이 있다.

정유경(Jeong Yukyong)

행복한 명상가, 마음챙김 명상/요가 지도자, 명상 콘텐츠 기획자, 아쉬탕가 요가 수련자이다. 회사 생활을 하며 번아웃을 겪으면서 요가와 마음챙김 명상을 시작하게 되었다. 특히 MBSR(마음챙김에 근거한 스트레스 완화) 프로그램에 참여하면서 마음챙김의 효과를 몸소 느끼고, 대중에게 마음챙김을 보급하고 있다. 10년간 기업에서 일한 경험을 바탕으로, 기업 현장에 맞는 명상교육 프로그램과 콘텐츠를 기획하는 일을 한다. MBSR, MBCT(마음챙김 인지치료), MSC(마음챙김 자기연민) 등 과학적인 명상 프로그램에 관심을 갖고 수행하고 있으며, 한국 MBSR연구소에서 MBSR지도자 과정을 이수 중이다.

의료 분야에서의
마음챙김 MBSR
그대 자신을 치유하라

Heal Thy Self

2020년 9월 15일 1판 1쇄 인쇄
2020년 9월 25일 1판 1쇄 발행

지은이 • Saki Santorelli
옮긴이 • 안희영 · 정유경
펴낸이 • 김진환
펴낸곳 • (주)**학지사**
　　　　04031 서울특별시 마포구 양화로 15길 20 마인드월드빌딩
대표전화 • 02)330-5114　　　팩스 • 02)324-2345
등록번호 • 제313-2006-000265호

홈페이지 • http://www.hakjisa.co.kr
페이스북 • https://www.facebook.com/hakjisabook

ISBN 978-89-997-2205-9 93180

정가 17,000원

이 도서의 국립중앙도서관 출판시도서목록(CIP)은 서지정보유통지
원시스템 홈페이지(http://seoji.nl.go.kr)와 국가자료공동목록시스템
(http://www.nl.go.kr/kolisnet)에서 이용하실 수 있습니다.
(CIP 제어번호: CIP2020037141)

출판 · 교육 · 미디어기업 **학지사**

간호보건의학출판 **학지사메디컬** www.hakjisamd.co.kr
심리검사연구소 **인싸이트** www.inpsyt.co.kr
학술논문서비스 **뉴논문** www.newnonmun.com
원격교육연수원 **카운피아** www.counpia.com

한국MBSR연구소
깨어 있는 삶의 기술, 건강하고 행복한 삶으로의 초대

MBSR(Mindfulness-Based Stress Reduction) 프로그램은 동양의 마음챙김 명상과 서양의학을 접목하여 탄생한 의료명상 교육 프로그램으로, 1979년 미국 매사추세츠 주립대학 메디컬 센터에서 만성통증이나 만성질병에 노출된 환자들의 스트레스를 감소시키기 위해 존 카밧진 박사에 의해 창안되었습니다. MBSR은 마음챙김에 근거한 치료법 중에서 역사가 가장 길고 임상적인 연구 결과가 가장 많이 제시된 프로그램으로 알려져 있으며, 『Time』, 『Newsweek』, ABC, NBC 등 해외 유수 언론을 통해 소개되면서 최고의 심신이완 및 스트레스 감소 프로그램으로 인정받고 있습니다.

MBSR 프로그램의 임상 효과는 만성통증, 불안, 우울, 범불안장애 및 공황장애, 수면장애, 유방암 및 전립선암, 건선, 외상, 섭식장애, 중독, 면역강화 등의 다양한 정신적 증상의 완화 또는 치유뿐만 아니라 스트레스에 기인한 고혈압, 심혈관 질환 등 많은 만성질환의 증상 완화, 예방, 치료에 도움을 주는 것으로 보고되어 있습니다. MBSR은 이제 병원에서의 스트레스 치유뿐 아니라 학교나 기업에서 인성교육, 창의성, 리더십 교육에 적극 활용되고 있으며, 법조계, 스포츠 분야 등 다양한 분야로 꾸준히 확산되고 있는 추세입니다. 또한 MBCT, 구글의 내면검색 프로그램, 제너럴 밀즈의 마음챙김 리더십 프로그램 등 수많은 새로운 마음챙김 명상 프로그램에 깊은 영향을 준 프로그램이기도 합니다.

MBSR의 성공비결은 일반인에게는 어려울 수 있는 명상을, 이해하기 쉬운 언어사용과 과학적인 효과 검증을 바탕으로 체계적이고 알기 쉽게 제공하는 것이라고 알려져 있으며, 국내에서도 KBS TV 대장경 천년 특집 4부작 '다르마(2부 치유편)'와 KBS 특집 다큐멘터리 '마음' 등 다양한 다큐멘터리에 소개된 바 있습니다. 한국MBSR연구소의 초청으로 성사된 MBSR 창시자 카밧진 박사의 방한(2012년 11월)과 MBCT 창시자 마크 윌리엄스 박사의 방한(2017년 6월)은 관심 있는 많은 분에게 깊은 인상을 준 바 있습니다.

국내에서도 이 책에 소개된 MBSR 프로그램을 제대로 배울 수 있는 길이 열려 있습니다. 한국MBSR연구소에서는 국내 유일의 국제인증 지도자인 안희영 박사를 중심으로 MBSR 일반과정 8주 과정과 3일 집중수련과정 그리고 우울증 재발에 효과를 인정받은 MBCT 8주 일반과정 등 다양한 교육 프로그램으로 제공하고 있습니다. 또한 2019년 한국MBSR연구소가 오픈한 지 15년 만에 미국 브라운대학교 마음챙김센터와 국제마음챙김(MBSR) 협력기관 협약을 맺고 글로벌 수준의 MBSR 지도자를 육성·배출하는 'MBSR 국제인증 지도자 과정'을 제공하게 되어, 명실공히 글로벌 수준의 국제인증 마음챙김(MBSR) 교육 기관으로 발돋움하게 되었습니다.

TEL (02)525-1588 E-MAIL mbsr88@hanmail.net
다음 카페 http://cafe.daum.net/mbsrkorea 서울시 서초구 효령로26길 9-12 봉황빌딩 3층

MBSR 창시자 카밧진 박사의
CD 시리즈 한국어 녹음 시판

이제 이 책에 나오는 마음챙김 명상을 저자이자 MBSR의 창시자인 카밧진 박사가 가르쳤던 그대로, 우리말 번역으로 배울 수 있는 길이 열렸습니다.

MBSR은 세계가 인정한 마음챙김 명상 브랜드입니다. 창시자 카밧진 박사는 "치유는 명상 수련이 존재의 길로서 이루어질 때 그 수련 자체에서 나오는 것"이라고 말합니다. 근본적인 치유를 위해서는 무엇보다도 존재의 영역으로 들어가 내려놓아야 한다는 것입니다.

구체적으로 이 책 『마음챙김 명상과 자기치유(Full Catastrophe Living)』에 나오는 마음챙김 명상을 직접 수련하려면

마음챙김 명상에 어느 정도 기초가 있다면 카밧진 박사의 '마음챙김에 근거한 스트레스 완화(MBSR) 프로그램 CD 공식 시리즈 1'을 이 책을 보면서 수련해도 좋습니다.

명상이 처음이거나 혼자 수련하면서 진전이 없는 분들은 이 책의 근간이 되는 MBSR 8주 수업(한국MBSR연구소, 다음 카페 http://cafe.daum.net/mbsrkorea)에 실제로 참여하기를 권합니다.

이 명상 안내 CD는 원래 카밧진 박사가 지도했던 스트레스 완화 클리닉 수업에서 병원 환자들이 사용했던 것입니다. 이후 20년 동안 이 CD는 미국 전역, 캐나다, 유럽, 남아프리카에서부터 호주와 뉴질랜드에 이르기까지 병원과 클리닉에서 진행하는 MBSR 프로그램에 활발하게 사용되고 있습니다.

궁극적으로, 이 명상 프로그램의 효과는 개인이 의도를 가지고 규칙적으로 수련을 하느냐에 달려 있습니다. 마음챙김 명상수련은 급진적인 사랑의 행위, 자기존중의 행위, 당신의 내면 깊은 곳의 지혜와 치유 능력을 존중하는 행위입니다. 마음챙김 수련이 뿌리를 내리고, 자라고, 계속해서 꽃피울 때, 우리의 삶은 심오한 수준에서 더욱 풍요로워질 것입니다.

CD 시리즈 1은 카밧진 박사의 첫 저서 『마음챙김 명상과 자기치유(Full Catastrophe Living)』(학지사)와 함께 나온 것으로 우리말 녹음 CD는 미국 MBSR 본부 인증지도자인 안희영 박사가 제작하였습니다. 서점이나 한국MBSR연구소(서울특별시 서초구 효령로26길 9-12 봉황빌딩 3층, 다음 카페 http://cafe.daum.net/mbsrkorea)에서 구입할 수 있습니다. CD 시리즈 3은 카밧진 박사의 최근 저서 『Coming to Our Senses: Healing Ourselves and the World Through Mindfulness』(Hyperion, 2005)와 함께 나온 것으로서, 한국어판 『온정신의 회복』은 시판 중이며, CD 시리즈 3의 우리말 녹음 CD는 현재 준비 중입니다.